◆ 2024年度浙江省高校思想政治工作质量提升综合改革与精品建设项目成果

◆ "千万工程"研究与实践育人工作室（入选2025年度浙江省高校辅导员名师工作室）研究成果

◆ 2023年度中央社会主义学院统一战线高端智库课题"文化'两创'与'两个结合'关系的研究"研究成果（ZK20230217）

◆ 2023年度教育部中外人文交流中心与文化旅游行业中外人文交流研究院人文交流专项研究课题"'一带一路'倡议下浙江文化旅游'重要窗口'建设研究"研究成果（2023WHLY1003）

◆ 浙江农林大学生态文明研究院、乡村振兴研究院、非物质文化遗产研究院、风景园林与建筑学院、文法学院、"千万工程"研究院、乡村共富学院研究成果

"千万工程"背景下

艺术教育赋能思政育人与文化建设的实践探索

徐 达｜著

ZHEJIANG UNIVERSITY PRESS
浙江大学出版社
·杭州·

图书在版编目（CIP）数据

"千万工程"背景下艺术教育赋能思政育人与文化建
设的实践探索 / 徐达著. -- 杭州：浙江大学出版社，
2024. 12. -- ISBN 978-7-308-25802-9

Ⅰ. G641

中国国家版本馆 CIP 数据核字第 20255YY008 号

"千万工程"背景下艺术教育赋能思政育人与文化建设的实践探索
徐 达 著

责任编辑	黄静芬
文字编辑	阎 畅
责任校对	杨诗怡
封面设计	周 灵
出版发行	浙江大学出版社
	（杭州市天目山路 148 号 邮政编码 310007）
	（网址：http://www.zjupress.com）
排 版	浙江大千时代文化传媒有限公司
印 刷	浙江新华数码印务有限公司
开 本	710mm×1000mm 1/16
印 张	16.5
字 数	214 千
版 印 次	2024 年 12 月第 1 版 2024 年 12 月第 1 次印刷
书 号	ISBN 978-7-308-25802-9
定 价	78.00 元

前　言

在浩瀚的历史长河中,文化是照亮人类前行的灯塔,指引着文明的方向;在广袤的知识海洋中,教育是塑造未来的基石,奠定着时代的底色。文化育人,以文化人;教育兴邦,立德树人。文化与教育如同车之两轮,共同推动着中华民族的伟大复兴。

"千万工程"是习近平总书记在浙江工作期间亲自谋划、亲自部署、亲自推动的一项重大决策,是推动乡村全面振兴、实现共同富裕的生动实践。它不仅深刻改变了浙江农村的面貌,更以其独特的理念和模式,为全国乡村振兴提供了宝贵的经验和范例。

本书以"千万工程"为背景,深入探讨艺术教育在高校思政育人与文化建设中的融合与创新。本书试图通过梳理艺术教育的发展脉络,分析"大思政课"的内涵与特征,探索国内外高校艺术教育的先进经验,最终构建起一个艺术教育赋能思政育人、助力文化建设的生动局面。

艺术教育,不仅能够传授技艺,更能够传递文化,塑造人格,启迪智慧。它以美育人,以文化人,以情动人,以实践强人,在潜移默化中引导学生树立正确的世界观、人生观和价值观,增强文化自信和民族自豪感,成为德智体美劳全面发展的社会主义建设者和接班人。

"千万工程"为艺术教育提供了广阔的舞台和丰富的素材,艺术教育也为"千万工程"注入了新的活力和动力。高校作为文化传承和创新的重要阵地,在"千万工程"的引领下,探索艺术教育赋能文化建设的创新实践,取得了丰硕的成果。"艺术+民宿""艺术+工艺品""艺术+乡村品牌 IP""艺术+非遗""艺术+旅游""艺术+文化产业""艺术+环境美化""艺术+传媒"等多种模式展示了高校如何将艺术与文化建设相结合,为地方文化发展注入了新的活力,将艺术与思政育人、文化建设深度融合,为浙江省文化建设贡献了智慧和力量。

"路漫漫其修远兮,吾将上下而求索。"让我们以"千万工程"为指引,以艺术教育为纽带,以文化自信为动力,以立德树人为根本,不断探索、不断创新,为推动高校思政育人与文化建设提供动力,为建设文化强国、实现中华民族伟大复兴的中国梦贡献力量。

目　录

第一章　艺术教育、思政育人
与文化建设概述

本章主要从艺术教育、思政育人与文化建设三个方面进行概述：首先，分析高校艺术教育的发展改革，包括教育模式的多元化、改革的内在要求以及方向；其次，阐述思政育人理念与"大思政课"的历史逻辑、时代意义以及高校"大思政课"的兴起与发展；最后，探讨新时代文化建设的使命任务、发展目标、强大需求以及发展动能，为推动我国文化艺术教育事业和思政育人工作提供理论参考和实践指导。

第一节　高校艺术教育的发展改革

高校艺术教育改革着眼于教育模式的多元化发展，涉及专业化与综合化的平衡、艺术实践的融合以及跨学科的交叉融合。在审视改革的内在要求时，本节分析了实现改革目标的路径、面临的困境以及改革的必要性。在此基础上，进一步探讨改革方向，提出要通过创新教学方法来提升教学效果，以核心价值体系引导教学内容的更新，并通过产学研的结合来促进课程设计的创新，以此推动艺术教育的全面进步与发展。

一、高校艺术教育模式

（一）专业化与综合化教育模式

当前，我国高校艺术教育单位主要包括专业艺术类院校和综合性大学。其中，专业艺术类院校是专门开设艺术及含有艺术性质的专业的院校，拥有先进的艺术教育设施和丰富的艺术实践资源，能够为学生提供专业的艺术教育和实践机会。以北京电影学院为例，该校建校七十多年来，致力于为我国培养高素质电影人才，为学生提供电影制作的全方位训练，专注于包括编剧、导演、摄影、录音在内的电影艺术各个领域；以上海音乐学院为例，该校在音乐表演、音乐学和音乐教育方面均享有盛誉。根据 2024 年 10 月的学校官网数据，该校设有 15 个教学单位，涉及 6 个专业和近 20 个专业方向、3 个艺术中心、1 个音乐研究所，师资力量雄厚，教学设施完善。在专业发展和研究、教学水平和能力层面，专业艺术类院校与艺术行业发展紧密联系，在为学生提供相关实习和就业机会方面占绝对优势。在人才培养方面，专业艺术类院校通常提供更为深入和专业的艺术教育，强调艺术技能和创造力的深度培养，倾向于培养艺术领域的精英人才，具有较为稳定的人才培养模式和深厚的历史积淀，是高水平艺术家的摇篮，社会对此类院校也有着较高的期待。而对学生而言，专业艺术类院校的劣势在于学费较高，在学术能力培养方面可能缺乏跨学科的学术环境，因而学生接触的知识面相对狭窄。

综合性大学是指包括多学科门类、跨学科学术知识领域的大学，具备深厚的文化底蕴、雄厚的师资力量和知识资源。综合性大学的优势在于在校学生不仅可以开展艺术专业学习，而且可以选修其他学科课程，从而实现个人的全面发展。例如，北京大学依托综合性大学的资源，能够提供艺术史论、戏剧影视文学和文化产业管理等多个专业的培养方向,还可以利用大学内丰富的教学资源和完备的教学设施完善艺术教育软硬件系统,如图书馆、研究中心等。此外,综合性大学通常有更多样的文化活动和学生社团,有助于培养学生的艺术修养。但是,综合性大学在艺术教育方面的劣势在于艺术专业训练不足,可能无法提供与专业院校同等水平的专业技能训练,这表现在艺术专业方面的资源较专业艺术类院校稍显欠缺,艺术专业的招生不占优势,招收的艺术生在人才培养起点上也不占优势。[①] 综合性大学的校内竞争激烈,艺术专业的学生可能需要与来自其他学科的学生竞争资源和机会。

(二)艺术实践融合教育模式

艺术教育的目的不仅在于理论的学习,更在于艺术创作思想和艺术技能的培养。艺术实践是学生掌握必要艺术技能的重要途径,例如,绘画、雕塑、音乐演奏等艺术教育都需要带领学生身临其境地感受与体验,才能达到艺术教育课程培养的目的。实践教学能够激发并培养学生的创新思维和批判性思维,通过实际操作,学生能够探索艺术表达的多种可能,实地考察、实习等多种实践活动都能够让学生了解艺术行业的实际工作流程,加深学生对艺术文化的理解,为将来职业生涯的选择和探索做准备。

艺术实践性教学强调学生的亲身体验和实际操作。当前,艺术类院校实践教学的主要方式是带领学生参观艺术展览、剧院、音乐厅等专门的文化艺术场所,让学生直接感受艺术氛围;教师在校园内外开办工作坊和教学工作室,为学生提供参与绘画、雕塑制作、音乐演奏的实践场所;学校鼓励学生积极参加世界级、国家级、省级、市级,以及学校与学校合作、学校与企业合作的项目、比赛,通过不断地与专业人士进行比赛,在交流学习和个人创作过程中提升能力和水平;通过校企合作的方式

---

① 林文展,叶珊.综合性大学艺术专业学生的素质教育模式探析.亚太教育.2015(6):248-249.

为大三、大四的学生提供实习机会,让学生在相关专业领域开展工作和实践。艺术教学与实践相结合的学习方法能够让学生参与艺术创作全过程,展示学生的艺术创作能力和水平,将艺术技能应用于社会服务,培养学生对艺术创作和实践的社会责任感。

(三)跨学科融合教育模式

艺术与其他学科的融合是当前高等教育的重要趋势,这种跨学科的教育模式不仅拓宽了学生的知识视野,还培养了学生的创新思维和综合能力。以环境设计专业为例,该专业作为人居环境设计的重要组成部分,强调空间规划与美学教育。专业课的学习不仅包括环境设计方法、设计表现、设计技术、设计思维等艺术设计内容,更融入了建筑工程、土木工程、工程造价、水电工程等非艺术类的专业内容。作为一门综合性的专业,学生需要详细了解和熟悉工程建设的设计、施工、监管的全过程,在设计过程中做好各个过程的沟通,因此跨学科融合教学是该专业教书育人的必然趋势。在当前数字化快速发展的时代下,科学技术逐渐深入各行各业,在环境设计领域,科学技术的不断发展能够丰富设计工具和作图方式,提高作图效率;能够丰富展示途径,实现艺术作品的多途径表达;能够降低施工难度,提高工作效率和施工精度。在新文科的语境下,艺术教育正逐渐与社会科学、科教人文等其他学科相融合,旨在为社会培养更加具有审美和人文素养的全面自由发展型人才。跨学科的思维鼓励艺术与其他学科交叉合作,促进学生的综合能力发展,艺术跨学科融合模式能够培养出既懂专业技能,又具备艺术素养和创新能力的复合型人才,满足社会对高素质人才的需求。这种教育模式也促进了艺术教育的创新发展,提高了艺术学科的社会影响力和文化价值。

二、高校艺术教育改革的内在要求

(一)高校艺术教育目标及实现途径

艺术教育以美为核心,在润心启智上起到"润物细无声"的作用,是高校落实立德树人根本任务、深入推进"三全育人"的重要途径。

高校艺术教育致力于培养学生形成正确的意识形态和社会主义核心价值观。社会主义核心价值观体系是以中华优秀传统文化为重要源泉,内在精神凝集着当今社会繁荣发展实现自由和谐的审美理想。[1] 高校德育与美育的高度协同发展,需要借助审美教育实践。高校艺术教育通过生动形象的艺术活动和作品,不断传承和创新中华优秀传统文化中的思想观念、人文精神和道德规范,引导学生自觉践行社会主义核心价值观。同时,高校艺术教育专注于加强学生对中华文化的认知和理解,致力于增强学生的中华文化自信。高校德育与美育协同发展,就是将理想信念教育置于首位,持续加强高校学生对中国特色社会主义道路的认同感;同时,可以通过美育的多种形式展示具有当代价值的中华优秀传统文化精髓和社会主义先进文化,激发学生对社会主义先进文化价值的高度认同。

当前,教育领域坚持推进"五育并举",促进学生个体德智体美劳全面发展。艺术教育对于德育和美育协调发展有重要作用,促进德育和美育协同发展也是高校改革的必然趋势。德育具有教育启蒙的功能,有助于学生确立积极向上的人生目标,提升道德修养,塑造健全的人格。作为人格培养的直接途径,美育涵盖了多层次的精神内涵和目标,结合审美教育和情感培养,能够使个体通过情感升华来提高道德

---

① 栗嘉忻.新时代中国高校德育与美育协同发展研究.长春:吉林大学,2019.

操守和行为。① 首先,艺术教育结合德行育人有利于陶冶大学生心灵情操,塑造健全人格。审美感知与道德认知相互促进,审美情感与道德情感相互融合,审美价值与道德价值相互统一,以及道德实践与审美实践同步进行,有助于提升大学生的道德水平,完善其道德品质结构,并满足其道德需求,加强大学生的品德修养,从而促进大学生身体和心灵、感性和理性、个性和社会性的全面发展。其次,艺术教育结合美学育人有利于提升个体人文素养,不仅可以使受教育者感受到德育过程中的美,更加主动地接受理性的道德规范,也可以提升个人的人文素养,完善人格,培养崇高的道德品质,以适应社会经济文化和科学技术的发展,培养创造力与创新精神。大学生的创造力和创新精神是他们参与开展创造性活动的关键和活跃因素,同时也是当代高质量人才极有价值和极重要的素质。

(二)高校艺术教育发展困境

1. 教学质量下降

随着艺术教育需求的增加,尤其是 1977 年教育部恢复高考招生以来,我国民办艺术类高校数量逐渐增长,许多高校扩大了艺术类专业的招生规模,更增设了新的艺术院校和专业。这种扩张增加了学生接受艺术教育的机会,但也导致了艺术教育资源的稀释和教育质量的下降,主要表现为招生方式单一、相关专业的师资力量有限、生源基础水平参差不齐等。

艺术教育需要具有丰富理论知识和实践经验的专业教师,但部分高校的师资队伍建设存在缺陷,无法满足艺术教育的需求。目前,我国大多数高校的艺术教育师资队伍主要由来自专业艺术学科和人文学科的两类教师组成,部分学校还会聘用一些社会艺术专家来兼职。

---

① 赵黎娜. 新时代高职院校劳动教育与美育融合发展研究. 淮南职业技术学院学报,2021 (2):113-116.

就教师来源而言,主要依赖于校内资源以实现"自给自足",其中人文学科教师的数量最多,但教师团队的来源比较单一,整体的专业程度偏低。

大班化教学和高质量艺术教育的需求对教学设施提出了更高要求。艺术专业,尤其是实践性较强的专业,由于扩招,导致艺术教学所需的教学资源和教学设备跟不上高校建设与人才培养的需求,制约教学和学习活动的有效开展。

2. 理念模式滞后

教育是有计划、有目的地培养人的活动,因此,相关课程设计必须科学合理。然而,限于历史原因,我国普通高校的公共艺术课程设置往往缺乏统一和科学的标准,各高校通常根据自身的教师资源、设施条件和教学能力自主安排课程。从现状来看,许多高校将公共艺术教育视作"第二课堂"的素质教育课程,导致课程设置显得过于随意和非系统化。在大多数高校中,艺术教育课程通常被归类为公共选修课,处于较为边缘的地位。研究发现,众多高校的艺术教育公选课存在严重的重复现象,且选课人数分布不均。有些课程虽然内涵丰富,但选课的学生却寥寥无几;而一些纯粹的欣赏类课程却吸引了大量学生选修,教师也表现出积极的开课态度。例如,某高校一个学期内就开设了四门内容相似的影视艺术欣赏课程,如"影视艺术欣赏""中外影片赏析""外国电影评鉴"和"影视佳作品鉴",而与艺术史、艺术理论相关的课程却鲜有开设。出现这一现象的部分原因是这类课程"容易获得学分",符合学生的"功利性选课策略",但学校课程设置本身的不够科学合理乃是主要原因。[1] 部分高校的艺术课程设置仍然停留在传统的教学模式中,缺乏创新性和前瞻性。艺术专业教育在新学科目录背景下的建设仍处于初级阶段,课程设置仍然不够全面,无法满足学生

---

[1]　田宏星,王丽恩.我国高校艺术教育的价值归依、问题显化与优化逻辑.江苏高教,2021(4):83-86.

的切身需求。

当前高校艺术教育教学方法也存在一定的局限性,部分教师的教学方法过于保守,缺乏灵活性和创造性,难以激发学生的学习热情和创造力。例如,某些专业艺术类院校的一些教师在讲解著名的绘画作品时,只是对作品的历史背景和作者的生平进行简单的介绍,并没有深入探讨作品的艺术价值和审美意义。一些高校的艺术教育过分强调理论知识的传授,忽视了实践教学的重要性。因此,学生在学习的过程中缺乏实际操作的机会,艺术技能和创作能力的提高受到限制。在新时代背景下,学校美育被赋予了新的重大意义,高校艺术教育改革更需要扎实推进,以实现高质量发展。

3. 学生就业困难

部分高校的艺术教育仍然停留在传统的艺术创作领域,缺乏与社会需求的紧密联系,学生毕业后难以适应社会对艺术人才的要求,面临就业困难的问题。随着社会对文化艺术发展关注度的持续升温,高校艺术教育需要不断改革以适应新时代的需求,培养符合时代特征和适应社会需求的艺术人才。

(三)高校艺术教育改革的必要性

1.适应社会需求

社会在快速发展,对艺术人才的需求也在不断变化。现代社会更加注重创新能力、跨界合作能力以及实践应用能力。艺术人才不仅要有扎实的艺术功底,还要具备创新思维、技术应用、项目管理和团队协作等多方面能力,以适应数字媒体、文化产业、创意设计等领域的工作需求。传统的艺术教育模式往往缺乏对学生创新能力和实践能力的培养,更注重艺术技能的培养和艺术理论的学习。[①] 这种模式下培养

---

① 魏思启.湖北省非遗融入地方高校美育的多维路径探赜.美术教育研究,2024(11):39-41.

出来的艺术人才在面对快速变化的社会和日益复杂的工作情境时显得适应性不足。因此,我们要不断适应社会对人才的需求,培养创新人才,改革艺术教育,强调创新思维培养,鼓励学生进行原创性艺术创作和研究,通过跨学科课程设计和项目合作,促进跨界合作能力,增加实践教学环节,加强实践应用。例如,在工作坊、实习、社区艺术项目等的实践场所和活动中不断革新,融合多学科建设内容,不断将新材料、新技术、新方法融入学科建设实践中,妥善利用新媒体、数字音乐制作等新技术,顺应数字化时代的艺术发展趋势,鼓励学生形成持续学习和自我提升的意识,养成终身学习的习惯。

2. 提升教学质量

随着信息技术的飞速发展,艺术教育改革势在必行。我们要不断加强社会主义核心价值观的传播和内化,结合现代教学方法与数字媒体、虚拟现实等技术手段,增强教学互动性和趣味性,加深学生对社会责任和公民意识的理解。此外,我们可以将艺术教育与其他学科交叉融合,培养学生的跨界思维和合作能力,从而满足未来社会对复合型人才的需求。在跨学科融合过程中,艺术与社会科学的结合尤为重要,通过艺术与法律、伦理、政治等学科的交叉,培养学生的社会责任感和正义感,使其艺术作品不仅具有审美价值,还能反映社会现实,传递积极向上的社会主义核心价值观。同时,个性化教学也应得到更多关注,高校特色教育的塑造是艺术教育改革的重要方面。通过创新教育模式和课程体系,高校可以形成独特的教育特色和文化氛围,打造学校品牌。

3. 促进个性发展

在开展艺术教育过程中,我们应重视个性化发展。艺术是一种高度个性化的表达方式,因此艺术教育应当提供多样化的课程和灵活的学习路径,让学生能够根据自己的兴趣、特长和职业目标进行个性化选择,使学生的才能和个性得到充分发展。在培养创新思维方面,艺术教育应当倡导创新精神与动手实践,突破传统教育模式的束缚,激励学生探索新颖的艺术风格和表现手法,以此提升其创新思维与问题解决能力。同时,应注重批判性思维锻炼,艺术批评和理论学习对于培养学生独立且成熟的性格至关重要。此外,自我表达也是个性发展的重要组成部分。艺术教育应鼓励学生通过艺术进行自我表达,无论是绘画、音乐、戏剧还是其他形式,都有助于学生探索和挖掘自己的内心世界,培养自己的情感智慧和人际交往能力。

三、高校艺术教育改革的方向探讨

(一)以教学方法创新提升艺术教学实效

高校艺术教育改革的方向之一是教学方法的创新,需要采用互动式、实践性的教学方法来提升教学效果。比如,使用项目式教学方法,即在艺术教育过程中,以学生为中心,鼓励学生参与艺术创作、展览策划、社区艺术项目以学习知识和技能。又如,采用集中式、互动性强的工作坊学习形式,由专业艺术家或实践者进行指导,使学生学习特定艺术技能、探讨艺术理念,并直接参与艺术创作。工作坊可以是短期的,也可以是贯穿整个学期的系列课程。再如,通过实践下乡让学生将艺术教育带到乡村;通过翻转课堂让学生在课外通过视频、阅读材料等自主学习理论知识;鼓励开展跨学科合作、融合艺术教育与数字艺术等方法,以期实现教学实效的提升。

(二)以社会主义核心价值体系指导教学内容更新

在高校艺术教育改革中,更新教学内容是关键方向。数字媒体艺术、交互设计、虚拟现实等新技术不断涌现,高校需要及时审视和调整现有课程内容,引入最新的艺术理论和实践,以适应时代发展需求。同时,大学艺术教育工作者应当从树立文化自信的角度入手,详细阐述艺术作品所包含的文化内涵和创作背景,通过艺术专业知识的传授来实现内化价值观和引领思想,培养大学生对艺术文化的自信和审美经验,真正贯彻文化育人和以文化人的理念。在艺术教育中结合思想政治教育,以社会主义核心价值体系为指导,汇聚广泛共识和艺术潮流,打造精神的归宿。将学生群体紧密团结在社会主义的旗帜下,专注于艺术知识、审美情趣、文化精神和健康人格的培养。同时,积极倡导从历史、社会、生活中汲取真善美的营养,为学生的成长成才明确价值方向。①

(三)以产学研结合推动课程设计革新

产学研结合的教学模式是理论与实践相结合的产物,应用到艺术教育中,就是将艺术教育与实际产业发展紧密结合,通过校企合作的实践项目使学生参与到落地项目中,增强学生的实践技能和对市场动态的敏感度。推动产学研相结合,积极与企业建立联系,为学生提供实习机会,使学生积累实战经验,增强就业竞争力,以应对未来的挑战。此外,高校可以针对艺术产业的发展趋势,在课程设计上突出产业导向性,如增加数字媒体艺术、交互设计和用户体验设计等新兴领域的课程内容,以满足市场需求;积极推广跨界合作模式,引入创业教育,激发学生的创业热情,培养学生将艺术创意转化为商业产品或服务的能力。最终建立产学研一体化平台,促进高校、企业和研究机构之间的深入交流与合作,共同开展艺术项目和研究,既体现社会主义现代化建设中艺术与经济相结合的理念,也有助于培养具有社会责任感和创新精神的艺术人才,进而推动文化产业的繁荣发展。

---

① 刘明.艺术教育与思政教育有效融合教学路径探索.中学政治教学参考.2022(13):92.

第二节　思政育人理念与"大思政课"

　　思政育人的历史逻辑与时代意义源于思想政治教育的深厚传统。新时代背景下,思想政治教育的理论研究与实践价值日益凸显。深入剖析高校"大思政课"育人理念,笔者发现其理念演进存在新旧之辨、本质之辨以及本末之辨,揭示了理念发展的内在逻辑。考察"大思政课"的兴起与发展,能够展示其在高等教育中的关键作用和对思想政治教育创新的支撑,进而为构建全方位育人体系提供理论依据。

一、思政育人的历史逻辑与时代意义

(一)思想政治教育的溯源与时代内涵

1.思想政治教育的根源探析

　　思想政治作为一种重要的社会历史现象,其源头可追溯至原始社会时期。在那时,人类尚处于集体生活和共同劳作的阶段,便已开始进行精神上的产出与交往活动,思想政治教育的雏形也由此悄然萌芽。原始社会的生产活动尚不具备阶级属性。人们的想象、思维以及精神交往都可作为物质行动的直接产物,这在原始社会中有着深刻的体现。正如马克思所说:"表现在某一民族的政治、法律、道德、宗教、形而上学等的语言中的精神生产也是这样。"①在人类社会的萌芽阶段,思想政治教育活动尚未形成系统化的体系,而是以一种朴素、自发的形态存在的。这一时期的教育活动,其形式质朴且直接,主要聚焦

---

①　马克思,恩格斯.马克思恩格斯全集(第3卷).中共中央马克思恩格斯列宁斯大林著作编译局,译.北京:人民出版社,1972:29.

于生存技能的传授、基本生活知识的传授以及群体间经验的分享。随着生产力的发展、社会大分工和氏族的建立,出现了语言、文字、符号、绘画、雕刻、音乐、舞蹈等丰富多彩的精神生活产物,到原始社会后期,相关精神活动逐渐超越了自发性的需要,并以道德、习惯、风俗和信仰等形态体现出来,表现出了一定程度的自觉性。[①] 综上所述,原始社会虽然尚未形成现代意义上的思想政治教育体系,但其中的精神交往和产出活动,已经为后世的思想政治教育奠定了坚实的基础。

深入剖析原始社会的思想政治教育可以发现,其深刻植根于个人与社会错综复杂的矛盾之中,这一矛盾是个人生存发展需求与社会和谐稳定需求相互交织、共同作用的体现。从社会维度审视,思想政治教育是社会从无序到有序、从自发到自觉的必然演进,它满足了社会维护秩序、调和关系以及推动精神生产与再生产的迫切需求。而从个人层面来看,思想政治教育则是个人由自发状态迈向自觉成长的重要桥梁,它是个体实现社会化的必由之路。在实际的思想政治教育实践中,个人与社会之间的矛盾常常以教育者与教育对象、教与学之间的张力形式呈现。此矛盾不仅是思想政治教育得以立足的基石,更贯穿其始终,成为其核心驱动力。它界定了思想政治教育的本质,并赋予其生生不息的活力。换言之,只要个人与社会的张力持续不减,思想政治教育这一活动便不会消逝于历史长河之中。展望未来,思想政治教育的面貌或许会随时代变迁而重塑,其核心使命与功能也将经历转型,但不可否认的是,其中的某些核心价值与要素仍将持续发光发热,即便某些部分可能逐渐淡出公众视野,思想政治教育也依然会以不同的形态继续存在,继续发挥其不可替代的作用。

西方古代的思想、政治及道德教育见于伟大著作之中,尤其是在柏拉图的《理想国》中极为显著。善德与理性是这部作品的基石,也是其思想体系的主线。亚里士多德则在他的《政治学》和《尼各马可伦理

---

① 马克思.恩格斯.马克思恩格斯文集(第1卷).中共中央马克思恩格斯列宁斯大林著作编译局,译.北京:人民出版社,2009:465.

学》中,对道德教育的起源与本质进行了详尽而系统的研究与阐述,为后世道德教育的发展奠定了坚实基础。① 而在中世纪的西方,宗教神学无疑占据了社会思想的主导地位,深刻影响着当时的道德教育观念与实践。马克思主义则从实践、社会和人的发展规律的高度,对传统和教育进行了深刻论述,认为人在现实社会中受到各种关系的制约,如同呼吸空气一般,人们也在不断地吸收着"精神空气",即传统和教育的养分。人对思想、精神的需求,对目标、理想的追求,正是思想教育赖以存在和发展的源泉。相较之下,我国古代道德教育的发展轨迹则呈现出独特的风貌。一方面,道德教育与社会、政治生活紧密相连,形成了独具特色的"德治"理念。另一方面,道德教育又逐渐从社会生活中分化出来,成为统治阶层与学校教育的专属领域,被赋予了"德教"之名。在古代封建君主专制的背景下,先哲们对人性只能做出主观的臆测与预设,他们普遍强调人与动物的本质区别:人类追求善良与道德。这从根本上确认了人类对善与德的内在需求,也为我国古代道德教育的发展指明了方向。

2. 中国古代道德教育的发展历程

中国古代道德教育为新时代思政育人理念的研究与发展奠定了雄厚的基础。在中国的教育思想史中,古代的道德教育具有不可替代的重要地位,经过几千年的传承与发展,形成了系统的道德教育思想体系。作为文化与教育思想的传承,中华民族的道德教育学说博大精深,体系完备。其深厚的历史底蕴可追溯至上古时期,且涵盖了秦汉以后各朝代的道德教育理论精髓,展现了长久而深远的历史传承。其发展脉络可以划分为四个阶段:夏、商、西周时期的初步萌芽,春秋战国时期的基本形成,秦汉至隋唐的进一步发展,以及宋元明清的传承与创新。这四个阶段一脉相承,既有传统的承袭,也有新的变革,充分

---

① 张曙光,闫静静."德福一致":人应有的生活方式——亚里士多德《尼各马可伦理学》的启示与思考. 社会科学家,2023(4):24-32.

展现了道德教育思想的辩证发展历程。这一历史长卷构成了中国古代道德教育思想的瑰丽图景,在全球文明史上独树一帜,占据了举足轻重的地位。[①]

（1）初步萌芽：夏、商、西周时期的道德教育

夏、商、西周时期,随着奴隶制的建立和发展,道德观念逐渐成熟,并与当时的政治、社会背景紧密相连。[②] 周公提出的道德教育思想具有鲜明的时代特色,他将道德教育与政治实践紧密结合,认为道德是政治的基础,政治是道德的体现。在这一思想前提下,他提出了"以德配天""敬天保民""明德慎罚"等重要的宗法道德规范。这些规范不仅体现了对天命的敬畏,也强调了以人为本、重视民生的思想。在奴隶社会的初期,教育事业就已经被国家视为行政管理的重要任务之一。此外,古代的学校也有共同的教育任务,即"明人伦",旨在通过教育使人们明白人与人之间的关系,培养学生的道德品质,促进社会和谐。总的来说,夏、商、西周时期的道德教育活动在社会发展中起到了重要作用。这一时期的教育实践也为我们提供了宝贵的经验和启示,即道德教育应与社会发展相适应,与政治实践相结合,以人为本,注重培养人们的道德品质和社会责任感。

（2）基本形成：春秋战国时期的道德教育

春秋战国是中国社会由奴隶制转向封建制的过渡时期。在这一历史变革的洪流中,官学逐渐衰微,私学如雨后春笋般兴起,打破了官府对教育的垄断,使得教育层次得以下沉,这一变革不仅打破了贫富、贵贱、种族的界限,更将受教育的机会扩展至平民百姓。在思想建设和发展领域,诸子百家纷纷涌现,百家争鸣盛况空前。德育思想的理论体系也日趋系统化,学者们对德育的作用、内容、原则和方法进行了深入的研究和探讨,从当时儒、墨、道、法四大学派各自的学术成果中,

---

① 明安宁.中国古代道德教育探析.湖北函授大学学报,2013(5):98-99.
② 章小谦.中国教育概念的产生——夏、商、西周时期的教育概念.华东师范大学学报（教育科学版）,2011(4):70-78.

我们可以看到他们为道德教育留下的丰富理论思考。孔子、孟子是这一时期道德教育思想的集大成者。儒家强调"有教无类"的理念,主张培养既有德行又有才华的君子,并提出道德修养应遵循的重要原则,认为道德观念应以文化知识为基础,通过知识的传授来培养道德情操,要将"仁"作为道德的最高准则,鼓励人们提高道德水平。总体来看,这一时期的道德教育发展迅速,为中国历史上道德教育活动的成熟奠定了坚实基础。

(3)进一步发展:秦汉至隋唐时期的道德教育

秦朝是我国第一个大一统国家,秦的建立标志着中国开始进入了一个新的时代。统一六国后,秦继续执行法治政治路线,尽管秦王朝在统一六国后迅速取得了政治上的统一,但是为了铲除六国残余贵族兴家复国的思想基础,秦采取了强硬的手段,禁止传授六国历史和具有强烈怀古思想的儒家学说。例如,选择了"焚书坑儒"的方式稳定君权、稳定思想、稳定人心,但是类似的手段在一定程度上引发了对道德教育的挑战。随着儒家经典的被焚毁和儒家学者的被消灭,传统的道德体系受到了极大的冲击,社会的道德风气开始出现混乱和动荡。在这样的背景下,秦朝虽然实现了政治上的一体化,但也在道德教育方面付出了不小的代价,这也为后来的历史发展留下了深刻的教训。汉朝时期,从"罢黜百家,独尊儒术"的政策,到"黄老之学"的兴起,再到对儒学的重新尊崇,思想道德教育经历了深刻的变革。儒家思想逐渐占据中心地位,并与释、道思想相互交织、斗争,共同推动了道德的演变。在这一过程中,各种思潮此起彼伏,相互激荡,最终形成了以儒学为核心,儒、释、道相互融合的文化格局。儒家的道德思想也在这一过程中不断借鉴释、道的思想,以完善自身的理论体系。儒、释、道的渐趋合流,不仅使释、道逐渐世俗化,向儒学靠拢;同时也促使儒学从释、道中汲取思想精髓,进一步丰富和深化其道德教育思想。这一趋势不仅体现了各种思想文化的交流与融合,也推动了道德教育思想的不断创新与发展。

(4)传承与创新:宋元明清时期的道德教育

从北宋时期开始,儒家思想步入了一个崭新的发展阶段。以"程朱理学""陆王心学"以及"张载气学"为主要代表的宋明理学出现,相比于之前的儒家思想,这些学派不仅深入探索思想道德的精神境界,还强调道德责任感的培育,使得儒家道德理论达到了前所未有的高度。而到了明朝中后期,封建社会内部矛盾日益激化,资本主义萌芽,市民阶层逐渐兴起,早期启蒙思想与国家联系起来,黄宗羲、顾炎武皆是其中的重要代表人物。明清之际的启蒙思想不仅在当时的历史环境中推动了人们的思想解放,而且也为当时的道德教育提供了优秀的新教材,书写了中国思想史上别开生面的一页,对后世产生了深远的影响。

3.中国古代道德教育的基本特征

纵观历史长河中道德教育理念的演变与革新,可将其基本特征概括为如下几点。

(1)具有阶级性特征

道德教育伴随着阶级统治而产生,在中国历史上,无论是奴隶社会还是封建社会,道德教育从教育者到受教育者,从教学目的到教学内容和过程,均受到上流社会或统治阶级利益需求的影响。基于此,统治阶级不遗余力地通过多种途径和方式,向被统治阶级灌输其思想观点和理论原则。比如,孔子提出的教育目标是培养君子,提出"君子忧道不忧贫",把请学稼、学圃的樊迟视为"小人"。在孔子的道德规范体系中,"仁"是核心,而达到"仁"的境界则需致力于"周礼"。这里的"周礼"正是西周奴隶制上层建筑的集中体现,孔子对恢复"周礼"的倡导,凸显了中国古代德育的阶级性特征。

(2)注重意境升华

我国古代德育体系,不仅凸显了典范引领与领导者率先垂范的重要性,还深刻认识到民意、民欲与民力是治理国家不可或缺的根本考量。古训所云"民之所欲,天必从之",这一智慧将民众意愿提升至天命的高度,在逻辑上巧妙地将民众的价值取向融入治国理政的核心理念,构建了一个促进思想价值双向流通与融合的互动平台。通过此平台,统治者的决策更加贴近民众,而民众的声音也得以在治理体系中回响,共同塑造了一个和谐共生的社会愿景。中国传统文化中的"天人合一"思想亦在道德教育思想中得到了深刻体现。孟子对此有独到的见解,他认为最高境界的天人合一在于人性道德层面的和谐统一。同时,孟子强调道德教育应使人们"明人伦",即在君臣、父子、夫妇、兄弟、朋友这五伦关系中明确各自的角色定位,实质上是强调个体与社会的和谐统一。儒家还进一步提出了"求圣贤"的道德境界追求。在儒家看来,尧、舜等历史人物是圣贤的典范,孔子、孟子等先贤也被后人尊为"至圣""亚圣"。这些圣人在传统的道德教育中被赋予了超现实的形象,他们无所不知、无所不能,是人伦道德的巅峰。在封建社会中,儒家对圣贤形象的塑造与美化,使得人们对成为圣贤的道德境界怀有发自内心的向往与追求。这种追求不仅能促进个人品德的提升,更能为社会和谐稳定做出贡献。[①]

(3)提倡内在教育

儒家的伦理道德体系深植于对人格尊严与内在价值的尊重与追求之中。基于此,儒家致力于通过内在控制的方式,塑造民众与个人的道德观念。在针对民众的内在控制层面,儒家强调以德育为本,以德治国,致力于使民众心悦诚服。倘若忽略了道德教化的力量,国家便难以收获民众的真心归附,社会的动荡与不安也可能随之而来。孔子在《论语·为政》中明确指出:"道之以政,齐之以刑,民免而无耻;道之以德,齐之以礼,有耻且格。"这表明,仅仅依靠政令与刑罚来治理国家,民众虽能免于刑罚,内心却不会真正感到羞耻;而若以道德教化与礼仪规范来引导民众,他们不仅会有羞耻之心,更能自觉遵守规范,实现社会的和谐稳定。孔子非常重视"为政以德",强调"道之以德",用

---

① 沈萌萌.孟子道德教化思想及其当代价值研究.济南:山东师范大学,2017.

道德来教导人民。由此,在针对个人的内在控制方面,儒家提出了"内圣外王"的修养之道,鼓励个人在内心修炼圣人之道,追求道德的完善与高尚;同时,在外在行为上则展现王者之政的风范,将个人修养与社会责任相结合。

4. 新中国成立以来思想政治教育的发展历程

在新民主主义革命时期,中国共产党高度重视青年思想政治教育,并积极开展相关工作。中国共产党将青年思想政治教育与革命斗争紧密结合,根据革命形势的发展以及青年群体的实际需求,制定了一套全面且务实的思想政治教育内容。通过以马克思主义理论教育为核心,辅以理想信念教育、反帝反封建教育以及文化与思想观念教育,形成了服务于党的中心工作、强化工农青年思想政治教育以及创新思想政治教育方式方法的宝贵经验。中国共产党在新民主主义革命时期对青年思想政治教育的深入探索与发展,不仅引领中国青年在党的领导下为新民主主义革命的胜利做出了重要贡献,也为新时代青年思想政治教育提供了重要的参考与借鉴。[①] 1953 年起,党和国家积极探索和建设社会主义发展道路,我国开始执行建设社会主义的第一个五年计划,大力培养社会主义建设的人才,这个时期是我国高校思想政治教育的全面提升阶段。根据毛泽东同志提出的政治战线和思想战线、关于开展社会主义革命斗争和社会主义教育的指示,开设"社会主义教育"课程。"文革"时期,由于无法开展正常的教学科研活动,我国的高校思政课程进入了停滞阶段,直到 1977 年全国高考制度恢复,高校思想政治理论课才逐步回到正轨。1978 年,党的十一届三中全会重新确立了"解放思想,实事求是"的思想路线,为高校思想政治教育提供了新的发展方向,我国的思政教育也迎来了全面提升的阶段。1980 年颁布的《关于改进和加强高等学校马列主义课的试行办

---

① 张旭. 新民主主义革命时期中国共产党青年思想政治教育的历史叙事. 社会科学战线,2023(10):269-274.

法》明确了高校马列主义理论课的地位,并着重强调了高校马列主义理论课的重要性。随着我国改革开放的深入,为加强高校对学生的品德纪律教育,提高学生的法律意识,1986 年,国家教育委员会提出在高等学校开设法律基础课程。① 随着社会主义市场经济体制的建立和高等教育改革,高校思想政治教育开始向学生心理健康教育、高校辅导员队伍建设等方向发展。

(二)新时代思政育人理论研究与实践

党的十八大以来,中国特色社会主义进入新时代,这意味着近代以来久经磨难的中华民族迎来了从站起来、富起来到强起来的伟大飞跃,迎来了实现中华民族伟大复兴的光明前景,意味着科学社会主义在 21 世纪的中国焕发出强大生机活力,意味着中国特色社会主义道路、理论、制度、文化不断发展,拓展了发展中国家走向现代化的途径,给世界上那些既希望加快发展又希望保持自身独立性的国家和民族提供了全新选择,为解决人类问题贡献了中国智慧和中国方案。同时,我国深厚的历史文化、独特的基本国情决定了我们要扎实推进中国特色社会主义建设,培育"有理想、有本领、有担当"的新时代青年,必须牢牢掌握高校思想政治教育工作的主动权。②

高校是推动思政教育高质量发展的重要阵地,培养现代化建设人才是高校的重要使命。高校应通过加强通识教育和专业知识教育,做好思政育人、立德树人工作,不断培养符合国家需要的高素质、高水平、高层次复合型人才,为我国加快建设世界重要人才中心和创新高地贡献力量。

思政育人是培养高素质人才的必要手段和途径。在现代社会中,道德品质和社会责任感对个人的发展和社会的进步起着至关重要的

① 杨忠明,蔡慧敏.新中国成立 70 年来高校思想政治理论课的历史回顾与时代展望.学校党建与思想教育,2019(23):11-15.
② 于静,王鑫蕊.党的二十大精神融入"习近平新时代中国特色社会主义思想概论"课的实践理路.兵团教育学院学报,2023(4):30-35.

作用。新时代的思政育人理念,旨在不断适应社会发展进程和对人才的发展需求,培养学生的思想道德品质和社会责任感。它是当代教育事业中的重要理论指导,也是培养高素质人才的基础。一个具备良好思想道德素质和强烈社会责任感的人才,不仅能够积极投身社会发展,还具备问题解决能力和创新能力等核心竞争力。

随着我国对高校思想政治教育的认识不断深化,到 21 世纪,思政教育政策中,思想政治课程的开设门类逐渐丰富。2005 年,中宣部和教育部联合下发《关于进一步加强和改进高等学校思想政治理论课的意见》,提出要不断完善高校思想政治理论课的课程体系。本科开设四门必修课,即"马克思主义基本原理""毛泽东思想、邓小平理论和'三个代表'重要思想概论""中国近现代史纲要""思想道德修养与法律基础"。2012 年 2 月,教育部办公厅印发《关于研究生思想政治理论课新课程方案实施工作安排的通知》,明确硕士阶段开设"中国特色社会主义理论与实践研究"为必修课,开设"自然辩证法概论"和"马克思主义与社会科学方法论"为选修课。2019 年 8 月,中共中央办公厅、国务院办公厅印发《关于深化新时代学校思想政治理论课改革创新的若干意见》,要求加强以习近平新时代中国特色社会主义思想为核心内容的思想政治理论课课程群建设。全国重点马克思主义学院率先开设"习近平新时代中国特色社会主义思想概论"课。这一时期,无论是高校本科生还是研究生的思想政治课程体系都逐步稳定和巩固,并且不断丰富马克思主义中国化的新成果,充实中国特色社会主义理论与实践的新内容。

2014 年,上海市政府最早提出"课程思政"这一思政育人的建设理念,后来逐渐发展为新时代思想政治育人理念,即以构建全员、全过程、全方位育人格局的形式使各类课程与思想政治理论课同向同行,形成协同效应,把"立德树人"作为教育的根本任务的一种综合教育理念。将思想政治教育的核心要素,包括理论知识、价值理念及精神追求等,巧妙地渗透至各类课程教学中,通过日常学习实践,逐步塑造并影响学生的思想观念、价值认同及行为模式,实现思想政治教育的全面融入与深度渗透。

(三)新时代思想政治教育的价值意义

1.创新了新时代思想政治教育模式

思政课是高校落实立德树人根本任务的关键课程,也是全面贯彻落实党的教育方针、培养担当民族复兴大任的时代新人的主干渠道。① 党的十八大以来,思想政治教育被提升到整体全局战略高度,贯穿于一切工作之中,在制度和专门力量的共同作用下,形成了具有立德树人协同效应的"融入式、嵌入式、渗入式"思想政治教育模式。这种模式是思想政治教育模式和运行方式的创新发展。②

2.拓展了新时代思想政治教育领域

党的十八大以来,思想政治教育在回应新时代挑战的过程中进一步丰富和拓展了建设领域。一是将高校思政课作为思想政治教育发展建设的突破口,对新时代的思政课展开全面阐述,形成新的课程观、教学观、学习观;二是延伸思想政治工作的领域,把思想政治工作融合在一切课余活动之内,形成协同效应;三是打造网络思想政治主战场,提出营造风清气正网络空间,推动思想政治工作传统优势与信息技术深度融合。

3.构建了新时代思想政治教育话语体系

习近平总书记关于思想政治教育话语体系的建构,在很多方面都道出了既符合马克思主义基本原理,又适应时代发展的新话,如关于新的意识形态话语体系,关于社会主义核心价值观的凝练和升华,关

---

① 何艳琳.新时代高校劳动教育融入思政课项目驱动教学的路径探析.高教学刊,2021 (14):158-161.

② 余双好,马桂馨.新时代党的思想政治教育理论创新及时代价值.学校党建与思想教育,2023(7):1-5.

于奋斗精神、斗争精神、自我革命的话语体系,关于中华优秀传统文化的话语体系,关于讲好中国故事的话语体系,等等。新时代思想政治教育不仅有利于实现理论创新、实践创新,同时也有助于在构建中国特色思想政治教育话语体系上实现创新。

二、高校"大思政课"育人理念的辨析与演进

"大思政课"是习近平总书记围绕新时代思政课改革创新提出的重要命题。从我国思政课建设的"大历史观"来审视,"大思政课"理念的发展历程并非孤立存在,而是与思想政治理论课的演进轨迹紧密相连的。自新中国成立以来,我国思政课建设经历了从初创到完善、从单一到多元的发展历程。在这一过程中,"大思政课"理念的提出,正是对过往经验的总结与升华,也是对未来发展方向的规划与引领。"大思政课"理念的发展与百年来中国共产党领导人民进行革命与建设的伟大历程紧密相连。"大思政课"与传统思政课虽差别不大,却蕴含了体系的深化、理念的革新、格局的拓宽及力量的强化,前者是对后者的全面升级与超越。两者间存在着一种包容关系,即"大思政课"作为整体,囊括了传统思政课作为局部或特定方面的内涵,展现了从一般到特殊的深化与扩展。因此,"大思政课"理念的提出,不仅是对思政课改革创新的深化,更是对中国共产党领导人民进行革命与建设历史经验的继承与发扬。

(一)"大思政课"育人理念的新旧之辨

"大思政课"作为促进思政课内涵深化与高质量发展的关键力量,其诞生并非无本之木,而是根植于传统思政课的深厚土壤之中。要深入理解其内涵,需通过与传统思政课的细致对比与剖析,方能洞察其独特价值与意义所在。"课程思政"这一理念的起源可追溯至 2014 年上海市教育综合改革的相关论述。2017 年 12 月,教育部正式颁布《高

校思想政治工作质量提升工程实施纲要》,明确指出,"大力推进以课程思政为目标的课堂教学改革"。① 随后,2018 年 6 月的新时代全国高等学校本科教育工作会议进一步强调,高校应明确所有课程的育人职责,鼓励专业课教师设计并实施"课程思政"教学方案,确保每门课程都蕴含思政元素,每位教师都承担育人使命。至 2020 年 4 月,教育部等八部门联合发布《关于加快构建高校思想政治工作体系的意见》,全面部署"全面推进所有学科课程思政建设"的任务。

尽管"课程思政"的提法出现时间不长,导致一些教师视其为新鲜事物,但实际上,它作为高校思想政治教育的关键组成部分,早已有迹可循。早在 2004 年 10 月,中共中央、国务院便出台《关于进一步加强和改进大学生思想政治教育的意见》,强调:"要深入发掘各类课程的思想政治教育资源,在传授专业知识过程中加强思想政治教育。"由此可见,尽管当时尚未明确提出"课程思政"这一概念,但其核心理念与精神内核已显露无遗。②

(二)"大思政课"育人理念的本质之辨

"大思政课"的基本内涵是对原有思政育人理念的突破,"大思政课"的教学内容打破了思想政治教育领域的教学限制,实现了传统思政课教学内容的有效延伸。同时,"大思政课"巧妙地利用学科之间的联系,找准思政知识点和不同学科、专业之间的共通之处,融合各个学科富含思政要素的教学内容,综合运用人文社会科学知识、自然科学知识中蕴含的思政要素进行思想政治教育,打破了学科壁垒,使其发挥立德树人的重要作用。"大思政课"将历史、现实和未来有机结合起来,灵活运用古今中外的思政元素,使思想政治教育既扎根中国,又融

① 教育部发布《高校思想政治工作质量提升工程实施纲要》.高等职业教育探索,2017(6):33.

② 中共中央国务院发出《关于进一步加强和改进大学生思想政治教育的意见》.(2004-10-15)[2024-05-23]. http://www. moe. gov. cn/jyb_xwfb/gzdt_gzdt/moe_1485/tnull_3939. html.

通中外,实现了思政内容的国际化传播,"大思政课"对以往思政育人的理论进行了丰富与扩充。

"大思政课"教学活动蕴藏多种思政形式,在数字化新时代,互联网与数字技术的发展无疑为"大思政课"提供了便捷的渠道,"大思政课"融思政课程、课程思政,集网络思政、文化思政、实践思政于一体,贯穿于课堂活动、日常生活、学术活动、党团活动、社会实践活动、志愿服务或文化活动等过程中。依托新媒体技术的进步,"大思政课"正将思想政治工作的传统优势同数字技术融合,将线上教学与线下教学方式有机结合,将课堂与田野相贯通,贯穿"过去"和"未来"。总之,当代的"大思政课"体现出了内容的丰富性、领域的多维性、育人力量的多样性等鲜明特征,与以往的思政育人的属性相比,具有铸魂育人的大模式特征。

"大思政课"体现了多方育人合力。"大思政课"将思政教育传授者主体扩展,突破了传统思政课的时空和地域局限,构成了全员、全过程、全方位育人的大格局,不仅包括校内的思政课教师和专业课教师,还包括校外带有思政色彩的育人力量,如家庭、先进模范人物等,这些主体形成了育人合力。另外,"大思政课"将"第一课堂"和"第二课堂"进行联结,打通了思政教学的形式,实现了思政小课堂和社会大课堂的有机结合,凸显了全方位育人的鲜明特征,使学生在理论知识的学习中增长知识和见识,并观照实践,回应现实关切,切实提高了思想政治教育的效果。从时空的领域审视,"大思政课"进一步拓展了思政育人的模式,使其在新时代中得到了创新性的发展。

(三)"大思政课"育人理念的本末之辨

在实践中,我们常发现一些课程在融入思政元素时表现不佳,这往往是因为过于机械地追求思政元素的植入,而非自然、有机地融合,从而导致了教书育人效果与目的不符。问题的根源在于对"课程"与"思政"关系的理解不够深入,导致将两者的关系本末倒置。课程作为育人的主要载体,其教学目标应实现知识、能力与素质的"三位一体"融合,其中,素质目标更是涵盖了价值观的培养,凸显了课程的育人功能。

因此,在课程建设中,我们首先应当明确课程目标,随后构建与之相匹配的内容体系,确保内容服务于目标。在这一逻辑框架下,课程思政的要求应首先体现在课程目标的设定中,随后才是思政元素在课程内容中的有机融合。这种融入应当与课程内容浑然一体,在课堂上自然流畅地展现,使思政元素与教学内容相互映衬、相互促进。课程是"本",思政元素是"末",需坚持先本后末、本末一体的原则,从而有效解决思政元素融入生硬、不协调,甚至喧宾夺主的问题。

此外,在课程思政的考核评价中,同样需要妥善处理"本末"关系,避免将思政评价从课程主体中剥离出来。虽然课程思政是课程评价的重要方面,但如果发现课程思政存在缺失或效果不佳的问题,那就意味着课程的育人功能出现了偏差,课程建设和评价存在着明显的短板。因此,我们在将大思政课融入教学的过程中必须回归价值本位,确保课程思政的融入既符合课程目标,又能够自然、有效地促进学生的全面发展。①

三、高校"大思政课"的兴起与发展支撑

(一)"大思政课"的时代背景

世界百年未有之大变局与中华民族伟大复兴的战略布局紧密交织,为"大思政课"的兴起提供了广阔的历史舞台。在这一大背景下,传统的思想政治教育模式已经难以满足时代的需求,需要一种更为全面、深入、多元的教育方式来引导青年学子树立正确的世界观、人生观

---

① 上海交通大学教学发展中心. 春风化雨,润物无声——课程思政元素的挖掘与融入. (2021-10-14)[2024-05-23]. https://ctldnew.sjtu.edu.cn/news/detail/746.

和价值观。"大思政课"育人正是在这样的时代背景下应运而生的,为新时代青年提供了一场深刻的思想盛宴。

"大思政课"育人模式能够满足受教育者对多元文化的强烈渴望。相比较之下,传统思政课因其内容的单一性,常常局限于思想政治教育的狭小范畴,难以吸引现代学生的兴趣与关注。而"大思政课"的兴起,正是对传统教学模式的一次深刻变革。它打破了学科壁垒,将思政内容与各个学科领域相融合,实现了知识的跨界整合。这种综合性的教学方式不仅拓宽了学生的知识视野,还显著提升了思想政治教育的实效性和吸引力。同时,全球化背景下的学生对多元文化的渴求也日益增强。他们渴望了解不同文化、不同国家的思政元素,以丰富自己的知识体系和精神世界。"大思政课"育人模式正是顺应了这一时代潮流,主张以开放包容的态度,广泛汲取古今中外的思政资源,使思想政治教育既深深扎根于中国的传统文化,又能够融通中外,展现出更加广阔的国际视野。

"大思政课"育人模式符合党和国家对思想政治育人的要求。在新时代高质量思政课建设的推动下,"大思政课"理念的提出,不仅反映了高校立德树人、培养担当民族复兴大任的时代新人的坚定决心[1],更是国家扎实推进长远战略蓝图的必然选择。党的十八大以来,党中央对思政课的高度重视和一系列重大部署,为思政课建设提供了强有力的政策保障和动力支持。然而,我们也必须清醒地看到,尽管取得了显著成绩,但思政课改革仍面临一些瓶颈问题,尤其是课程质量的"不平衡、不充分"现象仍然存在。因此,"大思政课"的提出,旨在打破这一僵局,推动思政课改革向更深层次发展。此外,"大思政课"的兴起也是"大思政格局"进一步完善的重要体现。在新时代背景下,实践教学、劳动教育、"三全育人"等概念与"大思政课"相辅相成,共同构建起了新时代的思政教育体系。这一体系更加强调课堂的主

---

[1]　李蕉."大思政课"的历史方位与理论定位.思想理论教育导刊,2022(9):101-108.

阵地和主战场作用,认为思政课教师不仅要有深厚的学识和高尚的师德,更要成为引领时代的"大先生",善于运用各种"大资源",汇聚起推动学生成长成才的"大能量"。这样的要求既符合青年学生成长成才的内在需求,也符合时代发展的需求。

(二)"大思政课"的发展历程

"大思政课"是一个富有开创性的概念,它代表了思政教育的全新发展方向。"大思政课"的核心目标在于培养能够肩负起民族复兴历史使命的新时代青年才俊,是高校面向第二个百年奋斗目标、构建德智体美劳全面发展的人才培养体系的新理念,是"大思政"格局和现实相结合、面向社会发展需求培育人才的新格局。其核心理念在于通过整合多样思政要素,协同多方育人力量,以更为丰富、立体的形式进行思想政治教育,从而实现对传统思政课的守正和创新。① "大思政课"的教学内容富含多样思政要素。这意味着它不再局限于传统的思政理论框架,而是广泛吸收各个学科领域的思政资源,将历史、文化、社会、科技等多方面的思政要素融入教学中。这样的教学方式能够拓宽学生的知识视野,使他们能够从多个角度理解和把握思政知识,增强思政教育的针对性和实效性。"大思政课"是思政教师协同多方育人力量的课。这强调了思政课在育人过程中的协同性。思政教师不再是单打独斗,而是需要与学校、社会、家庭等各方育人力量进行深度合作,共同构建思政教育的立体网络。这样的协同育人模式能够更好地整合资源,形成教育合力,提升思政教育的整体效果。"大思政课"是时代发展的产物,是对传统思政课的守正和创新。它体现了在新时代背景下,思政教育与时俱进、不断创新的要求。通过对传统思想政治教育模式的扩展和升级,"大思政课"打破了传统思政课的局限性和束缚,使其更加符合青年学生的成长规律和时代发展的需求。

---

① 宫长瑞,张乃亮."大思政课"的基本内涵、显著特点与发展路径.中国德育,2021 (19):16-20.

"大思政课"的发展历程是新时代我国高等教育领域深入探索与创新育人理念、育人模式、育人机制的重要体现。这一概念的兴起与发展，紧密植根于党的十八大所确立的"把立德树人作为教育的根本任务"的时代背景，是深入学习贯彻习近平总书记关于教育的重要论述的具体实践。2022 年 7 月，教育部等十部门印发《全面推进"大思政课"建设的工作方案》，强调高校应坚持开门办思政课，突出实践导向，充分调动全社会力量和资源，利用志愿服务、理论宣讲、社会调研等活动方式开展多样化的实践教学。

（三）"大思政课"的特征分析

在新时代背景下，"大思政课"以其独特的魅力，展现出鲜明的特征，成为高等教育领域一道亮丽的风景线。

"大思政课"凸显了全员育人的大格局。传统的思政课往往局限于教师的课堂讲授，而"大思政课"则打破了这一局限，实现了学校、家庭、社会的"交响合奏"。在这一过程中，不仅思政课教师发挥着重要作用，其他专业教师、辅导员、家长以及社会各界人士也积极参与其中，共同为学生的成长成才贡献力量。这种全员育人的模式，使得思政教育不再是一个孤立的存在，而是成了一个系统工程，实现了教育资源的有效整合和优化配置。

"大思政课"具有教学形式的多样性。它不再局限于传统的课堂教学，而是采用了线上线下相结合的混合式教学模式，使得思政教育能够时时发挥育人功效。同时，"大思政课"还注重实践教学、体验教学等多种形式的应用，使学生在理论知识的学习中增长知识和见识，并观照实践，回应现实关切。这种多样化的教学形式，使得"大思政课"更加生动有趣，能够激发学生的学习兴趣，增强其参与度。

"大思政课"实现了思政小课堂与社会大课堂的有机结合。它不再局限于课堂之内，而是将课堂延伸到社会生活的各个领域，使学生在实践中深化对理论知识的理解和运用。这种有机结合，使得"大思政课"更加贴近实际、贴近生活、贴近学生,提高了思政教育的实用性和时效性。

"大思政课"以"立好德""树好人"为根本目的。它始终肩负着引导学生成长成才和满足社会发展需要的责任,旨在引导学生增强"四个意识"、坚定"四个自信"、做到"两个维护"、培养责任担当、厚植爱国情怀,立鸿鹄志、做奋斗者。① 这一根本目的贯穿于"大思政课"的整个过程,使得思政教育不再是空洞的说教,而是学生成长成才的重要支撑。

(四)"大思政课"的理论探索

在新时代背景下,"大思政课"作为高等教育领域的重要创新,其理论探索与支撑显得尤为重要。马克思和恩格斯的理论为我们提供了深刻的启示,理论的力量在于其彻底性和科学性,它能够说服人民、掌握群众的思想动态,是引领民族科学发展的重要基石。因此,准确把握"大思政课"的理论性,主动用真理的力量引导学生,对于培养学生的思想政治素质、提升国家的科学文化水平具有重大意义。

"大思政课"的理论探索体现在对马克思主义理论的深入理解和应用上。马克思主义理论是"大思政课"的学科基础,它为我们提供了观察世界、认识社会、理解历史的科学方法。在"大思政课"中,我们不仅要传授马克思主义的基本原理,更要引导学生深入理解和应用这些原理,让他们在丰富的社会资源中开辟理论知识的"新窗口",在鲜活的案例中感悟和品味马克思主义真理的伟大力量。

"大思政课"的理论支撑体现在对现实问题的关注和回应上。理论的生命力在于解决实际问题,而"大思政课"正是将思政小课堂与社会大课堂相结合的典型范例。我们要时刻关注现实问题,关心社会发展,关注时代变化,让学生在社会大课堂这本鲜活的教科书中,自觉运

---

① 董晓绒.准确把握"大思政课"的五个基本特性.当代广西,2022(6):32-33.

用马克思主义立场、观点、方法去观察问题、思考问题、分析问题、解决问题。这种理论与现实相结合的教学方式,能够激发学生的学习热情,提升他们的思想境界,重塑他们的人生价值。

　　"大思政课"的理论探索和支撑还体现在对习近平新时代中国特色社会主义思想的深入学习和运用上。习近平新时代中国特色社会主义思想是党在新时代的指导思想,也是"大思政课"的重要内容。我们要引导学生深入学习习近平新时代中国特色社会主义思想,理解其精神实质和实践要求,学会自觉运用这一思想去分析当下的世情、国情、党情、民情、社情。在理论与现实的碰撞中,不断提升学生的思想政治素质。

第三节　新时代文化建设目标与发展动力

　　新时代文化建设肩负着促进中华文化繁荣、铸牢民族复兴自信、拓展世界文化交流的使命。面对文化自信与认同、传承与创新、交流与互动、普及与教育的迫切需求,文化发展动能依托于科技引领、文化创新、政策扶持、市场机制、人才支撑及国际交流的协同作用。我国文化建设正朝着更加繁荣、自信和开放的未来稳步发展。

一、新时代文化建设的重要使命和发展目标

(一)为促进中华文化兴盛繁荣提供理论基石

　　中华文化历史悠久、源远流长,是中华民族的精神命脉。在继承传统的过程中,我们也要注重创新发展,不断推动中华文化与时俱进。同时,中华文化还具有强大的包容性,能够吸收借鉴其他文化的优秀元素,实现文化的多样性和共融性。这种辩证关系不仅揭示了中华文

化发展的内在规律,也为我们推动文化建设提供了重要的方法论指导。

(二)为推进中华民族复兴伟业筑牢自信之基

文化自信是一个国家、一个民族发展中最基本、最深沉、最持久的力量。在推进国家建设和民族复兴的伟大征程中,必须筑牢文化自信之基,以文化自强推动国家繁荣与民族进步。国家建设是一个系统工程,涉及政治、经济、文化、社会、生态文明等多个领域。其中,文化建设是国家建设的重要组成部分,它既是国家软实力的体现,也是国家硬实力的支撑。同时,文化自信是文化建设的核心,它不仅能够凝聚人心、提振精神,还能够为国家发展提供强大的精神动力和智力支持,并在全球化的大潮中保持定力,实现国家的长治久安和可持续发展。

(三)为促进世界文化交流共进开辟广阔视野

文化的多样性是世界的宝贵财富,不同文化之间的交流与融合是推动人类文明进步的重要动力。当代跨文化交流研究学者拉里·波特提出:认识多种文化、群体文化以及自身文化的特征是成功迎接跨文化交流所带来的挑战的第一步。中华文明具有突出的包容性,这个特性从根本上决定了中华民族交流互鉴的历史取向。[①] 从中华民族的形成发展史来看,中华文明由来自不同区域、不同民族的文化彼此交流不断融汇而成,正是兼收并蓄、和谐共生涵养了中华民族开放包容的精神品格。

---

① 唐伟.中华文化认同视域下的边境幸福村文化建设研究——以临沧市 44 个沿边行政村为例.云南社会主义学院学报,2023(4):47-53.

二、新时代文化建设的强大需求

(一)文化自信与认同

在新时代新征程中,文化建设已经成为国家发展的重要支柱,文化自信与认同在新时代文化建设具有重大意义。

文化自信是一个民族和国家对自身文化价值的肯定和信念,是文化主体对自身文化的深度认同和自豪感。在新时代,随着全球化的深入发展和信息技术的日新月异,文化交流与碰撞愈发频繁,文化自信与认同成为维护国家文化安全、推动文化创新发展的重要基石。只有坚定文化自信,才能在全球文化激荡中站稳脚跟,展现中华文化的独特魅力。首先,文化自信与认同是增强国家文化软实力的关键。国家文化软实力是一个国家综合国力的重要组成部分,而文化自信与认同则是提升文化软实力的内在动力。对文化充满自信,才能在国际舞台上展现出独特的文化魅力,吸引更多人的关注和认可。其次,文化自信与认同是推动文化创新发展的重要基础。文化创新是一个民族和国家文化发展的不竭动力,而文化自信与认同则是文化创新的源泉。只有对国家民族的文化有深入的了解和认同,才能在此基础上进行创新,推动文化的发展繁荣。最后,文化自信与认同也是凝聚民族共识、促进社会和谐的重要纽带。在多元文化的背景下,文化自信与认同有助于增强民族的凝聚力和向心力,促进不同文化之间的交流与融合,实现社会的和谐稳定。

(二)文化传承与创新

进入新时代,随着全球化的深入和科技的飞速发展,文化传承与创新成为文化建设的迫切需求。世界上每个民族都有其独特的文化创造,这些文化创造不仅是民族精神的体现,更是人类文明的瑰宝。中华民族几千年形成的传统文化,在世界文化史上独树一帜,其最鲜明和最突出的特色就是文化传承的连续性。这种连续性不仅表现在对古代文化的继承和发扬上,更体现在对传统文化的不断创新和发展中。

中华民族的文化传统源远流长,博大精深,蕴含着丰富的智慧和价值观念。这些传统文化不仅是我们的精神家园,也是我们与世界对话的重要桥梁。通过文化传承,我们能够深入了解自己的历史和文化,增强文化自信和民族自豪感。同时,文化传承还能够为现代社会提供智慧启迪,帮助我们解决当代社会面临的问题和挑战。然而,仅仅依靠传承是远远不够的。新时代文化建设还需要不断创新。创新是文化发展的动力源泉,是推动文化繁荣的关键所在。在全球化的大背景下,文化交流与碰撞日益频繁,各种文化元素相互融合,为文化创新提供了广阔的舞台。通过创新,我们能够打破传统文化的束缚,赋予文化新的时代内涵和表现形式。同时,创新还能够推动文化产业的发展,提升文化产品的质量和竞争力,满足人民群众日益增长的精神文化需求。

文化传承与创新在新时代文化建设中相互促进、相互依存。一方面,文化传承为创新提供了丰富的资源和灵感。通过对传统文化的深入挖掘和研究,我们能够发现其中蕴含的深刻哲理和独特魅力,为创新提供源源不断的动力。另一方面,创新又能够推动文化传承的深入发展。通过创新手段和方式,能够更好地弘扬传统文化,让其在现代社会中焕发新的生机和活力。

(三)文化交流与互动

在全球化浪潮不断涌动的今天,文化交流与互动已经成为推动社会进步和文明发展的重要力量。尊重文明多样性,正确对待不同国家和民族的文化,是文明交流互鉴的前提与基石。在新时代文化建设的征程中,文化交流与互动不仅是国家软实力的重要体现,更是增进国际理解、促进世界和平与发展的重要途径。

文化交流与互动有助于增进国际理解。随着全球化进程的不断推进,各国之间的文化交流也越来越频繁,加强全球文明交流互鉴,推动中华优秀传统文化与外界交流互鉴,有助于在文化交流与互动的过程中,更好地了解其他国家的文化、历史和价值观,增进相互之间的理解和尊重;减少地域、文化、价值观的不同造成的文化冲突和文化隔阂,为构建人类命运共同体奠定坚实的基础。

文化交流与互动有助于塑造国家形象。一个国家的形象不仅取决于其经济实力和科技水平,更取决于其文化魅力和国际影响力。通过文化交流与互动,我们能够向世界展示中华传统文化的独特魅力和深厚底蕴,提升自身的文化软实力和国际影响力。[①] 同时,文化之间的交流与碰撞,能够吸引更多的国际友人来到中国,亲身体验中华文化的魅力,进一步加深对我国的全面了解。

(四)文化教育与普及

文化,作为一个民族的灵魂,是维系人心的精神纽带,在社会思潮纷繁复杂,各类数字传播技术迅猛发展的时代背景下,加强社会主义主流意识形态的传播和普及显得尤为迫切和重要。

文化教育与普及工作是我们应对这一挑战的有力武器。教育是文化传承之根、创新之源、发展之基,教育的兴盛即文化的繁荣,教育的强大即文化的辉煌,教育的不断前行即文明的持续进步,这不仅是教育发展的历史轨迹,更是文化向前迈进的基本法则。高校在教学过程中,通过文化思政课的教学活动,强化价值引领,用家国情怀激发学生的学习兴趣,让学生能够在文化知识入门的过程中体悟文化在社会中的巨大力量,引导学生树立正确的世界观、人生观和价值观,从而增强学生对社会主义核心价值观的认同和实践锻炼,抵御不良社会思潮的侵蚀,维护社会的稳定和谐,为国家的长远发展提供坚实的精神支撑。新时代呼唤有文化、有素质、有创新能力的人才。文化教育工作

---

① 张新英.论中国影视剧的中华传统文化表达.人文天下,2022(12):28-31.

正是培养这样的人才的重要途径,它能够激发人们的创新思维和创造能力,推动文化产业的繁荣发展,为国家的文化建设和经济发展注入新的活力。

因此,我们要不断增强文化教育和普及的力度,支持传统文化的传承和保护,不让中华几千年的优秀文化在时间长河中被永久埋葬;开展教育系统内和社会上的活动,让人民对自身的文化充满认同和自信;举办文化课程和讲座,让优秀的艺术形式、历史知识、文化传统得到更多认识和传播;培育文化创意人才,打造出更多符合当代人需求的文化产品和服务。在文化教育和普及方面,高校和各研究单位要探索出文化治理的新机制、新方法,促进文化生态平衡、稳定社会秩序,并不断推动我国文化建设的可持续发展。

三、新时代文化建设的发展动能

(一)科技引领与文化创新

在新时代的浪潮中,文化与科技的融合正成为推动文化建设的重要力量。科技不仅为文化创新提供了无限可能,也为文化的传播和体验方式带来了深刻变革。与此同时,文化创新也为科技创新提供了深厚的土壤和广阔的市场需求,二者相辅相成,共同推动着新时代文化建设的蓬勃发展。

科技是新时代文化建设的新质动力。随着信息技术的飞速发展,虚拟现实、增强现实、人工智能等新技术不断涌现,在构建数字文明新形态、建设数字中国的伟大征程中,文化数字化已成为塑造新时代文化建设的必然要求。如通过虚拟现实技术,人们可以身临其境地感受通过数字技术复原的历史场景、重要艺术作品和珍贵的文化遗产,这种沉浸式体验技术可极大提升文化的吸引力和感染力。另外,在数字化浪潮下,相关文化产业、旅游产业也正逐步向数字化、智能化方向发展。数字文化体验、社交媒体推动的用户生成内容(UGC)、智能化的文化服务等新型文化业态不断涌现,为文化产业的发展注入了新的活力。这些新业态丰富了文化市场的供给,满足了人民群众日益增长的多样化、个性化的文化需求。

同时,文化创新是科技引领下的必然结果。一方面,文化创新体现在文化内容的丰富和深化上。借助科技手段,深入挖掘和传承传统文化,广泛吸收和借鉴外来文化,形成具有时代特色的新文化。另一方面,文化创新也体现在文化形式的创新上。新的科技手段为文化创作提供了更多的可能性和空间,也是文化产业高质量发展的重要推动力,"文化+科技"的形式催生了新型文化产业业态,如越来越多景区建起了 VR(虚拟现实)体验馆,让游客随时随地实现沉浸式游览;高新技术广泛渗透到文化产业的生产、传播、消费、体验等各个层面和环节中,线上虚拟文化消费和体验不断增长……这些都体现了文化与科技相互融合、深度互动的趋势。

科技与文化的融合是新时代文化建设的重要特征和发展趋势。科技引领为文化创新提供了技术支持和动力源泉,而文化创新则为科技创新提供了应用市场和发展空间。二者相互促进、相互成就,共同推动着新时代文化建设的深入发展。

(二)政策助力与市场驱动

近年来,国家高度重视文化产业的繁荣发展,不断加大政策扶持力度,旨在打造"文化强国"。与此同时,随着经济的快速增长和人民生活水平的日益提高,人们的精神文化需求也在逐步升级,文化收藏品市场逐渐崭露头角,成为新的经济增长点。政策助力与市场驱动相互交织,共同构成了新时代文化建设的发展动能。

政策助力是新时代文化建设不可或缺的一环。国家对文化产业的扶持涵盖数字文化产业、影视文化产业、文化旅游产业、文化制造产业、创意设计产业、重点文化企业培育、文化产业发展平台等多个领域,不仅体现在资金、税收等方面的优惠政策,更在于对文化产业发展的战略定位和长远规划。例如,浙江省政协实施文化建设工程,通过成立文化研究机构、举办文化标识成果展、推出短视频宣传产品等方式,积极推进新时代中华优秀传统文化创造性转化、创新性发展。

市场驱动是文化建设持续发展的重要推手。随着生活水平的提高,人们的精神文化需求也日益增长。例如,文化收藏品市场呈现出蓬勃发展的态势,越来越多的人开始关注文化收藏品,将其视为一种精神寄托和财富增值的手段。同时,互联网技术的快速发展也为艺术品交易带来了革命性的变革。通过互联网平台,文化收藏品交易突破了地域界限,实现了全球范围内的资源共享和便捷交易。这不仅促进了文化收藏品市场的繁荣发展,也推动了文化产业的整体升级。

政策助力与市场驱动在文化建设中相互促进、相互依存。政策的支持为市场提供稳定的发展环境和有力的保障措施,而市场的繁荣则进一步推动政策的完善和优化。这种良性互动不仅加快了文化市场的发展步伐,也提升了其在国民经济中的地位和影响力。

(三)人才支撑与国际交流

在全球化的今天,国际人才交流已成为推动各国经济、文化和科技发展的强大动力。随着全球范围内对跨国合作与交流的重视,国际人才流动变得愈发频繁,不断为新时代文化建设注入新的活力。在经济全球化背景下,青年科技人才是全球科技舞台上的活跃形象和担当,也是文化繁荣与创新发展的动力。

人才支撑是新时代文化建设的关键所在。推进中国现代化,需要实施人才战略,繁荣文艺创作、推动文艺创新、建设文化强国,必须有大批德艺双馨的文艺人才,但我国文化人才结构仍存在不平衡现象,并且文化人才培育机制尚未形成有效合力,所以要加强高层次人才的培养,加强本土文化人才的挖掘,力争培养一批在理论研究、新闻宣传、媒体出版、文化艺术、文化经营管理等领域有公认代表作品或有较强影响力的文化名家。另外,中国的发展需要世界青年科技人才参与,中国的发展也为世界青年科技人才提供了新机遇。

国际交流是促进新时代文化建设的重要推动力。党的二十大报告指出:"加强国际传播能力建设,全面提升国际传播效能,形成同我国综合国力和国际地位相匹配的国际话语权。"①作为中国对构建新型国际关系的创造性思考,国际人文交流的目的是让不同国家和民众间达成广泛的相互理解和尊重,夯实社会民意基础,使国际合作更加开放包容。频繁的国际人文交流,促进了不同文化之间的理解与尊重,维系了各国贸易与文化的友谊与合作,为构建人类命运共同体奠定了坚实的文化基础。

人才支撑与国际交流在文化建设中相互促进、相互依存。人才支撑为国际文化交流提供了新鲜的人力血液保障。一方面,高知文化人才在国际文化交流、中华文化传播等活动中,通过文化输出与接收,增进各国文化之间的互通,有助于增强我国的文化软实力和国际影响力;另一方面,国际交流为人才支撑提供了坚实的交流平台和众多的交流机会。通过与不同国家人才的交流与合作,可以了解先进的理念和科学技术,有助于提升自身专业水平和文化创新能力。这种相互促进的关系使得人才支撑与国际交流成为新时代文化建设不可或缺的发展动能。

---

① 加强国际传播能力建设　促进文明交流互鉴. (2023-12-27)[2024-10-26]. http://www. xinhuanet. com/politics/20231227/c21a7e5c88404d1cb86a4515b5da5815/c. html.

第二章　艺术教育、思政育人与文化建设的内在逻辑

在"大思政课"这一全新教育理念的推动下，需要系统审视并深入分析高校艺术教育的优化策略，聚焦"大思政课"与高校艺术教育的融合实践，剖析当前艺术教育的发展现状与挑战，并着重探讨在新时代背景下，如何通过创新教学模式、丰富教育资源、强化师资力量等关键举措，有效促进艺术教育在"大思政课"体系中的深度融合与协同发展。同时，要强调艺术教育在高校思政育人与文化建设中的桥梁与纽带作用，指出其不仅是推动校园文化繁荣发展的"助推器"，更是"大思政课"实践创新的重要一环。通过艺术教育的独特魅力，我们有望构建一个思政教育与文化建设相互促进、共同发展的生动局面，为培养新时代高素质人才提供坚实支撑。

第一节　"大思政课"背景下高校艺术教育的优化分析

本节通过聚焦"大思政课"背景下高校艺术教育的优化路径，深刻阐释"大思政课"的基本内涵与显著特点，系统分析艺术教育在"大思政课"体系中的重要作用及融合现状。针对当前艺术教育面临的诸多挑战，提出创新课程设置、强化师资队伍建设、完善评价体系等针对性举措，旨在推动艺术教育与思政教育深度融合，共同培育具有社会责任感、创新精神和实践能力的新时代人才。

一、"大思政课"的基本内涵

党的十八大以来，党中央始终坚持把学校思政课建设放在教育工作的重要位置。面对"不断开创新时代思政教育新局面"的使命要求，建好"大思政课"是新时代高校落实立德树人根本任务、培养时代新人的重要抓手。习近平总书记在看望参加全国政协会议的医药卫生界、教育界委员时强调："'大思政课'我们要善用之，一定要跟现实结合起来。上思政课不能拿着文件宣读，没有生命、干巴巴的。""思政课不仅应该在课堂上讲，也应该在社会生活中来讲"。①　这为思政课摆脱传统逻辑教学模式指明了方向。从学理上理解好、把握好"大思政课"的基本内涵和显著特点，找准"大思政课"的发展路径，发掘助力"大思政课"多元发展的动力源泉，对深化思政课改革和创新具有重要的理论意义和现实意义。

首先，"大思政课"教学内容富含多样思政要素。"大思政课"的教学内容突破了思想政治教育领域的教学限制，是对传统思政课的教学内容的有效延伸。在当下思政教育中，"大思政课"能打破学科壁垒，凝聚学科合力，综合运用人文社会科学知识、自然科学知识中蕴含的思政要素进行思想政治教育，从而发挥立德树人的重要作用。例如，艺术教育在"大思政课"中扮演着重要的角色。通过将艺术教育与思政教育相结合，可以培养学生的审美情感和创造力，在艺术院校传统专业教育的思政课中，将思政课堂与专业课堂有机融合，探索"思政＋艺术"特色育人新路径，打破重技能传授、轻价值引领的弊端，增强思政课的思想性、理论性和亲和力。

其次，"大思政课"是思政教师协同多方育人力量的课。"大思政课"的教师不仅包括校内的思政课教师、专业课教师和学校党政管理人

---

① 习近平."大思政课"我们要善用之.人民日报,2021-03-07(1).

员,还包括校外带有思政色彩的育人力量,如先进模范人物、社会各界优秀人士等。另外,思政教学活动蕴藏多种思政形式,时代的发展要求也赋予了思想政治工作新的内涵、任务、使命。"大思政课"紧跟时代步伐,将传统思想政治工作的优势与现代信息技术相结合,通过新媒体技术的进步,实现了线上与线下教学的有机融合 ①,做到时时育人、处处育人。为实现多重育人效果,打造由思政课教师与专业课教师共同组建、密切配合、协同育人的全新教学团队,构建专业技艺训练与树德、增智、强体、育美、培劳等多重育人要素深度融合的立体实践内容。

总之,"大思政课"通过跨学科的融合、多元化的育人团队、多样化的教学形式,为学生的全面发展提供了坚实的基础。艺术教育作为其中的重要组成部分,从思政角度提炼出"专业"性的见解,从专业角度深化"思政"性的见识,把思政要素转化为艺术创作的动力源泉,不仅丰富了教学内容,也能够增强思政教育的吸引力和感染力。

二、"大思政课"与高校艺术教育的融合

(一)理念与价值融合一致

首先,在教育理念方面,"大思政课"强调引导学生树立正确世界观、人生观和价值观,培养学生的社会责任感和历史使命感。同时,高校艺术教育通过艺术作品和艺术活动,提升学生的审美素养、创新能力和实践能力。两者都致力于促进学生的全面发展,培养学生的综合素质。

其次,在价值追求方面,"大思政课"和高校艺术教育都强调对真善美的追求。思政课通过传授马克思主义理论,引导学生认识和理解社会的本质和规律,追求真理和正义;而艺术教育则通过欣赏和创作

---

① 于祥成,陈梦妮.高校微思政:内涵、特征与进路.新疆师范大学学报(哲学社会科学版),2021(5):87-95,2.

艺术作品,让学生感受美、鉴赏美、创造美,培养高尚的审美情趣和道德情操。

最后,在人才培养目标上,"大思政课"与高校艺术教育都致力于培养具有社会责任感、创新精神和实践能力的人才。思政课通过培养学生的思想政治素质,使他们具备正确的价值观和道德观;而艺术教育则通过提升学生的艺术素养和创新能力,使他们能够在未来的职业生涯中更好地发挥个人潜能,为社会做出更大贡献。

(二)教学与方法整合创新

将思想政治教育元素融入艺术教育课程,有助于形成特色教学内容。例如,通过美术课程传授艺术审美的同时,引导学生理解和感悟作品中蕴含的价值观念,塑造学生正确的价值观。此外,高校美术教育应当融入思政课程,创设良好美术文化教育环境,对学生价值观的塑造具有现实引导意义。采用多样化的教学方法,如情景教学、专题化教学、项目化教学等,增强学生的学习兴趣和参与度。例如,中央美术学院探索"体系串讲＋名师讲座＋经典阅读＋课堂讨论＋实践教学"的"五位一体"教学模式改革路径,使思政课更加生动和实用;温州大学创新思政课"一化六制"教学改革,打造思政金课,通过多种形式的教学活动,将思政课搬上舞台,使思政课"有虚有实、有滋有味"。建立多维度的教学评价体系,将学生的整体素养提升作为评价的重要参考指标。例如,通过公开展览学生的作品并进行评价,既能凸显教学评价的客观公正,也能为培育大学生的艺术情怀和艺术素养提供条件基础。注重培育课程思政教师,提升教师的课程思政教学能力。强化课程思政艺术育人功能,通过构建公共艺术课程体系,开展丰富艺术实践活动。

(三)思政与艺术共融共促

将思想政治教育内容与美育课程相结合,实现教育资源的有机整合,培养学生的审美情感和政治认同。例如,美术、音乐等艺术形式,能让学生在欣赏和创作过程中理解和感受社会主义核心价值观。采用案例教学、互动教学、情景模拟等多样化教学手段,提高学生的参与度和思政教育的实效性。通过社会实践、志愿服务等实践活动,学生能在实践中深入理解社会主义核心价值观和思政教育的实际意义。加强思政课教师和美育教师的培训,提升教师的教学能力和政治素养,确保教学质量。通过教师的引导,帮助学生树立正确价值观和审美观,成为具有责任感和担当精神的社会人才。构建符合"四位一体"美育体系的评价机制,重点考量学生在美育实践、校园文化活动以及艺术展演中的参与程度,促进学生审美素养的全面提升。各级教育部门和学校要加强对思政教育和美育的领导,确保课程设置的针对性和实效性。通过统筹推进大中小学思政课教材一体化建设,落实专项经费,确保教育目标的实现。紧密结合时代发展要求和学生需求,注重理论结合实际,使思政课程更加生动、有趣、深入人心。同时,注重综合素质教育,培养学生的批判思维、创新能力、实践能力等综合素质。

三、"大思政课"背景下高校艺术教育现状分析

党的十八大以来,随着国家对思想政治教育的重视程度不断提升,相关政策文件陆续出台,社会活动和院校比赛也日益增多。《新时代学校思想政治理论课改革创新实施方案》强调了思政课在立德树人中的关键作用,并提出了一体化设计、创新性教学等要求。《教育部办公厅关于印发〈高等学校公共艺术课程指导纲要〉的通知》提出了构建面向人人的公共艺术课程体系的要求,强调审美和人文素质培养的重要性。当前,在我国高校艺术教学中,许多学校正努力在"大思政课"的背景下推动艺术教育的改革和发展,各类艺术展演、文化节等活动在高校中广泛开展,如中国戏曲学院强调思想政治理论课与艺术教育的有机融合,通过创新教学模式,提升思政课的吸引力和教育效果。

高校通过思政元素提取,将其融入艺术教学中,以校园比赛等方式不断创新教学内容和教学方式,不仅可以展现学生才艺,也可以促进校际交流合作。2021年,杭州市西湖区逐步形成了"一校一品""一校多品"的艺术教育新格局,涌现了一批具有艺术教育特色的学校和品牌,在艺术教育理念、实施路径、操作方法、评价策略等方面积累大量经验,以期将艺术教育的优秀传统代代相传。[①] 通过艺术教育与思政教育的融合教学,艺术实践活动更加丰富多彩,学生的文化理解和审美感知能力也得到提升,学生的社会主义核心价值观得到强化。融合教学所取得的多方面成果满足了新时代对人才的需求,为培养社会主义建设者和接班人做出了新的贡献,然而在实践过程中仍面临着挑战。

(一)高校艺术教育与思政教育融合的问题分析

1.教学内容存在差异,教育理念需更新发展

专业教育和思政教育作为中国高等教育中非常重要的两个环节,都是培养合格人才的关键途径,皆强调通过思想政治教育的方式来培养学生价值观、道德水平和思维方式。然而,在实际过程中,由于教育理念、教育方法和教育目标的差异,专业教育注重专业知识的传授和技能培养,强调实践和创新能力;而思政教育则侧重于价值观塑造和思想道德教育,强调思想的统一和信仰的坚定。在当前的高等艺术教育体系中,专业课程与思想政治教育之间的融合往往显得不够深入。以艺术设计软件技能课为例,该课程未能成为传承中华优秀传统文化和价值观教育的有力载体。课堂上,教师在讲授技术操作时,往往忽略了将"真、善、美"等核心价值观念融入教学内容,从而错失教育学生利用现代媒体技术展示并推广中华文化的良机,难以培养学生对民族文化的自觉认同和自信心。课程的评估方法也存在缺乏"德"方面考核的情况。

[①]　中华人民共和国教育部.七个"百分百",成就西湖艺术教育高品质——浙江省杭州市西湖区艺术教育典型经验.(2021-04-28)[2024-04-23]. http://www. moe. gov. cn/jyb_xwfb/moe_2082/2021/2021_zl35/dudao3/202104/t20210428_528982.html.

许多大学教师将"思政元素"简单地叠加在软件课程学习中,强行塞入课程章节中,显得生硬不自然。① 在实际的教育过程中,专业教育和思政教育之间存在着一定矛盾和差异,因此,如何将思政教育的内容和精神融入专业课程和实践活动中,是一个亟待解决的问题。

2.学科融合存在壁垒,育人体系需健全深化

目前我国在"三全育人"和十大育人体系的构建方面已取得一定成果,但仍面临一些不可忽视的问题。首先,艺术教育与思政课在教学内容上的对接不够充分,以美育人的信息渠道尚需拓宽。其次,全方位协同育人的分化问题较为明显。校内与校外、课内与课外、线上与线下等育人资源相对固化,缺少协同联动。② 最后,当前高校的课程体系往往是按照学科分类设置,而思政教育则作为独立课程存在。如何打破学科壁垒,构建综合性、交叉性课程体系,将思政教育与专业教育有机结合,是实现两者融合的关键。高校教育通常采用传统的课堂教学和考试评价方式,而思政教育则更加注重社会实践和思想交流。

(二)"大思政课"背景下高校艺术教育人才需求分析

1.高校艺术教育定位落后时代,评价体系尚不完善

在当前教育体制中,艺术教育被普遍视为一种辅助性学科,与思想政治教育的关联并不紧密,艺术教育的重要性也得不到充分认识。一方面,艺术教育尚未被有效地整合进学校的评价体系中;另一方面,学生及其家长往往难以领会美育的核心价值,他们普遍认为在大学期间,专注于专业知识的学习并顺利毕业才是最重要的任务。③ 此外,

---

① 陈莉亚,胡涓华.中华优秀传统文化融入艺术设计专业软件课教学的研究.佳木斯职业学院学报,2024(3):151-153.

② 张浩,张立家.美育融入高校思政课教学的困境与对策探析.美术教育研究,2024(3):127-129.

③ 冯哲."三全育人"理念下开拓美育融入高校思想政治教育的新路径——以苏州科技大学为例.办公室业务,2024(4):184-186.

当前高校艺术教育评价体系尚不完善,难以对学生的艺术素养和思政素质进行全面评价。比如,艺术作品的评价往往只注重作品的技术水平,忽视作品的思想性和社会性。

2.高校艺术教育与社会需求错位,忽视学生真实需求

社会对艺术人才的需求日益多样化和复杂化,随着文化产业的蓬勃发展,这一需求不再局限于传统的美术、音乐、戏剧等领域,而是涉及数字媒体艺术、影视制作、游戏设计、文化创意产业等新兴领域。与社会需求对接不仅是教育体系与产业之间的联系,更是对学生个体发展的关注。在当代高等教育舞台上,"00后"大学生一代以独特的个性和鲜明的自我意识为标志,他们对于传统的说教方式往往持有反感态度,他们追求自我价值的实现,并强调自主性的重要性。然而,高校思政教育的实施似乎未能与时俱进,教育内容与形式在很大程度上忽略了大学生的思想特点和个性化需求,缺乏针对性改革创新,不仅削弱了大学生对德育的内在接纳程度,也影响了思政教育的实效性和针对性。[1]

(三)"大思政课"背景下高校艺术教育师资建设分析

1.教师专业构成简单,素质提升空间大

在一些高校中,教师专业构成相对单一,教学经验匮乏,缺乏多样性和交叉学科背景。思政课程的教学更加强调其思想性和理论性,而艺术教育则通常需要借助于直观的感性认识来增强审美意识和素养。部分教师可能长期从事艺术教育,缺乏跨学科、跨界合作的经验,难以结合社会实际需求和行业发展趋势进行教学。教师在教授思政课程时,引入与课程内容无关的美育资源,导致美育仅仅成为一种形式,难以实现与思政教育的有机结合,削弱了思政课对学生的吸引力,也降

---

[1]　傅琴.新时代高校德育美育协同育人探析.学校党建与思想教育.2018(10):24-26.

低了教学的实际效果。① 同时,艺术教育对教师的素质要求很高,需要教师具有扎实的艺术专业知识和深厚的人文情怀。然而,在实际教学过程中,部分教师的思政教育能力较弱,难以满足教学需求,因而高校艺术教育的师资队伍提升空间仍然很大。

2.教学内容方法陈旧,体系更新迫在眉睫

艺术教育需要与时俱进,结合当代艺术发展趋势,不断更新教学内容和方法。当前,随着艺术教育在高校人文学科课程中的不断深入,出现了大量艺术教育相关理论研究成果,但艺术类课程、艺术教育建设仍相对缺乏理论阐释、内涵分析、实施路径、机制保障等具体研究建构。目前,部分关于新时代高校艺术教育发展的研究尚停留在零散"点"的视角,即在高校艺术课程中融入美育、美学课程开展相关研究②,而对新时代高校艺术教育发展尚缺乏整体建议与相关规划,所以整体性、可借鉴性、可应用性不强。

同时,教育方法也应不断创新。当前,艺术教育的教学方法普遍比较单一,缺乏创新性和互动性。例如,在众多高校的音乐通识课程中,一种常见的教学景象是:教师借助多媒体设备播放音乐作品,引导学生进行音乐鉴赏。然而,这种教学模式往往因其单一性而难以激发学生的学习热情,导致课堂参与度普遍不高。尤其对于那些音乐基础薄弱的学生来说,他们很难跟上教师的教学进度,对音乐作品的深入理解更是无从谈起,课堂内容难以激发他们兴趣。③ 这些问题都会影响艺术教育的质量和效果。

---

① 张刚.可能·问题·路径:美育与高校思政课程的融合探赜.河南教育(高教),2024(2):44-45.

② 刘迅.四位一体,立体美育:新时代高校艺术教育引领美育发展的创新路径研究.美术教育研究,2023(22):149-151,155.

③ 毛康.美育视域下高校音乐通识课程中融入思政内容的实施路径.当代音乐,2024(3):19-21.

四、"大思政课"背景下高校艺术教育路径探析

(一)创新课程设置,构建思政和艺术协同育人机制

在当代教育领域,高等学府承载着塑造德才兼备学子的神圣使命,所以"立德树人"的教育宗旨在培养过程当中显得尤为重要,需要善用艺术教育的独有优势,实现思想政治教育与艺术修养的完美交融,通过整合课程资源,将思政元素融入艺术教育各个环节。例如,在音乐、美术、戏剧等艺术课程中,引入反映社会主义核心价值观、中华优秀传统文化的内容。在此过程中,学生的审美品位得到培养,正确的价值观和人生观也能在艺术的潜移默化中得到传达。

除此之外,应在校园内举办各类艺术活动,如艺术节、音乐会、戏剧演出等,丰富校园文化生活,为学生提供展示自我、锻炼能力的平台,为学生搭建理论与实践相结合的舞台。在这些艺术实践中,学生们不但能亲身感受艺术魅力,而且能在艺术创作与欣赏过程中对社会现象和个人责任进行深入思考和探究。互动式学习方式使原本抽象的思政理论鲜活起来,更易于学生的理解与内化。同时,这些活动也是传播社会主义核心价值观的重要途径,有助于为学生营造全面发展的校园文化环境。

(二)创新教学方法,强化师资队伍建设

艺术教育应注重实践性和体验性,通过创新教学方法,如情境教学、项目式学习、工作坊等,激发学生学习兴趣和创造力。同时,教师应引导学生在艺术创作和表演中体现社会主义核心价值观,使艺术教育成为思政教育的有效载体。

如今,互联网技术的迅猛发展为信息传播带来新的革命。新媒体的兴起,尤其是社交网络和视频分享网站的普及,为教学创新与推广

提供了新的平台。采用网络直播等形式的艺术讲座,能让更多学生跨越时空限制参与到学习中来,从而扩大教育影响范围,提升教学互动性和生动性。利用新媒体平台,展示学生艺术创作,鼓励学生在网络空间展现自己才华,激发学生创造精神和想象力,增强社会责任感和集体荣誉感。

除此之外,高校还应加强艺术教育师资队伍建设,提升教师的政治素养和专业能力。教师既要精通艺术专业知识,又要具备一定的思政教育能力,能够在教学过程中自觉贯彻党的教育方针,引导学生树立正确的世界观、人生观和价值观。

(三)完善艺术教育评价体系,建立长效机制

高校应建立"课程、评价、激励、监督"四位一体的长效机制,以促进艺术教育与思政教育的深度融合和协同发展。在当前高校教育体系中,艺术教育教学评价体系的构建是提升教育质量的关键一环。随着"大思政"教育理念的深入实施,传统的单一评价模式已无法全面反映艺术教育与思政教育融合的复杂性和多样性。因此,建立一个多维度的艺术教育教学评价体系显得尤为重要。

评价艺术教育时,要细心考量它是否能引领学生形成正确的世界观、人生观和价值观,同时提升他们的思想政治素养,并巩固他们的理想信念,在此过程中,结合定性评价的深度和定量评价的客观性显得尤为关键。建立一个激发积极性的激励机制能够激起教师和学生的活力,逐步形成"艺术＋思政"的联合教育模式。平衡艺术与思政课程的体系设计,不仅突出了学生的主体地位,而且照顾到了教师的需求。可以通过示范课程、模范课堂的评选,以及奖励学分和教师职称评定的政策倾斜,培养出学习与教学典范。而高校也需要在适当的时候构建监督机制,确保党委承担起主要责任,发挥各管理职能部门的作用,以推动艺术教育与思政教育的同步发展。正是宣传部门的引导、教学管理的课程建设,以及组织人事部门的师资队伍建设,共同形成了一

个多部门参与的监督网络。这强大的保障体系,确保了我们的教育目标得以实现。

第二节　艺术教育搭建思政育人与文化建设的桥梁

"大思政课"背景下高校艺术教育方优化,呈现出跨学科融合、多元化育人团队及多样化教学形式的特点,使高校艺术教育与思政教育的融合,面临诸多挑战,如教学内容存在差异、育人体系待完善等。在此基础上,笔者提出多项优化策略:创新课程设置以构建思政与艺术协同育人机制,强化师资队伍建设以提升教育实效。笔者还探讨了艺术教育在"大思政课"中的独特作用。这些举措旨在推动高校艺术教育与思政教育的深度融合,培养具有高尚情操、创新思维和社会责任感的时代新人。

一、艺术教育是文化建设的"助推器"

(一)艺术文化建设的独特价值

中华优秀传统文化是中华文明的智慧结晶和精华所在,是中华民族的根和魂。随着经济社会的快速发展,人民生活水平逐渐提高,人们对文化多元化的需求日益增强,而艺术的基本目标正是满足人们的精神和物质需要,提高人们生活和工作的品质和品位。

艺术助力文化建设是对中华传统文脉的赓续,是对地域元素、历史符号的艺术重构,也是文艺人民性的重要要求。同时,艺术肩负着中华民族伟大复兴的使命,艺术与文化融合,能为文化建设发展与社会有效治理提供相应的服务保障。在我国文化建设中,艺术作为一种重要的文化展现形式内容,对提高人们的审美能力和文化艺术鉴赏能力至关重要,不仅可以丰富人们的精神世界,而且可以培养人们的文化素养,进而为我国文化建设注入艺术创新的血液。因此,艺术在文化建设中具有独特性。

(二)艺术文化建设的发展意义

艺术除了其本身形式感极富价值,同时还具备一定审美观念和文化价值输出的功能,这种其特有的作用对当前文化建设具有积极的促进意义。近年来,不管是政府还是社会各界,"文化强国"观念逐渐深入人心,文化艺术领域也逐渐向好发展。一些优秀的艺术作品、艺术组织机构、杰出艺术家等逐渐走入大众视野。

艺术文化建设的意义主要体现在以下三方面:其一,艺术文化建设能够以活的形态存在,符合现代人们的需求;其二,艺术的感染力十分强大,承载了文化宣传、进步、提升的动力,对文化建设起到积极推动作用;其三,艺术文化建设具有灵活性,使得艺术文化的存在不受任何空间限制,融入社会各个领域,从而影响文化进步与发展。综上,艺术赋能文化建设有利于赓续文化根脉、增强文化自觉,加快地域文化产业结构优化,提升公共文化服务水平,提高民众审美水平,坚定文化自信,从而加快文化强国建设。

(三)艺术文化建设的宣传作用

文化艺术是中华千年思想智慧的结晶,体现了一个民族的自豪感和凝聚力,对国际交流和形象塑造有一定推动作用。通过对文化艺术的发展,提升国家地位,增强对外话语感染力、影响力。通过深挖文化艺术内涵,打造文化艺术产业,提高文化艺术国际竞争力,形成优质文化艺术品牌效应,提升品牌知名度和美誉度,强化在国际竞争中的影响力、竞争力和驱动力,以产业的形式推动我国文化艺术在国际上的交流发展。

文化艺术无所不在,它是国家进步与成长不可或缺的动力之一。可以通过提升艺术文化的国际影响力,最终达到提升国家综合实力的目的。文化艺术的延伸发展,不仅能体现一个国家综合国力,也能体现国家的历史文化内涵和发展状况。因此,需利用好文化艺术,提升我国文化软实力和国际影响力。

二、艺术教育是"大思政课"课堂的重要角色

思想政治教育如同一位智慧的引路人,运用特定的思想理念和道德准则,有意识地塑造人们的心灵,塑造出与集体愿景相契合的思想品质。而艺术教育,则宛如一场丰富多彩的盛宴,通过琳琅满目的艺术形态,借助各种艺术工具和资源,开展课程和实践活动。其核心目标在于激发受教育者的审美情趣,提升他们的审美能力,从而推动每个人朝着全面而自由的方向发展。在高等教育的殿堂里,思想政治教育与艺术教育同为至关重要的教育形式,它们密不可分,相互促进。将思想政治教育比作艺术教育的启航点,并不为过;同时,艺术教育也自然而然地成了思想政治教育的重要舞台和有效途径。

基于高校高素质艺术人才培养目标下的艺术教育,将思政育人目标与艺术教育课程教学内容结合起来,发挥思政的指导性教育作用,艺术教育与思政教育相结合的教育模式,能够指导学生个体及群体在思想层面的发展。

(一)启迪审美情操:艺术教育在大思政课中的审美教育

优秀的艺术作品能够使人产生对人生和社会的特殊感觉,通常我们把这种感觉称为美感。美感一方面使人精神上得到满足,另一方面使人在欣赏艺术作品时感受到幸福,由此可以看出,美感具有强烈的情感体验特征,而美感中的情感体验决定了艺术具有审美功能。艺术教育能够逐渐培养学生感受美的能力,能使学生对现实美做出敏锐反

应。在我国思政教育背景下,高校艺术教育不仅能培养审美能力,还能强化师生的审美和思想政治教育,提升思想觉悟和审美素养。因此,要通过丰富艺术实践和主题教育,深化艺术与人文、社会的融合,启迪学生审美情操,促进师生全面发展。[①]

(二)承载精神使命:艺术教育在大思政课中的价值观传递

"大思政课"是能够实现素质教育发展目标的基本途径,有利于引导学生端正思想观念和学习态度。艺术教育满足高校学生对精神文化的需求,起到承载学生精神使命的作用。在当下社会,大学生表现出自私、冷漠、焦虑等特征,艺术教育应通过艺术旋律与感染力,使学生形成良好的心理素质,丰富其精神世界。将艺术教育融入大思政课教学课程当中,将艺术教育的内容,与对艺术相关创作背景与内涵精神相结合,能够加深学生对于相关艺术作品内涵的理解和领悟,丰富学生的精神世界,进而形成积极正确的思想观念,达到艺术助力思政教育效果。

(三)塑造人文情怀:艺术教育在大思政课中的文化自信培养

在"一带一路"倡议的影响下,我国的文化艺术得到了很好的宣传,让海外开始了解中国艺术文化,使得中国文化艺术走向世界舞台,例如中国舞、琴、棋、书画、武术以及民间艺术文化等。推动艺术教育进校园,将艺术教育纳入思政课程体系有助于学生深刻理解和认同中华文化,培养文化自信,为传承中国艺术文化贡献力量。

(四)激发创造能力:艺术教育在大思政课中的创新与实践能力塑造

艺术教育能够激发高校学生创造力。艺术创作不仅需要一定理

---

① 冉亚周.大思政背景下高校艺术教育的育人功能.西部素质教育,2019(10):84,86.

论基础,更需要创作者情感和灵感表达,将其融入艺术作品中,是客观规律和艺术规律的完美结合,这就需要艺术创造者具有敏锐的洞察能力和一定的创造能力。高校通过艺术教育让学生通过对艺术作品的欣赏和对作者创作方法的分析,进行创造性思维和想象力的训练。"大思政课"以大学生全面发展为目标,深入进行素质教育,在此过程中将艺术教育融入其中,培养学生创新能力,有助于为我国培养全面型创新人才。

三、艺术教育是文化建设的重要支柱

(一)传承弘扬优秀传统文化

随着现代化进程的加快,人们所享有的物质条件越来越丰富,在物质条件达到一定程度时,人们对精神方面的追求逐渐提高。在这种时代背景下,传承和弘扬优秀传统文化,成为人们的一种自觉追求。伴随着全球经济社会的快速发展,优秀传统文化的价值日益显现,对其保护的重要性和紧迫性也日益突出。人的价值观和审美取向,是艺术教育影响最深刻的两个层面。将我国丰富的传统文化融入现代高校的"大思政课"艺术教育模式中,不仅是对中华民族古老生命记忆的延续,更是对民族精神的一种传承与弘扬。

(二)助力文化产业繁荣发展

文化产业被界定为能够提供文化产品创意、生产及文化服务的经营性行业。① 文化产业涵盖内容多元、覆盖领域较广,是文化创意群体产业化的综合。随着我国经济转型与产业结构调整的不断深入,文化产业增长迅速,成为经济发展新的增长点。高校"大思政课"模式下

---

① 邹克瑾.应用型高校艺术设计教育助推地方文化产业发展.长春教育学院学报,2019 (8):8-10.

的艺术教育应发挥其特色,注重培养学生文化产业市场意识,加快高校艺术原创资源与市场需求的整合,提升高校艺术教育助推文化产业发展效能,实现文化产业创意人才科学整体化培养。因此,将"大思政课"的思想教育结合艺术教育进行有效转化,有利于形成产业优势,助力文化产业的升级转型。

(三)增强国家文化软实力

我国对于建设社会主义文化强国有信心和决心,而艺术教育能够推动社会文化发展,扩大文化影响力。艺术教育产生的优秀艺术作品能够塑造国家艺术形象,吸引外国人士关注并被认可,提升国际声誉、地位,增强国家文化软实力。

(四)促进社会和谐稳定

"大思政课"模式下的艺术教育以引导学生掌握一定艺术相关技能为目标,对艺术进行欣赏和传播,从而提升学生对美的感受和深度理解。寻找文化艺术教育和"大思政课"契合点,利用好文化资源的文化内涵,在潜移默化中引导学生,使学生更好地发现身边的美好事物,以积极乐观的心态看待生活、追求美感,树立正确审美观和价值观,有助于学生的精神文明建设。同时鼓励学生走出校园,突破教育的空间限制,在实践中融入思政教育内核。高校艺术教育能够辐射到社会民众,使得民众的艺术品鉴能力和理论文学审美情趣等文化素养得到一定程度的提高,进而促进我国整体文化水平提高。在理论创作与作品欣赏的过程中,艺术教育能够为大学生提供一个有效的途径,帮助他们宣泄和排遣内心的负面情绪,优秀的艺术教育能够增强学生的自信心,并促使他们形成健康向上的生活方式。

第三节 艺术教育促进思政育人
与文化建设的共振融合

"大思政课"在新时代高校教育中有着重要地位。本节针对高校艺术教育与思政教育融合的现状,指出教学内容存在差异、育人体系不健全、艺术教育定位落后及师资专业构成简单等问题。基于此,提出创新课程设置、构建思政和艺术协同育人机制、强化师资队伍建设等优化策略。同时通过探讨艺术教育在"大思政课"中的独特价值与角色,强调其对于培养学生审美情感、创造力及政治认同的重要作用,旨在推动高校艺术教育与思政教育的深度融合,为实现立德树人根本任务提供有力支撑。

艺术教育在我国高校教育中占有重要地位。进入 21 世纪之后,随着高校招生规模扩大,高校艺术教育经历了显著的发展及变革。2011 年,艺术学升格为独立的学科门类,艺术教育的重要性愈发凸显。艺术教育作为培养学生艺术素养与创新能力的核心路径,在高校教育体系中占据着不可替代的重要地位。艺术教育不仅是提升学生综合素质的关键手段,更是思政教育与文化建设不可或缺的驱动力。

在新形势下,高等院校艺术教育的重要性日益凸显。自 1981 年党的十一届六中全会提出我国社会的主要矛盾是人民日益增长的物质文化需要同落后的社会生产之间的矛盾,到 2022 年党的二十大报告提出我国社会主要矛盾转化为人民日益增长的美好生活需要和不平衡不充分的发展之间的矛盾,中国社会发生了深刻变化。人民对于文化艺术的需求随着社会经济发展和物质生活水平的提高而日益增长,高校艺术教育在这一背景下的重要性不言而喻。作为跨学科活动,艺术教育不仅可以提升人民的审美、文化修养、创新精神和综合素质,同时也有助于传承和弘扬中华优秀传统文化,为实现中华民族伟大复兴的中国梦做出贡献。

我国高等艺术教育自 1902 年南京两江优级师范学堂创立图画手工科至今已有一百多年历史。新中国成立前,我国仅有上海图画美术院(后改名为上海美术专科学校,即南京艺术学院的前身)等几所艺术系院校;新中国成立后,尤其是 1977 年高考恢复后,国家高等艺术教育随之逐步回归高等艺术教育本位①,艺术教育开始受到党和政府重视,也受到了广大人民欢迎。2002 年,全国初步掀起艺考热,597 所高校开设艺术类专业,全国高考报考人数 510 万,其中有 3.2 万人报名参加艺考;2013 年,1679 所高校招收艺术专业学生,全国报名参加艺考考生 100 万有余,12 年间一千余所高校增设艺术类专业,考生数量增长了 30 多倍。2023 年,全国高考总人数为 1071 万人,而艺考报名人数达 117 万,约占高考总人数的 10%。② 以我国艺术教育规模为例,这一组数字清晰地展现了艺术教育蓬勃发展的势头,艺术专业在校生人数和毕业生人数也在持续增长,艺术教育办学规模持续扩大,教学投入的幅度也不断增长,艺术教育在我国高等教育中的地位和影响力正在持续提升。

面对艺术教育的发展趋势,需要积极推进其层次化和差异化发展,即高校艺术教育应根据不同学校的特点和定位,制定相应的教育目标和培养方案,形成各具特色的艺术教育模式。当前,我国高校艺术教育主要分为专业化与综合化相结合、艺术教育与实践相结合、艺术跨学科融合三种艺术教育模式,基于社会对人才的需求、高校发展特点和优势等多种因素,高校艺术教育需要谋求内涵式发展,提高教育质量,培养具有国际视野和创新能力的艺术人才,以适应社会发展需求。

---

① 刘伟冬. 新中国 70 年,中国高等教育从初创走向成熟. (2020-02-07)[2024-04-23]. http://gjzx.sjzu.edu.cn/info/1040/1302.htm.

② 中国近 20 年的艺考发展史! 这份数据太值得看了! (2023-07-15)[2024-06-15]. https://zhuanlan.zhihu.com/p/643732095.

一、艺术教育促进思政育人与文化建设融合的逻辑基础

作为一种文化存在或文化实践,思想政治教育的社会功能正是其文化特色的现实表现。艺术教育作为思政育人与文化建设之间的桥梁,其重要性体现在有效促进两者的互补与融合上。文化化人和思政育人是紧密联系、不可分割的两个教育实践过程。文化化人和思政育人作为教育实践的两大核心领域,两者间存在着深刻的内在逻辑。这种逻辑不仅体现在二者的互补性、相通性上,更体现在它们共同服务于人的全面发展这一终极目标上。

艺术教育促进高校思政育人与文化建设的互补性体现在育人方法的多样性上。艺术教育借助多样化的艺术表现形式,如音乐、舞蹈、绘画等,为学生提供情感体验的丰富途径。这些体验加深了学生对思政教育内容的情感共鸣,还促进了正确世界观、人生观、价值观的树立。思政课是落实立德树人根本任务的关键课程,文化建设侧重于通过文化实践活动来培养学生的文化素养和审美能力,让学生在参与中感受文化的魅力,进而形成对思政教育的深度认同。这种互补性使得艺术文化和思政教育在育人过程中能够相互促进,形成合力,从而取得更好的思政育人教育效果。

艺术教育促进高校思政育人与文化建设的相通性体现在对教育目标的共同追求上。艺术教育在挖掘传统文化资源方面具有得天独厚的优势。通过音乐、舞蹈、戏剧、美术等多种形式挖掘传统文化,艺术教育创新文化体系与内容建设,采用数字文化技术,丰富思政育人的形式,使其更加贴近当代学生的学习生活,学生可以直观感受到传统文化的魅力,增强对民族文化的认同感和自豪感。而思政育人则为文化建设提供正确的价值导向,引领学生的价值观,提高学生的道德素质,确保其思政育人发展方向的正确性,学生除了能在思政课堂上学到更多的知识外,还能在课堂之外受到良好精神、思想、信念的

影响。

　　艺术教育促进高校思政育人与文化建设融合的内在逻辑还体现在它们共同服务于人的全面发展。艺术教育在高校思政与文化建设中,核心在于助力学生全方位成长。思政育人塑造价值观与道德观,为精神成长筑基;艺术教育则通过文化体验与审美培养,滋养文化情感与创造力。两者互补,形成内在联系。思政为艺术提供方向,艺术则丰富思政内容与形式。革命文化与社会主义文化是思政资源,为教育提供养分;思政也引导多元文化认知,支撑文化建设。两者相互促进,推动思政与文化繁荣,奠定学生发展基础。这种内在逻辑决定了思政育人与文化建设在人的全面发展过程中具有不可替代的作用。革命文化和社会主义先进文化中的丰富资源,为思政课建设提供更为充沛的文化养分,不断提高思政课的针对性和吸引力。此外,思政育人为文化建设提供了正确的价值导向和理论支撑,通过思政教育,引导学生正确理解和对待传统文化和外来文化,树立正确的文化观念和价值观,从而推动文化建设的健康发展。

　　艺术教育促进高校思政育人与文化建设在时空布局上也呈现出相辅相成的特点。丰富多彩的文化活动是思政教育的延伸,不仅是校园生活的点缀,更是思政教育的重要载体,让学生在参与中感悟,在感悟中成长。在时间的布局上,艺术教育贯穿学生的整个学习生涯,与思政育人和文化建设同步进行,形成了一种持续不断的影响力。在空间的布局上,无论是教室、校园还是网络空间,都成为艺术教育发挥作用的舞台,使得思政育人与文化建设的渗透与融合无处不在。无论是思政课堂还是文化活动,它们都是学生生活的重要组成部分,共同构成了学生的成长环境。在这个环境中,思政育人与文化建设相互渗透、相互融合,共同为学生的全面发展提供支持和保障。

二、艺术教育促进思政育人与文化建设互补

　　思政育人与文化建设,作为教育实践的两个重要方面,既相互独

立又紧密相连。二者的结合点不仅体现在对人才培养的共同追求上，更体现在相互渗透、相互促进的实践过程中。思政育人，作为教育工作的核心任务之一，旨在通过系统的思想政治教育，引导学生树立正确的世界观、人生观和价值观，培养有理想、有道德、有文化、有纪律的社会主义接班人。这一过程中，文化建设发挥着不可或缺的作用。文化，作为社会生活的精神体现，其内涵丰富、形式多样，具有强大的感染力和影响力。通过文化建设，可以为学生营造一个积极向上的浓厚的学习氛围，使其在文化的浸润中接受正确的思想引导。

艺术教育促进高校思政育人与文化建设的结合点首先体现在教育目标的一致性上。思政育人的终极目标是培养全面发展的社会主义建设者和接班人，而文化建设的目标则是通过弘扬社会主义核心价值观，推动社会文明进步。这两个目标在本质上是相通的，都致力于人的成长与成才。因此，应将思政育人与文化建设紧密结合，让二者在教育目标上实现衔接。具体而言，就是要将文化建设的精髓融入思政育人的全过程，通过艺术的形式和载体，让学生在感受美的同时，也能深刻领悟到社会主义核心价值观的丰富内涵。

艺术教育促进高校思政育人与文化建设的结合点还体现在教育内容的互补性上。思政教育注重对学生进行理论武装和思想教育，而文化建设则更注重通过具体的文化实践来培养学生的文化素养和审美能力。将二者结合起来，可以使教育内容更加丰富多样，更加贴近学生的生活实际。在具体实践中，艺术教育的融入使思政课堂焕发出新的活力。通过引入历史文化、艺术鉴赏等多元内容，思政课程变得生动有趣，更易于引发学生的共鸣与兴趣，从而优化教学效果。在文化建设活动中，思政教育的理念与元素被巧妙融入，如举办与思政教育相关的主题演讲、文化展览等，使学生在享受文化活动乐趣的同时，也能潜移默化地接受到思政教育的熏陶，实现了寓教于乐的双重目的。

艺术教育促进高校思政育人与文化建设的结合点还体现在教育

方法的创新性上。传统的思政育人模式侧重于理论的单向灌输与说教,而艺术教育以其独特的魅力,打破了这一界限,倡导以学生为主体的参与式、互动式学习模式,不仅增强了思政教育的吸引力和感染力,还促进了学生对思政内容的深刻理解与内化。在文化建设的框架下,艺术教育以其丰富多彩的形式和内容,为思政育人提供了广阔的空间和平台。通过融合艺术元素与思政主题,可以设计出更加生动、有趣的教育活动,让学生在欣赏艺术、创作艺术的过程中,自然而然地接受思政教育的熏陶。同时,借助新媒体等现代技术手段,可以进一步拓宽艺术教育的边界,让思政教育以更加多元、灵活的方式呈现在学生面前。

三、艺术教育促进思政育人与文化建设的价值共振

思政育人与文化建设作为教育领域中的两大重要方面,在促进人的全面发展过程中发挥着不可替代的作用。它们不仅各自具有独特的育人功能,更在价值追求和实践路径上形成共振,共同为培养有理想、有道德、有文化、有纪律的社会主义建设者和接班人贡献力量。

艺术教育促进高校思政育人与文化建设在价值追求上形成共振。艺术教育在高校教育中成为一座桥梁,它巧妙地将思政育人的深远目标与文化建设的多元追求相结合,从而在价值追求层面激荡出强烈的共鸣与共振。思政育人的核心目标是培养学生的思想政治素养和道德品质,引导他们树立正确的世界观、人生观和价值观。而文化建设则旨在通过构建积极向上的校园文化氛围,提升学生的文化素养和审美能力,促进其全面发展。这两者在价值追求上的契合,共同为学生的成长成才提供精神动力和智力支持。

艺术教育促进高校思政育人与文化建设在实践路径上形成共振。艺术教育不仅为思政教育提供了创新的形式与生动的载体,使其教育内容得以深入学生的心灵,同时也在无形中强化了思政育人的实效

性。思政育人注重通过系统的思想政治教育课程、实践活动和校园文化建设等途径,对学生进行全面、深入的教育引导,思政教育具有丰富的内容和形式,能提高教育实效。艺术教育以其丰富多彩的文化活动、特色鲜明的文化设施以及积极向上的文化氛围,为文化建设注入了新的活力与动力,有利于提高其参加思政实践课的积极性,最终使思政教育的实际效果得到强化,为学生提供良好的学习和生活环境。

艺术教育与高校思政育人和文化建设呈现出相互促进的关系。一方面,艺术教育作为文化建设的重要组成部分,为思政育人提供了生动、多元的教育资源和素材,丰富了思政教育的内涵,还通过艺术的形式,使思政教育更加贴近学生的生活实际,从而提升思政教育的吸引力和实效性。同时,艺术教育在传递美的同时,也传递了正确的价值观念和道德标准,为落实立德树人根本任务提供了有力支持。而思政育人则为艺术教育提供了正确的价值导向和理论支撑。通过接受思政教育,学生能够在欣赏和创作艺术作品的过程中,更加深刻地理解作品所蕴含的思想内涵和文化价值,从而树立正确的文化观念和价值观。此外,艺术教育、思政育人和文化建设在学生的全面发展过程中形成了价值共振。艺术教育通过培养学生的审美情感和创造力,为学生的全面发展提供了独特的视角和路径;思政育人则通过引导学生树立正确的价值观念和道德标准,为他们的全面发展提供了精神支撑;而文化建设则通过丰富多彩的文化活动,为学生的全面发展提供了广阔的平台和丰富的资源。这三者相互融合、相互促进,共同为学生的全面发展创造了良好的环境和条件。

第三章 "千万工程"点亮艺术教育、思政育人与文化建设

　　作为习近平总书记在浙江工作期间亲自谋划、亲自部署、亲自推动的一项重大决策,"千村示范、万村整治"工程(以下简称"千万工程")不仅极大地改善了浙江省农村的人居环境,还为全国各地的乡村振兴提供了宝贵的经验和范例。自 2003 年启动以来,经过 20 余年的发展,"千万工程"已经从最初的环境整治逐步扩展至美丽乡村建设、精品乡村打造及未来乡村探索等多个阶段,成为展示中国式现代化独特优势的伟大工程。

　　本章将深入探讨"千万工程"在浙江乃至全国范围内对于促进艺术教育、思想政治教育以及地方文化振兴的重要影响。本章首先回顾"千万工程"的发展历程及其对浙江省经济社会发展的深远影响。紧接着,通过分析"千万工程"如何助力乡村人居环境迈上新台阶,揭示其在提高村民生活质量的同时,也为艺术教育创造了更为广阔的应用场景和发展空间。此外,本章还将介绍"千万工程"如何激发了艺术教育改革的新活力,使得高校能够更加积极地参与到地方文化建设和乡村振兴中去,从而促进了高校思政育人与文化建设之间的深度融合。最后,本章将结合具体案例展示"千万工程"如何提升乡村文化建设实践水平,并进一步讨论它对于增强民族自豪感、传承中华优秀传统文化等方面所具有的重要意义。通过这些内容,本章将全面展现"千万工程"在推动高等教育创新发展、服务社会进步方面的积极作用。

第一节 "千万工程"助力乡村人居
环境建设迈上新台阶

一、浙江省"千万工程"的总体发展历程

2003 年 6 月,针对浙江省近 4 万个村庄的整治问题,时任浙江省委书记的习近平同志通过广泛深入的调查研究,提出了选定大约 1 万个行政村进行全面整治,并计划将其中 1000 个左右的中心村建设成全面小康示范村,在浙江大地展开了一幅"千万工程"的时代画卷。①万千美丽乡村的建设与万千农民群众的幸福,皆源于不懈努力和辛勤耕耘。20 余年来,浙江全省上下久久为功、坚持不懈,一任接着一任干,一张蓝图绘到底,以整治农村环境为切入点,由点及面、以小见大,持续推进"千万工程"迭代升级,总体发展过程历经"千村示范、万村整治""千村精品、万村美丽""千村未来、万村共富"三个阶段,创造了推动乡村振兴的成功经验和示范样板。

(一)第 阶段:"千村示范、万村整治"(2003—2010 年)

2003 年,浙江省正式启动了"千村示范、万村整治"工程的第一阶段。万事开头难,同年,中共浙江省委办公厅、浙江省人民政府办公厅印发了《关于实施"千村示范、万村整治"工程的通知》及成立工作协调小组的通知等一系列文件。2005 年,多项指导意见和支持措施陆续出台,为"千万工程"的第一阶段任务奠定了坚实的政策基础。这一阶段的重点在于村庄环境的综合整治,计划对约 1 万个行政村进行全面改造,并将其中大约 1000 个中心村建设成为全面小康示范村,这就是

---

① 中共浙江省委.在深入践行"千万工程"上走前列作示范.求是,2023(12):21-28.

"千"与"万"的由来。工作涵盖道路硬化、垃圾收集、村庄绿化美化等人居环境的方方面面,通过一系列具体措施,基本完成了全省村庄的环境整治任务,不仅提升了村民的日常生活品质,更推动了浙江整体生态环境的积极变革。

(二)第二阶段:"千村精品、万村美丽"(2011—2020年)

"千万工程"第二阶段持续发力,紧抓整体发展走向。2010年末,浙江省出台了《浙江省美丽乡村建设行动计划(2011—2015年)》,明确建设美丽乡村的长远目标,强调实施"生态人居建设行动""生态环境提升行动""生态经济推进行动""生态文化培育行动"四大主要任务,标志着"千万工程"于2011年正式迈入第二阶段。① 而后,一系列关于"千万工程"深化发展、全面推进美丽乡村建设的文件政策陆续发布,均以建设美丽乡村为重点,"着力把农村建成规划科学布局美、村容整洁环境美、创业增收生活美、乡风文明身心美的宜居宜业宜游的农民幸福家园、市民休闲乐园"②,加速推进乡村建设。

(三)第三阶段:"千村未来、万村共富"(2021年至今)

2021年,《浙江省深化"千万工程"建设新时代美丽乡村行动计划(2021—2025年)》发布,"千万工程"进入"千村未来、万村共富"的第三阶段,吹响中国式现代化在浙江乡村的号角。随后,《关于开展未来乡村建设的指导意见》《浙江省未来乡村创建成效评价办法(试行)》《浙江省县城承载能力提升和深化"千村示范、万村整治"工程实施方案(2023—2027年)》等文件陆续出台。2024年,中央一号文件《中共中央 国务院关于学习运用"千村示范、万村整治"工程经验有力有效

---

① 浙江省农业和农村工作办公室.浙江省美丽乡村建设行动计划(2011—2015年).中国乡镇企业,2011(6):63-66.
② 胡豹,顾益康,文长存."千万工程"造就万千和美乡村——浙江"千村示范、万村整治"工程20年经验总结.浙江农业科学,2023(7):1585-1589.

推进乡村全面振兴的意见》指出"要学习运用'千万工程'蕴含的发展理念、工作方法和推进机制"①,再次强调了"千万工程"的丰功伟绩与历史性意义。第三阶段意在建设宜居宜业的和美乡村,逐步形成"千村向未来、万村奔共富、城乡促融合、全域创和美"的生动局面。

二、浙江省实施"千万工程"的举措与成效

在实施"千万工程"的过程中,浙江省紧扣推进城乡一体化的主线,聚焦于规划科学、经济发达、文化繁荣、环境优美、服务完善、管理民主、社会和谐、生活富裕等八个示范目标。同时,开展布局优化、道路硬化、路灯亮化、四旁绿化、河道净化、卫生洁化、住宅美化、服务强化等"八化整治"。此外,把加强农村基层党组织建设作为重要保障,形成了目标明确、原则清晰、任务突出、机制健全的完整体系。浙江省结合美丽村庄与富裕村庄的发展理念,推动"两进两回"行动计划(科技进乡村、资金进乡村、青年回农村、乡贤回农村),促进农村电商、养生养老、文化创意、运动休闲等新兴业务发展,并通过"三变"改革(资源变资产、资金变股金、农民变股东)增强农村经济活力和市场竞争力。为确保公共服务高质量共享,浙江省将教育培训、劳动就业、医疗卫生、社会保障等服务扩展到乡村地区,提升农民的获得感、幸福感、安全感和认同感。同时,大力推进农业面源污染治理,开展"无废乡村"建设,实施生态修复,改善农村人居环境。浙江省坚持因地制宜,根据山区、平原、丘陵、沿海、岛屿等地形地貌以及不同地区的经济发展水平,制定灵活多样的标准和措施,避免一刀切。20多年来,浙江省始终将加强党的领导作为核心,通过强化党建工作促进乡村振兴,深化"网格化管理、组团式服务"模式,实施高标准的农村党建"浙江二十条",并推进"红色根脉强基工程"。

---

① 中共中央 国务院关于学习运用"千村示范、万村整治"工程经验有力有效推进乡村全面振兴的意见.人民日报.2024-02-04(1).

经过 20 多年的持续努力,浙江农村发生了深刻变化。2023 年,农村居民人均可支配收入达到 40311 元,城乡居民收入倍差缩小到 1.86①;2018 年,"千万工程"荣获联合国"地球卫士奖"。目前,规划保留村生活污水治理覆盖率 100%,农村卫生厕所实现全覆盖,生活垃圾基本做到"零增长"和"零填埋",全省超过 90% 的村庄已成为新时代美丽乡村,城乡公交一体化率达 75%,农村等级公路比例达 100%,城乡同质饮水率先基本实现,5G 和光纤资源覆盖重点行政村。② 农村公共服务和医疗卫生服务圈初步形成,居家养老服务全面覆盖中心乡镇和社区,教育和医疗条件显著改善。

第二节　"千万工程"推动创造艺术 教育改革发展新机遇

"千万工程"推动教育公平与高质量发展,尤其是在艺术教育领域。基于教育发展的现实需求和长远规划,它回应了公众对优质教育资源的需求,推动了艺术教育创新发展。"千万工程"使艺术教育资源配置更合理,向基层和农村地区延伸,缩小城乡、区域教育差距。同时,创新教育模式和方法,注重学生主体性和创造性。此外,它也为艺术教育国际化发展提供了新机遇,促进了国际交流与合作,展示了中国艺术教育的独特魅力。"千万工程"以宏大视野和精准定位,为艺术教育创造新机遇,相信在其引领下,我国艺术教育将迎来美好明天,为教育强国贡献力量。

随着社会经济和文化生活的提升,艺术教育的重要性日益显著,但面临资源不均、方法陈旧、评价单一等挑战。因此,艺术教育改革迫在眉

---

① 杨煜.浙江农村居民人均可支配收入连续 39 年居各省区第一位.(2024-03-28)[2024-10-22].https://politics.gmw.cn/2024-03/28/content_37231181.htm.
② 中共浙江省委.在深入践行"千万工程"上走前列作示范.求是,2023(12):21-28.

睫。"千万工程"为改革提供了新契机,通过优化资源配置、提升软硬件水平,推动艺术教育均衡发展。同时,"千万工程"倡导创新教学模式,引入信息技术,提高学生学习兴趣;此外,还有助于完善评价体系,从技能考核向多元化评价转变,全面反映教育成果。"千万工程"为艺术教育创新提供了新机遇和新动力,将推动艺术教育迎来美好未来。

一、"千万工程"引领教育资源下沉完善特色课程体系建构

(一)"千万工程"推动艺术教育资源下沉

"千万工程"在艺术教育领域展现了战略眼光和实操能力,通过精细化策略实现资源下沉。政府、社会及教育机构共同参与,推动艺术教育均衡发展。政府加大农村和边远地区的艺术教育投入,建设标准化设施,鼓励优秀教师任教,引导社会力量参与,拓宽资金来源。该行动引进优质师资,利用现代信息技术手段共享资源,缩小城乡差距。同时,结合地方文化特色开发特色课程,促进文化传承。这些举措推动了艺术教育均衡发展,培养创新型人才,传承文化,促进文明进步。未来,"千万工程"将继续深化改革,探索更多资源下沉路径,构建公平优质的艺术教育体系。

(二)"千万工程"驱动特色课程体系构建实施

在"千万工程"的强劲驱动下,艺术教育改革已迈入特色课程体系构建与实施的新纪元。此次改革的核心目标在于广泛普及并提升艺术教育水平,同时深度融合地方文化特色,旨在构建具有鲜明地域标识的独特艺术教育框架。在特色课程的精心构建过程中,深入发掘地域文化的独特韵味与资源优势成为不可或缺的一环。鉴于中国地域的广袤无垠与文化的丰富多样,各地均蕴藏着独特的历史底蕴、民俗风情及艺术形式。例如,在广袤的西北地区,可探索开发蕴含西北风

情的音乐舞蹈课程;在温婉细腻的江南水乡,则可设计聚焦于传统工艺与园林艺术的课程,以展现其独特的文化魅力。

在实施阶段,"千万工程"积极倡导教学方法的创新与变革,鼓励采用项目式学习、合作学习等先进模式,着重培养学生的实践操作能力与团队协作能力,从而有效激发学生的学习热情与参与度。学生们围绕特定主题展开深入研究,通过实地考察、资料搜集、创作实践等一系列活动,不断提升其艺术素养与综合能力。特色课程的设立不仅为学生提供了多元化的学习选择,还深刻促进了地方文化的传承与发展,增强了学生对传统文化的认同感与自豪感,为文化产业的蓬勃发展注入了新的生机与活力。

此外,"千万工程"高度重视与社会力量的紧密合作,积极引入社会资源和专业机构,以确保课程内容的专业性与教学成效的实效性。这一举措为艺术教育改革带来了全新的视角与方法论指导,为艺术教育的持续创新性发展注入了强劲动力。"千万工程"以其卓越的领导力与执行力,成功引领了艺术教育资源向基层的下沉与特色课程的构建工作,为艺术教育改革的深化开辟了崭新的道路。它不仅有效提升了学生的艺术素养与综合能力,还积极促进了地方文化的传承与发展,为中国特色艺术教育体系的建立奠定了坚实的基础。

(三)"千万工程"创新艺术教育方法模式

"千万工程"在艺术教育改革领域展现了前瞻性的洞察力和实践性的行动力,通过实施多元化的教育策略,显著提升了学生的艺术修养与综合能力。"千万工程"积极倡导学生的创作参与与实践体验,利用比赛、展览等多元化平台,为学生提供锻炼与展示才能的广阔舞台。同时,"千万工程"深度融合了现代信息技术,如大数据分析、云计算等,实现了教学过程的个性化定制,并创新性地运用了虚拟现实(VR)技术,丰富了教学手段,提升了教学互动性与沉浸感。此外,"千万工程"还高度重视跨学科融合的重要性,致力于打破传统学科间的界限,促进知识的交叉与融合,以培养学生的综合素养与跨领域解决问题的能力。这一举措不仅拓宽了学生的知识视野,也为其未来的全面发展奠定了坚实的基础。

(四)"千万工程"对艺术教育改革的启示

"千万工程"的成功实践为未来艺术教育改革的深化提供了宝贵的经验与方向。首先,未来的改革应坚持以学生为本,关注学生的主体性地位与个性化需求,致力于激发学生的创新思维与创造力。其次,应充分挖掘与利用地域文化的独特资源,丰富艺术教育的内涵,增强教育的文化自觉与文化自信。要加强教师队伍建设,提升教师的专业素养与教学能力,是确保教育质量稳步提升的关键所在。再次,未来的艺术教育改革还应积极拥抱科技变革,将现代科技手段如人工智能、虚拟现实等引入教育领域,创新教学方式与方法,提升教育的智能化与个性化水平。最后,构建全社会共同参与的艺术教育支持体系,形成政府、学校、家庭、社会等多方联动的良好局面,为艺术教育的繁荣发展注入强大的动力。

二、"千万工程"助力数字赋能艺术教育革新教学模式

在迅猛发展的信息技术和与时俱进的教育理念双重推动的基础之上,先进数字技术在教育领域的拓展应用业已形成一股不可逆转之势。尤其是在艺术教育领域,数字技术的强力赋能既扩展了艺术教育边界,也为其教学模式的全面革新提供了新机遇、新方向。技术介入使得艺术教育不再局限于传统的课堂教学,而是可以借助虚拟现实、人工智能、增强现实等前沿技术,实现更为生动化、多元化、智能化的教学体验。"千万工程"有助于推动数字技术与艺术教育的有机结合,为教育改革注入崭新动力,艺术教育也迎来了前所未有的发展机遇。

简而言之,"千万工程"有益于系统推动数字技术在艺术教育中的应用,助力创新艺术教学模式、优化艺术资源配置、提振艺术教育质效。因此,深入研究"千万工程"如何通过数字赋能艺术教育,探寻数字技术与艺术教育的科学结合路径,对于推动艺术教育教学模式的变革、创新具有重要意义。

　　一方面,"千万工程"为艺术教学模式的全面革新提供了乡野文化元素。乡村地区往往蕴藏着民间工艺、地方戏曲、传统服饰等丰富多样的传统艺术资源,在"千万工程"的支持下,传统艺术形式得以实现数字化保存并融入现代艺术教育课堂中,形成视频记录、高清图像、音频资料等数字档案,使广大学生更好地了解、学习乡村传统艺术。此外,乡村中的历史建筑、传统节日和地方习俗等文化遗产能够成为艺术教育、创作的素材,教师发挥领头作用,积极引导学生利用数字技术对有价值、有意义的乡村文化展开探索、记录与二度创作,从而提高学生对乡村文化的认知和兴趣。在国家政策扶持和刚性需求背景下,具有优势互补的线上线下混合式教学模式,在教育行业优势凸显并逐步成为新常态,对于构建面向未来的艺术教育教学模式具有重要意义,线上教学可以提供丰富的数字资源和灵活的学习方式,而线下教学则能提供实践和互动的机会。① 例如,利用虚拟现实技术创建虚拟乡村艺术展览,展示乡村艺术作品的历史背景、创作过程和文化内涵,让学生们在数字平台上体验和学习乡村艺术,享受更丰富的交互设计;或者通过增强现实技术,将乡村艺术、文化元素与现实世界相结合,使得学生们在线上就能看到作品附加的虚拟信息和创作故事。

　　另一方面,"千万工程"为艺术教学模式的全面革新提供了秀美乡村空间。教育在乡村振兴中发挥着基础性、先导性作用,实现巩固拓展脱贫攻坚成果同乡村振兴有效衔接,以教育振兴赋能乡村振兴,是

---

① 眭海霞,练红宇.基于 OMO 模式的艺术教育创新与实践探索.四川戏剧,2023(9): 123-126.

教育的职责和使命。① 与此同时,美丽的乡村空间既为艺术创作奠定了独特的自然风光与人文背景,又为艺术教育的创新实践创造了良好环境。山川、湖泊、林木等秀美乡村的自然景观,为艺术创作提供了丰富的灵感素材,师生们在优美的自然环境中参与自然写生、摄影课程、艺术工作坊以及其他艺术创作活动,能够捕捉自然美景融入个人艺术作品中。以"千万工程"的优秀成果——青山自然学校为例,其坐落于浙江省杭州市黄湖镇青山村,学校建筑本身就颇具乡野特色,建筑完全由夯土和建筑垃圾压碎制成的砖块建成,墙体内外保留了夯土的自然土黄色,而屋顶则使用了传统的中式小青瓦,使整个建筑呈现出一种古朴且富有诗意的风貌;另外,学校的教学内容与乡村、自然、绿色、生态紧密相连,自 2017 年起,学校发起了青山自然幸福夏令营,每年为附近村镇的几十位孩子提供课程。而乡村较为原始的生态环境也为广大教师提供了传授自然保护、生态平衡、人与自然和谐共生等生态艺术知识的宝贵教育机会,充分发挥了乡村自然景观优势与特色,激发了学生的艺术创作灵感,增强了学生的环境保护意识。

三、"千万工程"激发艺术教育产学研深度融合实践探索

(一)"千万工程"与艺术教育产学研深度融合的背景

"千万工程"自 2003 年启动以来,已经历了示范引领、整体推进、深化提升和转型升级等多个阶段,深刻改变了浙江乃至全国农村的面貌。该工程促进农村基础设施的完善,推动乡村文化的传承与创新,为艺术教育产学研融合提供了广阔的空间和平台。

随着社会对文化艺术需求的日益增长,艺术教育产学研融合成为提升教育质量、培养创新人才的重要途径,然而当前艺术教育在产学

---

① 王海燕.振兴乡村教育 赋能乡村振兴.(2021-11-29)[2024-10-22]. http://www.moe. gov.cn/jyb_xwfb/moe_2082/2021/2021_zl31/202111/t20211129_583085.html.

研融合方面仍存在诸多不足,如理论与实践脱节、科研成果转化率低、合作机制不完善等。因此探索有效的产学研深度融合路径成为艺术教育领域亟待解决的问题。

(二)"千万工程"与艺术教育产学研深度融合的机遇

"千万工程"涉及众多农村建设项目,为艺术教育提供了丰富的实践资源和创作素材。这就使得学生在学习过程中拥有大量的素材与资源,学生可以在真实的乡村环境中进行艺术创作,将所学知识与实践紧密结合,提升创新能力和实践能力。

"千万工程"的实施需要政府、企业、高校等多方参与和协作,这种多元化的合作模式为艺术教育产学研融合提供了良好的契机。各高校、企业、研究所通过共同制定项目计划、开展合作研究、推动成果应用等方式,可以逐步建立和完善产学研合作机制,促进合作深入进行和持续发展。

(三)"千万工程"与艺术教育产学研深度融合的实践路径

一要建立校企研联合培养模式,创新艺术教育产学研深度融合体制机制。高校与企业应建立紧密的合作关系,共同制定培养方案和教学计划。学校通过企业实习、项目合作等方式,让学生深入了解市场需求和行业趋势,提升实践能力和创新能力,同时企业可以依托高校的科研优势,解决技术难题,推动产业升级。研究所助力推动科技成果转化,了解企业实际需求和技术难题,通过共同研发、技术转移等方式,推动科研成果向实际应用转化,建立科技成果转化激励机制,激发科研人员的积极性和创造力。

二要搭建产学研融合服务平台,为艺术教育与"千万工程"的深度融合提供有力支持。平台可以整合政府、企业、高校等多方资源,提供政策咨询、项目对接、人才培养等一站式服务,通过平台的搭建和运营,促进产学研各方之间的信息交流和资源共享。在这个平台中,高校应打破学科壁垒,鼓励艺术、设计、科技等多学科交叉融合,推动建设区域共同体,促进教育资源共享流动。政府可以通过举办文化节庆、学术论坛等活动,推动区域文化资源共享。产学研三方可以通过国际交流平台,定期举办国际文化论坛,通过向世界展示区域艺术教育资源,提升区域艺术教育传播力,同时加强与国内外相关领域的交流与合作,借鉴先进经验和做法,推动艺术教育产学研深度融合向更高水平发展。

三要创新艺术教育产学研开发模式,构建以"人"为本的产学研人才培养模式,完善艺术教育产学研人才保障机制。产学研三方要提高相关人才物质生活水平,提升研究能力效率,加大传承人教育培训工作力度,培养新时代优秀艺术教育人才,还要提供充足创业补贴及服务保障,鼓励人才自主创业,开发多元发展方式。产学研三方要充分利用数字技术,实现艺术教育产学研人才培养;通过建立统一的数字文化平台,整合文化资源,实现文化数据共享与互通,加大对人工智能、大数据、区块链等先进数字技术的研发投入,推动这些技术在艺术教育领域广泛流动,为艺术教育产学研人才提供丰富研究资源。

我国在探索艺术教育产学研深度融合的实践路径中也出现了许多成功的案例。如清华大学美术学院(以下简称"清华美院")形成了以立德树人为根本、教学科研为重点、成果转化为动力、国际合作为突破的相互支撑、相互促进的"三院一体"有机体系。清华美院一方面推进清华青岛艺术与科学创新研究院建设,发挥学校艺术设计等多学科优势和山东省区位及产业优势,致力于建设国际一流的人才培养、科技研发等基地;另一方面打造清华大学米兰艺术设计学院,通过开展双学位硕士项目、博士联合培养、高端培训等,连接中意两国的设计创新资源。在人才培养方面,清华美院积极构建具有世界一流水准和鲜明中国特色的艺术设计人才培养体系,通过举办相关会议,整合全院资源推进本科教育改革,推动艺术与多学科的交叉融合,还通过多种方式推进跨学科人才培养。清华美院重视搭建"艺科融合"科研平台,充分发挥校级科研机构作用,协同建好相关实验室,成立多个研究中心,围绕新兴热点合作成立院级科研机构,打造高端学术品牌,完善引导激励机制等。

<h1 style="text-align:center">第三节　"千万工程"建设搭建
高校思政育人阵地新场景</h1>

一、融合之思:"千万工程"与思政育人的理念交互

(一)"千万工程"乡村建设实践与思政课融合的实践渊源

20多年来,浙江持之以恒地实施"千万工程",探索出一条加强农村人居环境整治、全面推进乡村振兴、建设美丽中国的科学路径。思政教育是全面贯彻党的教育方针、落实立德树人根本任务的关键所在。高校是推动思政教育高质量发展的重要阵地,思政教育在高校人才培养过程中具有铸魂立本、统帅全局的重要作用。实现高校思政教育的高质量发展必须始终坚持让高等教育为人民服务,为中国共产党治国理政服务,为巩固和发展中国特色社会主义制度服务,为社会主义现代化建设服务。①

乡村振兴是我国一项长期战略,培养政治素质与业务素质双过硬的专业人才是确保国家乡村振兴战略全面、准确落实的关键。开展课程思政建设,学习运用"千万工程"经验,将思政教育中的理念方法融入乡村建设,是为乡村全面振兴输送"双过硬"人才的重要抓手。自乡村振兴战略提出以来,我国多所高校也开展了多种多样的乡村建设与思政课融合的实践,如通过基层兼职、社团组织、志愿服务、社会实践、校地共

---

① 胡豹,黄莉莉.运用"千万工程"经验引领乡村全面振兴.中国农民合作社,2024(3):15-16.

建等形式实现大学生深度融入贡献乡村振兴战略,并在服务乡村振兴实践中实现大学生的思想淬炼、政治历练、实践锻炼与专业训练。

(二)"千万工程"乡村建设实践的理念转化与融合

"千万工程"是系统性、多阶段的乡村建设工程,融合了多维度的政策目标,涵盖了农业产业化、农村社会化、农民组织化等多个方面,注重理念创新、方法创新和制度创新的协调统一,总体来说,"因地制宜、分类施策,循序渐进、久久为功"是"千万工程"的核心理念。[①] 浙江在推进"千村示范、万村整治"工程中,重点是抓好五个方面的工作:一是关注农村生态宜居,二是农村环境整治,三是发展生态经济,四是生态文化培育,五是落实各项保障。由"千村示范、万村整治"到高水平建设美丽乡村的接力,浙江农村发生了翻天覆地的变化。乡村的面貌、生态环境、经济社会、乡风文明等各个方面都取得了长足的进步。

青年一代是新时代党和国家无数发展成就的见证者、记录者,要落实思政实践育人理念,向青年一代展示中国式现代化的乡村样本,学习领会这些经验做法的精髓和要义所在并应用到实际工作中去,力争为实现中华民族伟大复兴的中国梦做出新的更大贡献。在乡村建设中,要将思政教育与"千万工程"的理念相结合,通过实践活动让学生深入理解并实践这些理念,切实感受"千万工程"全面实施20多年来的历史变迁和新农村建设的伟大成就,努力开创思政教育工作的新局面。

(三)"千万工程"乡村建设实践与思政育人的融合模式

新时代背景下,国内高校在学习"千万工程"重要经验的过程中,以习近平新时代中国特色社会主义思想和党的二十大精神为指南,探索出丰富的思政育人融合模式,以"千万工程"治理乡村建设的理念为引领,将思政教育贯穿于乡村建设的各个方面,通过建立乡村振兴工

---

① 安宁.浙江"千万工程":二十年的"美丽接力".中国经济导报,2023-06-20(1).

作站等实体平台,鼓励大学生和青年深入乡村,参与乡村建设实践,实现理论与实践的有机结合。① 通过课程思政建设,将思政教育融入专业课程,培养具有良好政治素质和专业能力的复合型人才,也为乡村振兴提供人才支持。另外,通过志愿服务、社会实践等形式,让高校青年学子走向田野大地,全面提升思政课"铸魂育人"实效,创新"大思政"育人格局。②

例如,上海交通大学"千万工程与乡村振兴"实践团通过调研三亚市典型乡村发展情况,学深学透"千万工程"经验所取得的实质性成果,深刻理解学习运用"千万工程"的重大意义,把书本知识和社会实践有机结合起来,用实际行动把思政带到乡村田野中去,为全面推进乡村振兴、加快城乡融合发展贡献青春力量。

此外,中国乡村地域广阔,不同乡村地区的文化、经济和社会发展水平存在差异,"千万工程"与思政育人的融合模式需要具有灵活性和适应性,以满足不同地区的特殊需求;思政育人模式的有效融合,需要合理的资源配置,包括资金、技术、人才等,如何优化资源配置以支持乡村振兴战略将是一个挑战,同时需要建立长效机制以确保思政育人模式的持续推进。面对这些问题,需要政府、高校、社会组织和乡村社区等多方共同努力,不断创新和完善策略,以确保"千万工程"的理念与思政育人有效融合,推动乡村全面振兴。

二、融合之实:"千万工程"与思政育人的实践协同

在当今社会,高等教育的目标已不局限于知识的传授与技能的掌握,更在于培养具有社会责任感、创新精神和实践能力的新时代好青

---

① 刘人谦.高职院"三位一体"思政育人及学生管理模式的探索与实践——以南京铁道职业技术学院软件学院学生思政教育管理为例.长春理工大学学报,2012(9):111-112.

② 张竹锦."大思政"育人背景下大学生劳动教育实施路径探究.现代职业教育,2024(17):13-16.

年。在这一背景下,将"千万工程"与思政育人相结合,不仅是对高校思政教育模式的创新探索,更是对乡村振兴战略实施路径的深化与拓展。

在推进乡村建设的宏伟蓝图中,将社会主义核心价值观深植于乡村肌理具有重要作用,宣传教育活动与文化活动能够引领村民树立积极向上的世界观、人生观和价值观,这不仅是一场心灵的洗礼,更是对村民思想道德素质的一次全面提升。与此同时,在乡村建设中培育村民的法治观念,使之成为法治乡村建设不可或缺的一环是构筑法治乡村的坚固基石,也是保障村民合法权益、促进乡村社会公平正义的关键一步。传统思政教育往往侧重于课堂讲授与理论灌输,而"千万工程"的实践探索则为思政育人开辟了一条全新的路径。通过组织学生深入乡村一线,参与"千万工程"的具体实施,学生们能够在实践中感受乡村振兴的生动实践,深刻理解党的创新理论和伟大实践。以东华大学为例,该校在浙江省宁海县柘坑戴村开展了沉浸式"大思政课",将思政教育与社会实践相结合。学生们在美丽乡村中边走边听,零距离感悟新时代的伟大成就和"千万工程"的蓬勃生机。此类实践活动让学生们在亲身体验"千万工程"所带来的显著变化的同时,强化了他们对社会主义核心价值观的理解与认同。华中科技大学也秉持着特色思政教育理念,坚持年度性部署,派遣约白支实践团队,涵盖千余名研究生,深入全国各地广泛开展实践活动,这一举措也已成为该校思政工作的鲜明特色。

在乡村建设中,充分挖掘和利用当地的红色资源,如革命历史遗址、革命先烈事迹等,将其作为思政教育的重要素材,也是思政导向在乡村建设中的又一实践。组织参观学习、讲解历史故事等方式,让村民特别是青少年一代了解党的光辉历程和优良传统,激发他们的爱国情感和民族自豪感。积极倡导并精心组织志愿者队伍深入乡村社区,广泛开展多样化的志愿服务活动,包括义务清扫环境、关爱留守儿童成长,以及为困难群众提供援手等举措,这些志愿活动不仅精准对接乡村的实际需求,能有效缓解当地面临的问题,更在无形中传递着社会正能量,促进邻里间互帮互助、温暖和谐氛围的营造。

"千万工程"与思政育人的实践协同,实现了理论与实践的深度融合。一方面,学生通过参与乡村规划、环境治理、产业发展等具体项目,将所学的理论知识转化为解决实际问题的能力;另一方面,乡村的实践需求也为学生提供了广阔的舞台,让他们在实践中不断发现问题、解决问题,进而深化对理论知识的理解与掌握。这种双向互动的过程,既促进了学生的全面发展,也为乡村振兴注入了新的活力。"千万工程"的实践探索需要不断创新思路和方法,以应对复杂多变的乡村实际情况。这一过程中,学生们在教师的指导下,勇于尝试、敢于创新,不断提出新的解决方案和实施策略。这种创新精神的激发和实践能力的提升,有助于学生们在学业上取得更好的成绩,更为他们未来的创业就业提供了有力的支持。"千万工程"与思政育人的实践协同,是一种具有深远意义的教育模式创新。它通过将思政教育与乡村实践相结合,实现了理论与实践的深度融合、社会责任感的培育与强化以及创新精神的激发与实践能力的提升。这一模式的成功探索与实践,不仅为高校思政教育注入了新的活力,也为乡村振兴战略的实施提供了有力的人才保障和智力支持。未来,应继续深化这一实践探索,推动"千万工程"与思政育人的深度融合,为培养更多具有社会责任感、创新精神和实践能力的新时代青年贡献力量。

三、融合之效:"千万工程"与思政育人的成效评价

(一)"千万工程"与思政育人的内在关系

"千万工程"的建设实施有助于加快推进城乡一体化,促进人与自然和谐发展。思政课育人是指以构建全员、全程、全课程育人格局的形式,将各类课程与思想政治理论课同向同行,形成协同效应,把"立

德树人"作为教育的根本任务①。它强调在传授专业知识的同时,注重培养学生的思想政治素质、道德品质和社会责任感,以促进学生全面发展。"千万工程"的核心理念与思政育人的目标高度契合,是思政育人的重要素材和生动案例。"千万工程"与思政育人结合会产生超出预想的效果,通过"千万工程"的具体实践项目,强化学生的思想政治教育,促进学生的理论结合实际的全面发展。

(二)"千万工程"对思政育人的价值意义

借鉴"千万工程"的成功经验,推动思政课教学方法的创新。传统的思想政治教育方式,在对学生进行人生价值观、个人成长等方面的教育、引导时易让学生感到反感、厌倦、麻木,达不到理想的效果。在这种情况下,可在"千万工程"的实践经验中探索多样化的教学手段。例如,采用案例教学、情境教学、田野思政课堂、项目教学等方式,让学生在模拟或真实的情境中学习和体验,使得思政课不再局限于室内课堂之中,把课堂搬到广阔的田野里,能够提高教学效果和学习成效。同时,以这种创新的教学方法,可以在一定程度上加强师生互动和交流,在课程中鼓励学生积极参与课堂讨论和实践活动,形成师生互动的良好学习氛围。

利用好"千万工程"为思政育人提供鲜活的教学案例。"千万工程"为课程思政提供了鲜活的教学素材。讲解"千万工程"的背景、实施过程、成效及意义,可以帮助学生深刻理解和把握习近平新时代中国特色社会主义思想的精髓和实质。通过"千万工程"的相关内容,增强思政课程的吸引力和感染力,使得思政课程更加贴近实际、贴近生活、贴近学生本身,从而增强课程的吸引力和感染力,以此激发学生的学习兴趣。

通过"千万工程"强化思政课实践育人功能。"千万工程"实践的

① 杨超.艺术实践类课程线上教学策略研究.戏剧之家,2021(13):169-170.

成功经验表明,正确的决策和贯彻落实需要强化系统观念和调查研究。因此,在进行思政教学中,可以引导学生关注社会现实问题,通过实地调研、案例分析等方式,将理论知识与社会实践相结合,提升学生的实践能力和创新精神。"千万工程"的实施过程中,涌现出一大批勇于担当、甘于奉献的先进典型人物。在思政教学过程中通过宣传这些先进事迹,可以激发学生的责任感和使命感,引导学生树立正确的世界观、人生观和价值观。

学习"千万工程"实施过程中的具体解决问题的方式,深化思政育人的内涵。"千万工程"涉及范围较为广泛,它不局限于关注乡村建设美化和环境治理等具体问题,而是包括了乡村发展的多方面,涵盖产业结构的调整、公共服务的完善、乡村治理方式的健全以及城乡关系等。在课程思政中,可以以此为契机,拓展课程思政的广度和深度,引导学生关注更广泛的社会问题和时代课题。同时需进一步强化育人功能,引导学生树立正确的理想信念和价值取向,培养德智体美劳全面发展的社会主义建设者和接班人。

(三)思政育人对"千万工程"的影响意义

思政育人课程通过将思想政治教育元素融入各类课程中,帮助学生深入理解习近平新时代中国特色社会主义思想的科学真理力量和磅礴实践力量。[①]思政课程通过讲述"千万工程"的背景、过程和成效,可以强化学生对党和国家领导人的政治认同,以及对国家发展战略的认同感和自豪感。在"千万工程"的实施过程中,思政课程也有助于学生更深刻地认识到"千万工程"作为习近平新时代中国特色社会主义思想在浙江的具体实践的重要性和深远意义。

利用课程思政组织学生参与"千万工程"相关的实践活动以及调研活动,可以提升学生的实践能力,解决实际问题,增强学生的综合素

---

① 田鸿芬,付洪.课程思政:高校专业课教学融入思想政治教育的实践路径.未来与发展.2018(4):99-103.

质和创新能力。在课程思政中,可以介绍"千万工程"实施所在乡村的文化资源及其在"千万工程"中的具体应用,引导学生传承中华优秀传统文化,挖掘优秀传统文化,增强文化自信。

"千万工程"以改善农村人居环境、推进城乡一体化和农业农村现代化为目标,体现了绿色发展理念。课程思政通过介绍"千万工程"的实践经验,可以引导学生树立绿色发展理念,增强环保意识和可持续发展观念;同时,注重培养学生的乡村情怀和责任感,使他们更加关注农村、关心农民、支持农业。这种情怀的培养有助于学生在未来的职业生涯中,更加积极地投身到乡村建设中去,为乡村振兴贡献智慧和力量。

第四节 "千万工程"内涵提升乡村文化建设实践新高度

一、坚持生态优先,奠定乡村文化建设之基

(一)"千万工程"与生态优先原则

"千万工程"的成功离不开生态优先,绿色发展。作为"绿水青山就是金山银山"理念在基层农村的成功实践,"千万工程"始终坚持以习近平生态文明思想为指导,紧紧围绕生态文明建设处理各类乡村发展问题,坚持生态优先,绿色发展,坚持人与自然和谐共生,创新生产发展方式,构筑绿色低碳的乡村发展新模式。① 20 余年来,"千万工程"从农村环境整治入手,以农村生产、生活、生态的"三生"环境改善为重点,由点及面、迭代升级,造就了万千美丽乡村,造福了万千农民

---

① 黄璐.以习近平生态文明思想引领乡村振兴的价值意蕴和实践路径.河北环境工程学院学报,2024(1):28-33.

群众,创造了推进乡村全面振兴的成功经验和实践范例。

正因"千万工程"保护了"绿水青山","金山银山"也随之显现。浙江万千乡村依靠乡村独特生态环境变成了生态富园,依靠乡村特有农产品产业形成了经济生态化、生态经济化的良性循环。美丽业态蓬勃发展,依靠山林乡村美景发展乡村旅游,电子商务等形式使村庄活力得到激发,农民收入持续增长。坚持生态优先,绿色发展使"千万工程"向着良性发展。

(二)生态优先原则的促进作用

"千万工程"作为一项针对农村环境建设的"生态工程",集中体现了人与自然和谐共生的理念。立足生态优先原则,将一系列村庄转型升级为集生态经济蓬勃发展、自然环境优美如画、生态文化昌盛繁荣于一体的新型农村社区,实现经济社会发展与自然资源环境的和谐共生,构建人与自然和谐共处的理想田园生活典范。政府作为指挥者,农民作为推动者,"千万工程"按照"村美、户富、班子强"的要求,坚持绿色生态发展理念,致力于促进乡村在物质、精神及政治文明三个层面上的和谐并进。有效推动农村生产生活条件、农民生活质量和文明素质不断提升。

(三)生态优先奠定的文化基础

文化是一个民族生生不息的命脉与灵魂深处不息的火焰,它承载着民族最为珍贵的精神印记,构筑起我们共同的精神栖息地与记忆宝库。

而文化在何处发展呢?绿水青山正是文化发展的摇篮。党的十八大以来,以习近平同志为核心的党中央立足中华优秀传统文化,大力培育和践行社会主义核心价值观,推动文化事业和文化产业繁荣发展。生态是文化的载体,只有坚持生态优先,绿色发展,才能使文化绵延不绝,历久弥新。文运与国运相牵,文脉同国脉相连。在新的历史时期,我们需洞悉并肩负起新时代赋予的文化新使命,矢志不渝地践行绿色发展理念,秉持开放包容的胸襟,坚守正道并勇于创新,精心培育与塑造新时代中国特色社会主义文化的璀璨篇章。

二、坚持以人为本,点燃村民文化建设热情

"千万工程"经过 20 余年的迭代更新,为全面乡村振兴创造了一系列成功经验和实践范例,造就万千美丽乡村,形成"千村千面"美丽图景,惠及千万村民。在"千万工程"全面推行 20 余年的实施过程中,党和政府始终坚持以人民为中心,将改善民生放在首位,时刻关注农民群众的现实需要。因地制宜地结合当地独特乡村文化资源,遵循乡村文化振兴基本原则,采取针对性乡村建设策略,最终激活乡村文化活力,激发农民参与文化建设热情,推动乡村文化繁荣发展。

乡村振兴,关键在人。习近平总书记曾多次强调,要不断聚焦民生需求,完善公共设施建设,增强农民群众文化自信、民族认同感,丰富农民社区文化生活方式,提升生活幸福感,最大限度地点燃村民文化建设热情。通过文化建设增强村民凝聚力、认同感,维系乡村情感纽带,维持社会和谐稳定,构建紧密社会网络;形成村落内部和谐稳定氛围和积极社会环境,极大助力乡村振兴。通过不断地深入基层,切实了解村民实际所需,充分满足农民群众生活、文化需求,提升农民群众文化素养;不断完善乡村公共文化服务体系建设及公共文化设施产品,丰富农民生活娱乐活动,促进乡村文化繁荣。

在充分学习"千万工程"相关经验后,安徽省六安市沣桥村加强建设文化广场、乡村戏台、非遗传习场所等公共文化设施,以提高乡村文化服务覆盖率,为村民打造多彩纷呈、充满活力的公共文化活动空间,让文化生活成为他们日常中不可或缺的亮丽风景线。加强农村文化广场、文化长廊、文化书馆以及公共文化服务站等相关公共设施建设,为村民提供便捷的文化服务渠道,营造乡村浓郁文化氛围。

"千万工程"历经 20 余年的漫长岁月，形成"一户一处景，一村一幅画"的美丽格局，重点在于对乡村优秀传统文化的传承与创新，带活了乡村经济发展，带火了乡村旅游热度，为村民收入增添"一把火"。

　　大力推动传统农耕文明与现代信息文明有机结合，打造独具一格的现代乡村新风尚，使乡村成为人们理想的桃花源，一改村落往日形象。解决乡村目前所面临的人才缺乏现象，并将城市优质文化资源下沉，为村落注入新的血液和活力。积极创新农村文化建设，加强村民优质文化传承发展，解决村民日常生活所需，打造生产、生活、生态"三生"并蓄的乡村场景。加大开展传统村落集中保护力度，形成保护利用示范区，鼓励村落积极进行探索、创新及实践，总结出自己的"千万工程"答案。

　　注重深入挖掘乡村独特乡土文化资源，将乡村文化建设落到实处，开展丰富多彩的文化活动，调动村民参与积极性，对各类文化瑰宝进行宣传并向公众展示，能够为乡村文化建设奠定坚实基础。近年来掀起的景德镇"陶瓷热"，将这座曾经不甚起眼的小镇，变得享有盛誉。景德镇将新的形象地位结合旅游产业和现代信息技术，让传统陶艺技能重新焕发新的生命力，使自身成为独特的文化代表和 IP 形象。重新挖掘历史悠久的文化要素，使乡村历史底蕴得以重新显现，在整合优化村落生产空间，提升村民经济收入来源的同时，提高村民参与文化建设的积极性和热情。

　　"千万工程"实施从"三生"角度出发，整合优化生产空间，使一、二、三产业融合发展；大力整治村落生态环境，增绿建绿形成生态屏障；配备基础设施，提升村民生活水平，满足民生需求，并充分利用村落近郊独特地理区位优势和景观资源优势，结合村落现有空间脉络和独特民居样式，着重延续乡村文化记忆，为乡村文化建设奠定坚实基础。

三、坚持以文化人，激活乡村文化产业生命力

(一)深化乡村文化认知，强化文化自觉

乡村文化建设作为提升乡风文明的关键举措，对丰富农民群众精神文化生活、建设新农村、构建和谐社会有着积极的推动作用。[1] 浙江省各地多个乡村主动挖掘本地特色的自然景观、人文历史、民俗文化等资源，并将其融入乡村旅游产品开发中，形成了与众不同的旅游体验产品。例如，湖州市安吉县鲁家村，以特色家庭农场集群为产业支撑，以鲁家"两山学院"为文化支撑，实现从建设美丽乡村到经营美丽乡村的转型，培育了各类新型经营主体，打造了集多种功能于一体的乡村旅游示范区，成为国家级田园综合体试点示范区。

还有的乡村将保护和传承当地传统文化与乡村旅游相结合，发展农家乐、采摘体验、农业观光、乡村民宿等项目，既促进了农业农村发展，又展示了地方文化。如江山市大陈乡大陈村，村内现存较为完整的 43 幢清代中晚期民居，属浙江省文保单位。大陈村成立了旅游公司和电商公司，建造养生精品酒店，开设小吃作坊和民宿，并打造了以"妈妈的味道"为主题的美食街"大陈小市"，通过举办麻糍文化节、村歌表演节等，使看非遗传承、品特色小吃、听大陈故事成为文旅重头戏。

乡村通过不断挖掘当地文化内涵，有力促进了乡村经济的发展，为文化产业的发展创造了就业岗位，吸引了人才回归，增加了村民的收入渠道。与此同时，部分乡村也加大了对道路、水电供应、通信网络等基础设施的投资与建设力度，持续提高教育资源和医疗服务的水准，从而全方位提升乡村居民的生活质量与整体发展环境。

---

① 韩建莉.乡村振兴视角 Y 县乡村文化建设研究.延安:延安大学,2023.

（二）发展乡村文化产业，增强经济活力

进入 21 世纪以来，中国乡村地区丰富的文化资源成为产业化开发的对象，乡村文化产业顺势崛起，不仅推动了乡村经济结构的深刻转型，更成为推动乡村迈向现代化进程的一股不可或缺的强大动力。[①] 党的十八大以来，第 12 个指导"三农"工作的中央一号文件提出有力有效推进乡村全面振兴"路线图"，鼓励乡村因地制宜，大力发展本村特色产业，支持打造乡土特色品牌。例如，嘉兴桐乡市乌镇横港村，以诗画水乡为亮点进行开发，将破败鸭棚改造成小鸭艺术中心、绘本馆和横港书院，打造"莫奈花园"，并针对儿童群体创造鸭子夫妇、小鸭冒险、蚕宝宝等 IP 形象，从纯农业村、传统养鸭村转变为充满文艺气息的艺术村。

与此同时，浙江省还实施了"乡村文化＋旅游"深度融合工程，推进乡村旅游集聚区（村）建设，培育生态旅游、森林康养、休闲露营等新业态，优化实施农村产业融合发展项目，培育农业产业化联合体。基于此，一些地区加强了制度设计，出台相关政策鼓励和支持文旅部门深度融合发展，积极打破传统农业界限，例如，舟山市定海区新建村从偏僻落后的海岛村，发展成了远近闻名的"网红村""示范村"，不仅有乡村民宿，还有乡村美术馆、乡村书店等。同时，当地还培育了一批有实力、有特色的市场经营主体，引领农文旅融合品牌化发展，提升了农文旅产品知名度和美誉度，增强了市场竞争力。部分地区还加强了不同地区间、产业间、部门间的合作，推动资源共享、优势互补，共同推动农文旅产业健康发展。

通过乡村文化产业的创意发展，各地推出了众多具有特色的文化产品和服务，提升了乡村文化产业的含金量。乡村文化产业的发展，不但提升了乡村文化的软实力，强化了乡村文化的自信心，而且强有

---

① 盛帅帅.21 世纪以来中国乡村文化产业发展研究.济南：山东师范大学，2022.

力地推动了乡村经济的进步,优化了乡村的基础设施和公共服务,为乡村的全面振兴注入了强劲动力。

(三)创新乡村文化传播方式,扩大文化影响力

随着信息产业的快速发展,以移动互联网技术为核心的视频产业向垂直领域深耕渗透,用户从多渠道下沉农村市场,共谱农村信息化、现代化的发展篇章。[①] 譬如,运用现代科技手段,创新文化传播方式,既能展示出乡村文化的迷人魅力,让更多的人知晓并喜爱,还能够结合当下流行的文化元素,对传统的乡村文化表现形式予以改编和再度创作,使之更契合现代的审美和消费需求。例如,台州市仙居县淡竹乡下叶村开创了三绿机制,通过绿色公约培育绿色生活方式,用绿色货币理念让游客参与卫生清理并可兑换"绿币",绿色调解则将传统化解矛盾纠纷办法与绿色理念结合,以和美乡村催生民宿经济,带动休闲产业,并成立乡村建设实验室等。

乡村文化承载着先辈的智慧与情感,是乡村的精神命脉,传承乡村文化有利于增强乡村居民的认同感和归属感,凝聚乡村力量。例如,温州市文成县西坑畲族镇让川村人文历史悠久,有始建于乾隆年间的叶氏祠堂等历史古迹,又以畲族文化为基础,每年农历"三月三"举办风情旅游节,开展唱畲歌、跳民族舞、体验民俗等活动,并将长桌宴作为常驻项目,形成了独特的乡村景观。

通过培养乡村文化传承人,激励年轻人参与乡村文化的创新,能够为乡村文化的发展带来崭新的思路与活力。政府和社会各界应对乡村文化的创新与传承提供更加坚实的支持与投入,以推动其繁荣发展,通过政策支持、资金保障以及平台搭建,共同促进乡村文化的繁荣昌盛。乡村文化的广泛传播,不仅能提升乡村文化软实力,增强乡村文化自信心,还能带动乡村经济发展,提升乡村居民生活水平。

---

① 李可玉,李泓蓉.乡村振兴视域下"三农"短视频的乡村文化传播研究.沈阳文旅,2024(3):110-112.

第四章　国内外高校以"艺"助力文化建设的发展实践

第四章将深入探讨高校艺术教育在思政育人与文化建设中的深化作用,尤其是在乡村振兴和文化产业整合方面的多维实践。本章首先对国内外艺术教育的发展现状进行了系统分析,强调了艺术教育与思政教育的互促关系,揭示二者在培养社会主义建设者和接班人中的重要作用。接着,通过案例分析,强调艺术教育在提升学生综合素质、增强文化自信和推动地方经济发展中的实践意义。总结部分指出,艺术教育作为文化软实力的重要体现,其在新时代背景下的创新与发展对推动文化建设至关重要。

第一节　国内高校艺术教育的发展脉络与趋势

本节分析了国内高校艺术教育的发展脉络与趋势,阐述了传统艺术教育向现代综合艺术教育转型的过程。随着社会需求的变化,艺术教育逐渐走向以培养创新能力和人文素养为核心的多样化发展道路。通过分析近年来的教育改革与实践,指出在增强文化自信、提升学生素质以及服务社会的过程中,艺术教育的角色愈发重要,成为连接教育、文化和社会的桥梁。

中国作为一个拥有几千年历史的文明古国,拥有绵延不绝的灿烂文化。艺术作为文化的特殊形态,以其独特的表现方式承担着文化传承、文化交流、文化传播的功能,通过艺术作品不断传递出特定文化的价值观和思想观念。自先秦以来,中华大地便建立起了完善的艺术教育体系,如崇尚文人雅士的儒家涵养、宫廷乐舞教学等,这些体系不仅孕育出卓越的艺术才子,也促进了文化的传承发展,为后代艺术与文化发展打下牢固基石。传统中华艺术形式别具一格,包括绘画、书法、音乐、舞蹈、戏曲等,承载了厚重哲学智慧和文化精髓,映照了民众对自然、社会、人生的独到领悟。中华文明看重师徒相传,师颁技艺、传承智慧,而学者则恭谨求学、虚怀领悟,这种传统教学模式推动中国艺术教育深入人心,亦保障了传统艺术教育之持续传承。如今,中国的艺术教育不断发展和创新,在继承传统的同时,也不断吸收和借鉴国外先进的教育理念和方法,为中国的艺术教育注入了新的活力,使之更好地适应社会需求,为中华文化的传承与创新提供了重要支持。

随着社会的快速发展,人们的审美追求不断演变,艺术教育模式也在不断革新,以满足时代的需求。近年来,中国教育改革不断深化。2019年4月2日,教育部发布了《关于切实加强新时代高等学校美育工作的意见》,指出"学校艺术教育是培根铸魂的工作,提高学生的审美和人文素养,全面加强和改进艺术教育是高等教育当前和今后一个时期的重要任务"[①]。2020年10月15日,中共中央办公厅、国务院办公厅印发了《关于全面加强和改进新时代学校美育工作的意见》,要求"把美育纳入各级各类学校人才培养全过程,贯穿学校教育各学段"[②]。高校艺术教育事业的发展已成为当下中国教育改革中一项关键的议题。当前,高等院校内的艺术教育内容呈现多样化的发展态势,教学内容涵盖国画、戏曲、书法、民族歌舞、传统建筑和诗词等各种具有艺术内涵和价值的形式。这些艺术形式有助于提升学生的审美

---

① 中华人民共和国教育部. 教育部关于切实加强新时代高等学校美育工作的意见. (2023-05-07)[2024-10-22]. http://www.moe.gov.cn/srcsite/A17/moe_794/moe_624/201904/t20190411_377523.html.

② 中共中央办公厅　国务院办公厅印发《关于全面加强和改进新时代学校体育工作的意见》和《关于全面加强和改进新时代学校美育工作的意见》. (2020-10-15)[2024-10-22]. http://www.xinhuanet.com/politics/zywj/2020-10/15/c_1126616323.htm.

水平,激发他们发现、鉴赏、弘扬和创造美的能力。通过人文精神的引领,学生能够不断提高实践、学习、思维建设等方面的能力,综合素质得到全面发展。然而,部分高校仍然存在教育理念守旧、缺乏特色课程等问题,难以实现艺术教育的目标。

　　基于此,为了提高高校艺术教育的质量,以艺术建设高校文化,总结我国高校艺术教育的发展轨迹、现状,探讨未来高校艺术教育发展趋势,变得尤为关键。

一、国内高校艺术教育的发展轨迹回顾与分析

　　我国高校艺术教育的发展经历了多个阶段,从最初的传统形式到现代化的多元发展模式,中国古代的艺术教育主要以传授技艺为主,注重技法的传承和继承;而现代高校艺术教育的雏形可以追溯到清朝末年民国初期的西学东渐,艺术教育的形式逐渐受到改革思潮的影响,尤其是新文化运动的兴起,西方现代艺术思潮和教育理念逐渐被引入,为我国的艺术教育注入了新的活力和理念。20世纪以来,中国开始引进西方的美术、音乐、戏剧等艺术教育体系,我国高校艺术教育逐步走向现代化,各类艺术院校和专业不断涌现,培养了大量的艺术人才,最早的艺术教育机构可以追溯到1918年成立的北平艺术专科学校(今中央美术学院),为我国的文化事业和艺术发展做出了积极的贡献。1949年新中国成立后,高校艺术教育得到了更多的发展,各类艺术院校相继成立,形成了包括美术、音乐、戏剧、舞蹈等多个门类的艺术教育体系,高校艺术教育队伍逐渐发展壮大。直至今日,随着社会经济的发展和文化交流的深入,当代艺术教育逐渐强调数字化、跨界融合,形成了"大思政课"背景下的实践教学模式等。

(一)中国古代艺术教育的萌芽

　　中国古代艺术教育的萌芽可以追溯至早期的奴隶社会和封建社

会。艺术教育最初由长辈或专门的艺术家通过口口相传的方式传承给后人,这种传统的艺术教育注重个体技艺的培养以及心灵的感悟,能够帮助后人掌握技艺并理解技艺背后所蕴含的情感与思想。

随着社会的不断发展,封建王朝开始兴起,艺术教育也逐渐走向制度化。在商周时期,伴随着礼仪制度的确立,宫廷开始正式设立专门的礼仪教育机构,为贵族子弟提供系统的礼仪仪式教育。

伴随社会的进一步发展,儒家思想的兴起对艺术教育产生了重要影响。在春秋战国时期,孔子提倡"礼乐教人""中正和一"等教育理念,强调通过礼乐教育培养人的道德品质和审美情操。[1] 在这种思想的影响下,礼乐教育逐渐融入全面的人格修养之中,成为古代中国艺术教育中尤为重要的一环。到了秦汉时期,我国的艺术教育进入了一个新的阶段。这个阶段,艺术教育的主要目的是传播国学文化和培养官吏的文艺素养,它依托于贵族教育制度,以礼记、书经、行考和国学为主要的教育内容,同时,一些综合性的文化学府开始出现,为我国艺术教育的进一步发展奠定了坚实的基础。

总体上,我国古代艺术教育的萌芽经历了从个体传授到制度化教育的演变过程,不仅展示了古代艺术教育的丰富多彩,也为后世艺术教育的发展奠定了重要基础。

(二)西学东渐与近代艺术教育的兴起

清朝晚期至近代初期,随着西方列强的逐渐入侵和中国与国际接触的增加,大量西方近代科学、艺术、文化等知识开始传入中国,开启了西学东渐的历史进程,对当时中国的艺术教育产生了深远影响。

19世纪末20世纪初,近代艺术教育在中国开始迎来新的发展机遇。戊戌变法后,兴办各类学堂、学院成为社会热点,中国开始引进西方的美术、音乐、戏剧等艺术教育体系,一些留学生开始学习西方的艺

---

[1]　广少奎.中国教育活动通史.济南:山东教育出版社,2017:120.

术教育理念,回国后成立了一些美术学校、音乐学校等艺术教育机构,为推动近代艺术教育的发展奠定了基础。1918 年成立的北平艺术专科学校是中国现代高等艺术教育的开端。[①] 自此以后,相继成立了相当一批新式学校、美术学院等,培养模式不再单纯沿袭文人绘画传统,而是结合西方现代艺术理念及绘画技法,旨在培育受教育者的审美意识、创作能力和批判思维。与此同时,中国艺术教育还受到了日本、欧洲等地艺术教育改革思潮的启发与影响。以中国近代绘画家张大千为例,其曾在日本留学期间深受西方现代绘画潮流影响,将西方绘画技巧融入中国传统绘画之中[②],创作出一系列独具风格的艺术作品,为中国艺术教育的近代发展做出了重大的贡献。

简言之,西学东渐与近代艺术教育的崛起,为我国艺术教育注入了崭新活力与创新思想,加速了中国艺术教育发展的现代化进程,为培养具有国际视野和创新能力的优秀艺术人才奠定了坚实基础。

(三)新中国成立后的艺术教育发展脉络

1949 年,随着新中国的成立,高等艺术教育获得了更为广阔的发展舞台,经历了一连串重大变革与发展,也为培养杰出艺术人才、繁荣当代艺术事业做出了颇多贡献。在此时期内,艺术教育发展历经了若干关键阶段。

新中国成立初期,为积极推进社会主义文化建设,政府着手开展艺术教育改革,先后设立了一批美术院校、音乐学院和舞蹈学校。例如,1949 年在天津、上海先后建立的中央音乐学院、上海音乐学院,1950 年成立的中央美术学院等,为大批青少年提供了系统科学的艺术教育培训机会与平台。同时,各类文艺团体和工作室的涌现,为人才培养和艺术创作提供了更加多元的前景与方向。

---

① 曹庆晖.北平艺专留日中国教员及日本教员辑观.美术大观,2022(8):45-61.
② 周萍萍.二十世纪早期留日美术家与中国美术的现代变革.北京:中央民族大学,2023.

　　1980年7月,中国政府提出了"文艺为人民服务,为社会主义服务"的指导思想。这一时期,徐悲鸿、齐白石等杰出艺术家和教育家,为中国当代艺术教育的发展贡献了显著力量,并且艺术教育开始融合中国传统艺术与西方现代艺术,形成了具有中国特色的教育体系。20世纪七八十年代,中国艺术教育逐渐朝着多元化方向发展,各种不同类型的艺术教育机构相继兴起,涵盖了绘画、音乐、舞蹈、戏剧等艺术表现形式。

　　随着改革开放的深入,中国的艺术教育进入了一个新的发展阶段。不仅各类高等艺术院校得到了长足发展,艺术教育也开始向基层延伸,社区教育、艺术培训机构等不断发展壮大,为更多人提供了学习艺术的机会和平台。现代科技的创新建设和发展也为艺术教育教学带来了新的可能,为艺术教育提供了多样化发展路径。

(四)新时代艺术教育的现状

　　新时代以来,我国陆续出台了一系列助力艺术行业发展的政策文件,旨在促进艺术人才培养和就业。数据显示,2019年,国内旅游直接就业2825万人,旅游直接和间接就业7987万人,占全国就业总人口的10.31%。[①] 文化产业作为中国经济增长新引擎之一,对艺术人才的整体需求持续增长,各类文化机构与企业对具备艺术背景和专业技能的人才需要迫切。2022年4月,文化和旅游部、教育部共同印发《关于促进新时代文化艺术职业教育高质量发展的指导意见》的通知,文件为中国文化艺术职业教育的发展提供了明确的指导和支持,以期培养更多高素质的文化艺术技能人才,推动社会主义文化强国的建设。[②] 同时,文化部门也推出了艺术人才奖励计划等多项扶持措施,

---

① 中华人民共和国文化和旅游部. 2019年旅游市场基本情况. (2020-03-10)[2024-10-24]. https://www.mct.gov.cn/whzx/whyw/202003/t20200310_851786.htm.

② 文化和旅游部 教育部关于印发《关于促进新时代文化艺术职业教育高质量发展的指导意见的通知》. (2022-04-15)[2024-10-24]. https://www.gov.cn/zhengce/zhengceku/2022-04/25/content_5687005.htm.

为艺术行业人才搭建了广阔的发展平台。

随着社会的发展和人们审美观念的多元化转变,艺术表现形式和内容也在不断拓展和创新,社会对多样化艺术人才的需求逐渐增加,不仅需要具有扎实专业基础的传统艺术人才,更需要具有创新意识和跨界能力的新锐艺术人才,以满足不断变化的市场需求和观众口味。

随着改革开放的深入和社会经济的快速发展,社会对艺术人才的需求不断增加,因此,中国高等艺术教育在迎来新的发展机遇的同时也要不断推动发展模式的革新。艺术教育开始向多元化、国际化方向发展,一些艺术院校开始引进国际先进的教育理念和教学方法,艺术发展朝着与国际接轨的方向努力,艺术教育开始注重学生的创新能力和实践能力培养,鼓励学生在学习过程中进行跨界合作和实践探索。

目前,我国艺术教育正经历一场革新之风,以应对社会进步和人才培养的现实需要。在艺术教育领域,涌现出众多新现状,呈现出许多新趋势。比如,"艺术交流生"计划为学生提供了跨领域学习和交流的机会,推动青少年在不同文化背景下接受艺术教育,扩展视野、开拓思维。国际化的艺术交流有助于提升国际视野与跨文化交流能力,培养具备全球视野的艺术人才。另外,结合艺术与数字技术优势也是一种新趋势,通过学习数字艺术,掌握计算机软件和新媒体技术,学生能够创作出更具创新性和未来感的作品。

在"大思政课"背景下,探讨艺术教育与跨学科、跨领域、社会各方面融合的创新模式将成为一种重要的教育探索,更是对传统艺术教育范式的一次有益尝试。这种模式强调培养学生的社会责任感和批判性思维,使艺术创作与社会问题密切结合,不仅追求审美表达,更注重艺术作品对社会的反响和引导作用。一方面,此种模式鼓励学生走出象牙塔,积极融入社会实践,深刻体悟社会需求与挑战。借助参与社会项目、实地考察等方式,学生能够感知社会现状,并将社会经验融入艺术创作,使作品更具现实意义与社会关怀。例如,部分艺术学生参与社区文化活动、环保公益活动等,将艺术作品与社会实践相结合,进而展现出自己对社会变迁与进步的审思。另一方面,艺术教育的创新模式也鼓励学生用创作表达社会关切。学生可以选择关注人权、环境、社会公平等议题,并运用迥异的艺术形式来表达和反思社会问题,有助于激发学生的创造力和表达能力,引导他们关注社会现实。

当前我国的艺术教育正朝着多样化和多方面的发展趋势发展。"艺术交流生计划""艺术+数字技术"等创新模式都是艺术教育革新的重要方向。在"大思政课"的建设背景下,跨学科交叉、社会需求导向、数字技术融合以及社会责任感业已成为艺术教育领域的关注焦点,倡导艺术教育创新模式,旨在培养具有创新精神、实践能力和社会意识的艺术人才,为我国艺术教育未来发展开拓无限可能。

二、"大思政课"背景下艺术教育创新模式的发展成效

思政理论课必须持续改进,提升教育亲和力和针对性,以满足学生成长发展的需求和期待。此外,其他学科也需承担相应责任,与思政理论课协同推进,形成综合效应。在高等教育领域,高校艺术教育在各门课程中占据着重要且较大的位置。

在高等教育中,广义的艺术教育包括学校文化活动、大学生艺术表演、艺术活动进驻校园和艺术课程,涵盖各种艺术形式的教育指导。高等院校的思想政治教育和艺术教育之间存在密切的互动关系,两者相辅相成。在这种关系中,思想政治教育被视为艺术教育的基础,而艺术教育则是思想政治教育的平台和实施途径。

在"大思政课"背景下,高校艺术教育的创新模式旨在融合艺术教育与思想政治教育,培养出德智体美劳全面发展的社会主义建设者和接班人。其主要强调艺术教育要与社会主义核心价值观相契合,引导学生树立正确的艺术观、审美观和人生观;通过审美教育,培养学生对美的感知和欣赏能力,进而引导他们积极参与社会和国家建设;鼓励学生通过艺术实践参与社会公益活动,传递正能量,实现艺术作品与

社会责任的有机结合；倡导创新、包容的艺术教育模式，培养学生的创造力和独立思考能力，同时注重思政教育的引导和塑造，等等。

伴随当下高校艺术教育创新模式的日新月异，其多年的发展成效也在不断积累和提升，对培养更优秀的艺术人才和推动整个艺术领域的发展起到了积极的推动作用。

（一）搭建新时期学生思想政治教育的新载体

在经济转型和社会变革的时代，大学生的思想表现出多元、多样、多变的特征，因此学生思想政治教育面临着前所未有的挑战。[①] 将思政与艺术教育相结合的模式，通过跨学科融合、跨文化交流等形式，拓展了传统艺术教育的范畴。学生在这个新模式下不仅能够接触到更广泛的知识和思想，还能够发挥创造力和想象力，提升问题解决能力。开放式的教育氛围让学生在实践中吸纳不同文化、思想的精华，拓宽视野，去感受更多元、丰富的世界。此模式注重培养学生的社会责任感与思辨能力，使学生提升在审美领域创造性思维的同时，也更深入地理解社会现实与人文精神；同时，有助于将艺术与社会、伦理、政治等议题相融合，培养出具有社会责任感和民族精神的杰出艺术人才。

思政与艺术教育相结合的艺术教育模式在新时期思想政治教育中扮演着重要的角色，既传承了传统的思想政治教育内容，又顺应了时代发展的需求，促进了高校教育教学体系的改革与创新，为创造未来全面发展的社会主义建设者和接班人提供了有效的路径和实践平台，为构建人类命运共同体和实现中华民族伟大复兴提供了有力支持。

（二）构建践行社会主义核心价值体系的新渠道

思政与艺术教育相结合的艺术教育模式注重培养学生的创新意

---

① 葛阳阳，陆岩.思想政治教育视域下大学生志愿服务成效及发展路径.思想政治教育研究，2012(6)：74-76.

识和实践能力,引导学生从实践中感悟社会主义核心价值体系的内涵和精神,通过艺术作品表达对社会主义核心价值观的理解。这种教育模式倡导尊重个性、鼓励多样性,结合思想政治教育的理念,引导学生思考艺术与社会、文化之间的关系,培养他们对社会现实的关注与批判意识,激发他们参与社会实践和公共事务的积极性,进而引导学生形成正确的世界观、人生观和价值观,树立正确的人生目标和价值取向。

思政与艺术教育相结合的艺术教育模式强调通过开展跨学科合作和社会实践,促进学生全面发展,激发学生的创造力和探索精神,培养他们成为具有社会责任感和使命感的艺术人才,为社会主义建设贡献力量。通过创新型艺术教育,学生不仅能够接受专业知识和技能培训,更重要的是在实践中融入社会主义核心价值观,有助于培养德智体美劳全面发展的社会主义建设者和接班人。

(三)拓展高校校园文化生活的新方式

思政与艺术教育相结合的艺术教育模式借由艺术展览、演出、工作坊等丰富多样的艺术活动,为学生提供展示个人才华和创意的平台,激发学生的艺术潜能和创造力,充实了校园文化生活的内涵。此形式倡导跨学科融合,促进多元文化交流,增进个同学科领域之间的合作沟通,开阔学生视野、提升认知层次,推动了校园文化向多元化和国际化发展。

思政与艺术教育相结合的艺术教育模式注重理论与实践相结合,培养学生的批判思维与审美情感,提升他们对艺术作品的理解与欣赏水平,促进校园文化氛围艺术化与人文化建设,丰富了学校的文化底蕴和内涵,为高校的校园文化生活注入了新兴元素、形式,助力学生全方位能力提升与独立性成长,提升高校的文化软实力,为校园文化建设注满活力与动力。这一教育模式的推广实践必将进一步促进高校文化教育的卓越发展,丰富学校的教育教学内容,为培养具有创新精神和文化素养的人才打下坚实基础。

(四)创新促进学生思维能力提升发展的新手段

思政与艺术教育相结合的艺术教育模式注重培养学生的创造力和想象力,鼓励他们独立思考、勇于创新。通过艺术实践与艺术表现,激励学生思考如何巧妙传达个人观念和情感,激发其独立思考与创意思维。此外,这一模式强调跨学科合作和整合,让学生汲取不同领域的启示和知识,推动多元思维方式的碰撞与融合。学生需在艺术创作中融会贯通各种要素和理念,锤炼跨学科思考和综合能力。该模式注重培养批判性思维与审美鉴赏能力,推动学生深入分析和评价艺术佳作,增进青少年群体的批判性、逻辑性与情感认知。这种教育模式在丰富学生的认知和审美经验的同时,亦有力地助其未来学业和职场之发展。

(五)创造有利于高校艺术教育质量提升的新机遇

思政与艺术教育相结合的艺术教育模式着重于培养学生的实践能力和创新意识,鼓励他们通过切身的艺术表现与创作不断提升个人的艺术修养和能力。这种实践性教学方式强化了学生的动手能力和实际经验,使他们在创作过程中不断积累并进步。同时支持学生的独特发展和自我表达,鼓励学生基于个人特长和兴趣进行艺术探索和实践,增强他们的自主学习和管理才能。这种个性化教育模式有助于激发学生的学习热情和动力,助推他们在艺术领域中深耕发展。

高校艺术教育工作者们在不断探索教学方法和评估方式的过程中,使得高校艺术教育更趋于个性化和多样化,以满足不同学生层次和需求,进一步完善教育体系,提升教育教学质量。思政与艺术教育相结合的艺术教育模式倡导交叉学科协作和多元文化交流,引入各学科领域的先进理念和技术,为学生提供了更为广泛的学习空间和发展平台,交叉融合的方式激发了学生的创新潜力,拓展了他们思维的广度、深度与高度。

　　思政与艺术教育相结合的艺术教育模式同样是高校艺术教育模式的创新,其积极影响不仅体现在学生自身的发展和提升上,更体现在为社会培养出更具创造力、责任感和社会认同的综合型人才奠定了重要基础。这种以思想政治教育为视角的艺术教育创新模式,对于构建终身学习型社会和推动文化艺术繁荣发展具有重要意义。

三、国内艺术教育的未来发展趋势预测

　　未来,我国高校艺术教育将继续朝着多元化、国际化的方向发展。纵观近两年来出台的多个艺术教育相关政策文件,一方面对高校艺术类专业招生及人才培养提出了新的要求;另一方面为学校艺术教育及校外艺术培训的发展做出了明确规范,指明了正确方向。

　　艺术是必修课,艺术素养是学生综合素质评价的重点。过去,学生每周只有一两节音体美类课程,在许多家长的观念里,美术都是一门选修课程。如今,新课标全面实施,明确了美术课程的主线地位,美术已经成为实打实的必修课。

　　校外艺术教育备受重视。2022年11月,《教育部等十三部门关于规范面向中小学生的非学科类校外培训的意见》中强调,全面规范非学科类培训,使其成为学校教育的有益补充,促进学生全面发展和健康成长。[①] 2022年,教育部举办的"教育这十年""1+1"系列新闻发布会中指出,近87%的学生在中小学接受了艺术教育。2021年10月,《人民日报》刊发《构建校外艺术教育新格局》,肯定了校外艺术教育的重要性,指出要全面构建校外艺术教育新格局。近几年,社会各界对于校外艺术培训的关注度普遍升高。"双减"之后,

---

① 教育部等十三部门关于规范面向中小学生的非学科类校外培训的意见.(2022-11-30)[2024-10-22]. https://www.gov.cn/zhengce/zhengceku/2022-12-29/content_5734105.htm.

学生接受校外艺术培训的时间明显增多,越来越多的家长意识到少儿美术教育,对于提升学生的想象力、创造力,以及审美能力和综合素养方面的重要作用,少儿美术几乎成为家长为孩子规划的校外艺术培训类首选课程。

艺考生文化课成绩要求大大提高。2022年11月,教育部发布的《2023年普通高等学校部分特殊类型招生基本要求》中明确指出,提高艺术类各专业高考文化课成绩录取控制分数线。要求艺术类本科专业高考文化课录取控制分数线,原则上不得低于本科第二批次录取控制分数线的75%。① 艺考整体对学生的文化成绩提出了更高要求,这是落实全面素质教育的必然体现。未来,学生若想成功通过艺术考试进入心仪的大学,就需要在文化课上付出更多努力。

随着艺术教育产业的整体兴起,社会对艺术人才的需求将变得更加多元化。高校艺术教育需要更加重视不同学科间的融合和创新,以培养兼具专业素养、跨界思维和能力的艺术人才。同时,高校艺术教育也需更加注重学生的创新能力和实践能力培养,鼓励其在学习中开展跨界合作与实践探索,为未来的艺术创新和产业发展带来强劲活力。在跨学科融合趋势下,中国高校艺术教育将从多个方面着手,以适应未来文化产业发展和人才培养的需求。例如,强化跨学科合作与交流,通过打破传统学科壁垒,不同专业之间将展开更多的合作,促进知识的交叉传播和融合;进一步加强实践教育,高校艺术教育将注重培养学生的实际操作能力和创新思维,为学生提供更多的实践机会与项目,让他们在实践中不断探索和提升;高校将着重培养学生的创新意识和创新能力,鼓励他们在学习和实践中积极探索,勇于突破传统界限,激发创造力,推动艺术创新与产业发展;数字技术将与艺术教育相结合,培养学生的数字创作能力与新媒体应用能力,使学生具备应

① 中华人民共和国教育部.教育部办公厅关于做好2023年普通高等学校部分特殊类型招生工作的通知.(2022-10-31)[2024-10-22]. http://www.moe.gov.cn/srcsite/A15/moe_776/tslxzs/202211/t20221111_984077.html.

对未来数字化艺术发展的能力;国际交流与合作也将成为重要方向,高校将积极开展国际合作与交流,引进国际先进教育理念和经验,拓宽学生的国际视野和跨文化交流能力,提升学生的全球竞争力,等等。

(一)推进学科融合

随着科技与艺术的结合越来越紧密,数字艺术、虚拟现实、人工智能与艺术创作等交叉学科将得到更多关注。高校应加强不同学科之间的合作,培养具有跨界思维和创新能力的艺术人才。

(二)强化国际交流

高校应持续引进国外尖端教育资源,设置国际化课程,组织学生参与国际交流与合作项目,培养学生的国际视野和跨文化交流能力。同时,还应深化与海外艺术院校的合作,促进师生进行国际交流。

(三)深化实践教学

高校应深化与文化产业和艺术机构的合作,为学生提供更丰富的实习、实训和实践机会,使他们得以在实际项目中磨炼专业技能,施展创作才华。此外,高校也应鼓励学生参与社会实践项目,培养其实践能力和创新精神。

(四)创新教育模式

高校应推出跨学科课程,鼓励学生探索跨领域合作和创新实践,致力于培养富有创新精神和实践能力的艺术人才,同时应注重塑造学生的全面素养,倡导学生综合发展,不仅注重专业技能的培养,还关注人文修养和社会责任感的提升。

(五)对接社会需求

高校应积极推进产教融合项目,邀请业内专家亲临授课,策划学生参与社会实践计划,促进学校与社会的密切互动。这有助于提高教育水平,培养更符合市场需求的艺术人才。

(六)培养多维人才

随着我国文化创意产业的全面兴起,高校应更注重培育学生的创意能力和创业精神,鼓励他们参与创意设计、文化传播以及艺术管理等实践项目,培养适应文化产业发展需求的专业人才。

总体而言,我国高校艺术教育的不断发展同样面临着机遇与挑战。高校需要不断调整和改进教育体系,加强与社会需求的融合,以培养更符合时代发展需求的艺术人才。

第二节　国外高校艺术教育的多样化实施路径

本节聚焦国外高校艺术教育的多样化实施路径,具体分析了英国、美国、日本等国家的艺术教育特点。英国以理论与实践相结合的方式,推动创新思维的发展;美国更注重个性化与实践能力的培养,重视学生的主动参与;日本则通过参与式学习,强调文化传承与创新的融合。通过对比,本节探讨了如何借鉴这些成功经验,为我国高校艺术教育的改革与发展提供启示,促进更具国际竞争力的人才培养。

一、国外主流高校的艺术教育发展概况

国外教育界对艺术教育始终持有其自身的深刻理解,关于艺术教育的教学目的,他们普遍认为美术教育承载着三个基本目标:首先是满足个人的愿望,其次是传递文化遗产,最后是艺术社会角色的确

认。① 这三个目标相互交织，共同构成了西方艺术教育的核心理念。在国外高校艺术教育体系中，教育不仅仅是教授技巧，更重要的是培养学生的人格和全面发展。这种全面发展的理念体现在艺术教育与人文社科、自然科学的交融中。技巧固然重要，但更重要的是通过艺术表达个人的思想、情感和观点。这种转变不仅使艺术教育更加具有人文关怀，也更能激发学生的创造力和创新精神，艺术不再是孤立的，而是与社会科学、自然科学等其他学科紧密相连的，艺术与其他学科一起以培养全面发展的人才为目标。在这种教学理念的指导下，国外的艺术教育更加注重个人观念的表达。

国外艺术教育模式强调人的全面发展，坚持以人为本的原则，主张提高学生对学习的自觉主动、自主思考、解决问题的能力。在教学和艺术创作的过程中，通过引导、讨论的方式帮助学生找到问题的答案，旨在培养学生对专业的深刻认识，形成批判性思维和创新能力。其中，英国、美国和日本最为典型，分别代表了三种不同的艺术人才教育和培养方向。

(一)英国皇家艺术学院艺术教育模式

大众化是英国艺术教育的显著特点，主要表现在大学接受艺术教育的学生人数与开设艺术课程的规模和数量之间的相互关系，以及对艺术教育目标和对艺术理解的演变，艺术教育上注重艺术与人文科学结合的方式培养复合型艺术人才。20 世纪 70 年代，由阿彻、贝恩斯等人为代表的研究团队领导了英国青少年设计教育运动，他们将艺术教育的问题归结为教学活动之间缺乏知识的连通性、教学过程缺乏专业的师资和活动、艺术教育在升学教育阶段处于不利地位三点。由此，他们提出了"行动"和"探究"相结合的教育实践运动——"家门口"，集结了三百所综合中学的参与，项目试图通过多种方法进行引导，让学

---

① 唐长安.谢筱冬.国外美术教育教学模式借鉴研究.美术教育研究.2013(17)：122-
　123.

生在实践的过程中采用绘画、摄影、笔记的方式对社区环境进行观察、思考、构想和表达,最终建立起包含五个阶段的连续环节(见表 4-1)。在这场英国教育运动的实践中,在"设计意识"的影响下,最终建立了以技术为主导的物质文化基础,以培养"设计意识"为目标,以实践性知识学习和行动研究为手段的"英国模式"。① 这场运动的领导人阿彻、贝恩斯等人都来自英国皇家艺术学院的研究团队,他们对艺术和设计有着自己深刻的理解和认识,比如,阿彻所秉持的青少年设计教育目标是让人人都能通过接受合适的基础教育发展出良好的设计意识,从而理解、掌握和处理好技术主导的现代物质文化问题,最终恢复公众对环境、规划、社会和美学问题的敏感性与信心。

表 4-1 "家门口"项目的教学环节(《基础教育中的设计》报告)

教学环节	教学模式	教学目的	绘画与摄影的作用
我在体验什么?	街头工作	深入观察环境,为研究和分析打下基础	作为笔记,帮助记忆并记录感知与灵感
我为什么这样想?	工作室学习	培养梳理、洞察、思考与阐述原始材料的能力	作为对原始观察进行会议、交流、解释的载体
	非正式学习	引导共同工作和相互学习	—
我如何解释和证明自己的想法?	小组展示	进一步探讨与认知建筑与环境的意义,培养形成观点的能力和表达能力	组成演示材料
这可能会是怎样的?	设计活动	构想建筑环境的未来,培养想象力、创造力和同理心	对方案进行研究、创造和可视化
我可以证明对此处的构想吗?	小组展示与讨论	培养逻辑性地推导和阐述环境的未来及其潜在变化的能力	形成展览,展示小组的经验、论点和建议

在不同年代,皇家艺术学院总能培养出对设计、艺术有影响的人,自 2015 年至今,皇家艺术学院在 QS 世界大学艺术与设计学科排名中稳居世界第一,被誉为"全球艺术家与设计大师的摇篮"。一方面,皇

---

① 张磊,刘蓝静.英国早期青少年设计教育运动研究——以皇家艺术学院为中心的考察(1974—1995).南京艺术学院学报(美术与设计),2023(1):180-186.

家艺术学院的成功得益于它正向的价值体系吸引了大量有理想的人；另一方面，校园良好的学术氛围、先进的教学理念和独特的教学方式造就了一批充满创新、思辨、"放开"思想和行动的人才、培养出众多引领时代的设计师。首先，作为当今全球唯一的全研究制艺术院校，皇家艺术学院在教学理念上注重理论与实践相结合的教学模式，既鼓励支持学生通过论文和课题开展基础理论的研究，形成逻辑思维，夯实理论支撑，又注重实践教学，学校给每个专业都配备了工作坊和学科建设所需要的各类加工设备，以便学生和老师将想法付诸实际，不断挖掘学生的潜能，不断进步。[1]　其次，皇家艺术学院教学会通过辅导课、研讨会以及个人或团体项目来支持、引导学生开展学习，与国内教学方式不同的是，该校教学强调主动性，以教师为牵引，以学生为主导，注重学生独立思考的能力、解决问题的过程。例如，在教学的过程中，教师只是在不断的追问中，根据学生的特点提出学习意见，让学生个人形成对知识的认知，明确学习和研究的目的，但不会直接告诉学生应该怎么做。在这样的学习过程中，学生会形成观点的创新、内容的创新、作品的创新。除此之外，学校鼓励不同学院的学生开展跨学科交流，这主要通过学院开展的系列讲座、研讨会以及春季学期的系列跨学科性质课程实现，通过交叉学科的学习，学生能够碰撞出更多思维上的火花。

皇家艺术学院作为当今全球唯一的全研究制艺术院校，其艺术教育和培养模式在跨学科合作与创新、注重实践和社会责任、培养国际视野与全球意识等方面做出了重要贡献。一方面，学院鼓励学生从不同的文化视角和学科背景出发，主动去探索艺术与设计的交叉领域。皇家艺术学院的学生和教师来自世界各地，其环境充斥着文化的多样性，这样的环境为艺术研究提供了得天独厚的交流机会，同时，学生们也可以在这样的环境中更好地理解世界各地文化的联系与差异。这种跨学

---

[1]　林楠.宋瑞雪.英国皇家艺术学院：培养引领时代的设计师.设计,2020(24):84-87.

科、跨国际的交流研究,不仅有助于拓展学生思维方式和创意表达的路径,还促进了不同文化之间的交流融合,为文化的全球化和多样化做出了贡献。另一方面,皇家艺术学院将艺术作为一种力量来促进社会变革和文化发展,鼓励学生将所学的艺术理论知识与实践相结合,这种注重实践的教学方式,可以使学生们能够更好地将所学的艺术知识与现实联系起来,为社会的进步和文化的繁荣贡献出自己的力量。

(二)美国茱莉亚音乐学院艺术教育模式

美国是全球最大的艺术市场之一,拥有世界一流的艺术院校和教育机构,艺术教育体系多样化、专业性强,涵盖各个艺术门类,艺术家在全球范围内具有很高的影响力,美国艺术在国际上具有很强的竞争力和影响力,研究美国艺术教育对于研究国外高校艺术教育模式具有深远意义。

美国艺术高校的教育体现出"专业化"的明显特征,强调学生亲身参与到艺术实践的过程,从教学方式和目标上更重视学生对于艺术感知能力的培养,注重通过艺术教育培养学生的智力与思维方式,反对一切灌输性质的教育,主张在教学过程中给予学生高度的自由,让学生能够充分发挥想象,结合规范化和流程化的教学体系发挥指导性和纲要性的作用,这与英国的艺术教育目标有一定的共通之处。美国艺术教育具有规范化、流程化、广泛化的学习体系,从幼儿园到高中阶段形成了包括艺术技能、艺术基础知识、地域文化内容在内的教育大纲。以茱莉亚音乐学院为例,该校创立于1905年,拥有世界顶尖的专业音乐学院、舞蹈学院、戏剧学院,致力于为8—18岁有艺术才能的青少年提供系统专业的音乐教育和指导,以高标准的艺术教育奠定了全美表演艺术教育的标准。在具体培养上,茱莉亚音乐学院实行综合性教学的模式:一方面,师资力量雄厚,来自42个国家的注册艺术家给学生开展教学,教师需经过专业系统的培训和学习,掌握多领域的知识和技能,能够灵活应用到教学实践中;另一方面,教学活动注重学生实际操作能力的培养,以音乐专业为例,学校通过与音乐厅、乐团建立合作关系,让学生与专业的音乐家进行合作;学校还会定期举办各类音乐会和音乐节,让学生参与到艺术的创作和表演的活动中,"茱莉亚"称:"学员将由专业教师、歌手、合作艺术家共同培养,拥有每年在世界一流音乐厅参加'Liederabend'(艺术歌曲音乐会)与'Sonatenabend'(奏鸣曲音乐会)的机会。"①由此可见,该校将"实践能力"与"合作能力"定位为教学培养的核心,注重学生在艺术表演、创作和团队合作方面的锻炼,让学生跳出生活、学习和创作的舒适圈,接触和尝试新事物,从而不断提升专业能力和水平。在课程活动的组织安排上,学校给予学生充分的自由和灵活度,学生需要在紧张的学习中根据自身实际情况和需求进行合理的时间安排和活动规划。这种自由如果能够得到合理的安排,就能够很好地发挥学生自我规划和管理的能力,帮助学生明确自身的优缺点,遇事形成独立思考的能力,知道"为什么、是什么、怎么办",并有效利用时间开展活动,有助于目标的完成,但是,过高的自由度也容易让学生放松警惕,使得教育缺乏建议和指导,让"自由"成为空中楼阁。最后,该校注重多元文化、跨学科知识教学,美国的艺术发展受到来自世界各地的文化、多种族、多民族的影响,形成了很多独特的艺术风格和创作形式。艺术教育内容不仅包含音乐、美术、表演等专业基础理论和实践课程,还包括商业、教育、疗愈等方面的课程,学校通过跨学科的教学模式帮助学生探索专业发展的不同方向,拓展知识面和职业发展的多种可能。其中,最常见的实践方式便是学校与社区合作。社区是社会的一部分,也是社会的基础,社区融合实践是多元文化融合学习的基础空间,学生可以参与校内外的艺术活动,参与相关俱乐部,融入社区,进而促进社会发展。

美国的茱莉亚音乐学院是世界著名的音乐学府,其艺术教育模式注重培养学生对音乐的深刻理解和批判性思维,这种教育理念有助于

---

① 杨焱.茱莉亚音乐学院钢琴艺术指导专业人才培养模式研究.音乐教育与创作,2023(4):14-20.

传承和发展音乐文化。学校不仅重视学生的技法训练，更注重培养学生对音乐背后的文化与社会背景的理解，这种综合性的教育模式有助于学生更好地理解音乐作品的内涵，从而推动音乐文化的传承与发展。在艺术交流与创新方面，该校致力于培养学生的创新能力和跨文化交际能力，在当今全球化的背景下，跨文化交流显得越来越重要，而音乐作为一种能够跨越语言和文化的艺术形式，具有独特的沟通力量。茱莉亚音乐学院通过开设多元化的课程和国际交流项目，不仅能帮助学生拓宽视野，增进对不同文化的理解，还能促进音乐文化的交流与传播。在社会文化建设上，该校通过举办公益音乐会、参与社区服务项目等教学方式，使学生将所学的音乐知识和技能应用于社会，为社会文化建设做出重要贡献，这种积极的社会参与，不仅能够传播音乐文化，还能够帮助学生提升社会责任感，树立文化自信心。茱莉亚音乐学院的艺术教育模式在传承与发展音乐文化、促进文化交流、营造社会文化氛围、提升社会责任感与文化自信方面，为音乐文化的繁荣与发展做出了积极的贡献。

（三）日本东京艺术大学艺术教育模式

日本艺术教育发展较西方更晚一些，受到美国经济大萧条期间公共艺术教育活动的影响，倡导将艺术教育活动与日常生活产生联系，让民众参与到公共艺术品创作的过程中。日本艺术教育注重传承和发展日本传统艺术，如日本传统音乐、舞蹈、绘画等；此外，在世界多极化、经济全球化的发展下，更表现出艺术教育趋向个性化、社会化、国际化的鲜明特征。在日本的人才教育培养过程中，高度重视艺术教育的部分，并将其作为培养德智体全面发展型人才的前提。以东京大学为代表，该校为基础美育单独设立学部，艺术教育和学习的培养目标不是习得的知识量或掌握多少技能，而是以提升学生基础美学素养为教育目标，即培养健全的人。

日本艺术教育表现出"参与式"的鲜明特征。东京艺术大学是日本唯一的一所国立性质的综合类艺术大学,开展世界一流的教育和研究活动,主要集中在音乐、美术设计类和视频艺术创作领域。作为日本国家专业艺术教育的标志,东京艺术大学拥有悠久的历史传统、独具特色的专业设置、强大的师资团队和卓越的人才培养模式,因而在国际上享有很高的声誉。"参与式"教育模式主要表现为"由外而内"和"由内而外"两种参与形式。其中,"由外而内"指的是社会对院校的关注与支持。艺术不是"美"自身的存在,不是孤立的社会现象,而是与环境、社会、文化等多重要素相互作用的奇妙组合。社会是由若干相互联系、相互作用的基本要素构成的具有一定结构和功能的有机整体,是全部社会关系的总和。① 艺术教育要来源于生活而回归于社会。东京艺术大学鼓励支持学生参与实践项目、比赛,打破学科、年级的专业壁垒,拓展专业领域之间的界限,通过实践项目增强对艺术的深刻理解和创新。日本濑户内国际艺术节始于 2010 年,借助艺术三年展的形式在濑户内海星罗棋布的海岛开展艺术创作。2019 年,东京艺术大学、美国芝加哥艺术学院共同合作参与主题为"流失的瞬间,移动的场景"的项目设计,聚焦日本及国内外当前的一个巨大社会问题,即移民问题,住在这片土地上的人们发生了变化,由原住民逐渐转变为原住民和来自各国的人民混合居住,结合社会热点问题开展思考和探索。在这个过程中,日本学生通过现场调研、讨论、思考,把课堂理论知识与具体实践项目的背景、现状结合起来考虑,带着现状和历史问题进行思考和感受,而美国学生在日本感受盆景文化、典型日式庭院、当地的历史遗迹,在体验和学习的过程中不断迸发出新的想法,把这些具有不同文化、地域、学习背景的人聚在一起,相互学习和交流,相互弥补自身的缺点、学习他人的长处,这种学习方式打破了国家及大学的结构和框架,是以单元主题为切入点,以全球化理念、地域属

---

① 李晓天.苟琳.个性化　社会化　国际化——日本东京艺术大学改革与发展的主要特征.人民音乐,2013(12):86-88.

性为特征的艺术创作的学习方式。① "由内而外"指的是高校参与社会活动和文化事业的程度。东京艺术大学通过举办艺术节、展演活动、学术交流会、开设公共艺术课程等方式,积极融入社会活动和文化事业的创建中。该校每年9月举办"文化祭"开放式大型艺术节,毕业季举办毕业生展演活动等,活跃了校内外艺术创作的氛围。除此之外,自2015年起,该校与巴黎国立高等美术学校、芝加哥艺术学院、慕尼黑美术学院等享誉国际的艺术学府先后开展合作,共同开展国际化课程。通过举办国际艺术节和学术论坛,以及发布有影响力的媒体内容,该校确立了东方文化在全球话语权的地位,在全球范围内促进了高等美术教育的一体化发展。② 不论是"由内而外"还是"由外而内"的教学模式,艺术教育都强调学生的体验和参与,在实践中不断提升和学习。

东京艺术大学的艺术教育模式高度重视文化传承与创新,在继承培育日本优秀传统艺术的同时,不断推动跨文化交流,培养学生的社会责任感和自身文化的自信心,主要可以总结为以下三点特征与优势:首先,东京艺术大学深入研究和传授传统艺术的技艺和精髓,积极融入国际化发展的步伐,跨越国家、地区、院校的合作培养方式,很好地传承和发展了日本文化。这种对传统艺术的传承不仅有助于保护和弘扬日本文化,也为国际文化交流提供了丰富的资源。其次,从东京艺术大学高度重视对学生创新精神和社会文化的培育中,可以看出在全球化的今天,跨文化交流和创新能力对艺术家来说至关重要。学校通过开设国际化的课程和举办国际性的艺术活动,为学生提供了拓宽视野、增进对不同文化的理解的机会,也促进了日本文化与世界各地文化的交流与融合。最后,东京艺术大学非常重视学生的社会责任感和文化使命感建设,"参与式"的教学方式让学生得以将所学艺术知

① 保科丰巳,乐丽君.东京艺术大学公共艺术参与式教学.公共艺术,2020(1):14-20.
② 保科丰巳,乐丽君.无限的可能性:东京艺术大学艺术项目课程及教学模式建构.公共艺术,2021(2):30-39.

识和技能应用于实践,为社会文化发展做出贡献。积极的社会参与不仅有助于传播日本文化,也为学生们树立了文化自信心,使他们成为推动文化发展的重要力量。

二、国外艺术教育的主流发展模式

国外高校艺术教育模式通常有两种:一种以英国的剑桥大学与牛津大学为代表,强调美术研究的人文学科基础,培养侧重美术理论的研究型人才,其艺术教育模式将美术专业深深地植根于综合性普通大学之中,认为美术不仅仅是技巧的练习,更是一种人文学科的探索。在这种模式下,学生不仅学习了绘画、雕塑等具体的艺术技法,还更加深入地理解了艺术背后的历史文化等人文因素。这种教育模式的目的是培养出具有深厚人文底蕴的艺术理论研究型人才。另一种是以加拿大康大美院为代表,把美术分别设置在对应的专业性艺术院校中,侧重培养专业艺术创作性人才,这种模式更注重学生对专业艺术技能的掌握以及创新能力的培养。在康大美院中,学生有机会深入研究各种艺术形式,譬如绘画、雕塑、摄影、设计等,通过实践创作,不断提升自己的艺术水平。同时,伴随着全球化的进程不断推进,世界各地的文化开始碰撞与交流,艺术教育也逐渐形成了新的发展趋势,这种趋势形成了以多元文化融合为特征,实践教育为基础,跨学科发展为导向,国际化交流为路径的主流艺术教育发展模式。

此外,国外艺术教育在课程安排上也主要分为两种类型。

其一是以美国为代表的单独开设课程的显性方式。大致可分为三种修读方式。第一种方式是以哈佛大学为代表的"核心探究课程模式",这种模式注重人文关怀,将前沿议题融入课程安排,而不是以特定的艺术门类为课程,课程包括民族性、国际性、女权等社会前沿议题,并结合跨学科通识教育与学生生活议题。通过开设的课程,从有趣的角度剖析艺术本体,比如,从古希腊文学中的英雄思考人类如何面对死亡,探讨音乐如何帮助人们寻找外星智慧,从传统表演和文化中思考民俗是抑制还是激发个人表达等议题。第二种修读方式是以麻省理工学院、斯坦福大学为代表的分布必修课程模式,强调实用性,例如,麻省理工学院的课程标题常简明扼要,充分发挥理科优势,如音乐与科技数字仪器设计、计算机艺术理论与实践等课程。而综合类学校则更着重人文色彩,涉及更开放性的议题,如好莱坞中的美国梦、非殖民化、女权主义、信仰与真实等,涉及宗教、存在主义与人性等主题。第三种是以哥伦比亚大学和芝加哥大学为代表,采用核心经典课程模式,开设数量庞大、种类齐全、分布均匀的课程。一门课程能够同时满足多个通识课程要求,例如,世界移民这门课可以同时满足社会差异、艺术与人文、社会科学、全球探索等四个模块的需求。尽管背后展现出不同的价值观,但这种多样化的开课方式本质上都是为了全面培养通识教育中的学生能力和素养。①

其二是以欧洲为代表,将通识教育融入专业课程中,被视为一种隐性方式。德国学者休伯认为,通识教育不应与学习者的专业领域脱节,而应该从专业领域本身开始。以牛津大学的学科专业联合模式为例,这种模式包括双学科专业(A+B)和三学科专业(A+B+C)。这种专业教育通识化的意义在于建立一系列相互关联的学科群,以横向关联不同学科内容和纵向提升难度来实现教育中的通识。通过整合课程设置,学生能够高效获取综合知识。以牛津大学为例,其隐性课程设计独具特色,涵盖了丰富多样的专业体系和课程结构。在牛津大学,学院和系作为下属机构,直接受学校管理,学院根据院区划分,系则依据学科分类,学院负责学生的注册和后勤管理,而系则承担制定专业教学计划、安排课程、进行授课和考核等教学工作。② 不同学院

---

① 李元欣.国外高校公共艺术课程和教学研究的进进与启示.美育学刊,2023(5):15-23.

② 刘会瑜.国外美术教育对我国成人美术教育的启迪.中国成人教育,2013(4):111-113.

的学生可以选择相同或不同专业,同一学院的学生可以跨系选修所需的课程。这种院系设置方式最大的优势在于促进学科交叉,拓展学生的知识广度,并培养多才多艺的人才;近年来,这种复合课程设置的趋势日益明显。英国基础教育已将艺术课程提升至与科学、数学、语言同等地位,成为中小学核心课程之一。牛津大学要求新生在入学后立即选择自己的专业方向,学校设有多种专业,有些专业单一,有些则跨学科综合。不同专业在内容、学科范围和学习期限上各有特色,形成了多样化的课程计划,而多学科交叉学习更显其独特魅力。虽然牛津大学艺术课程种类有限,但其专注于提高学生的艺术素养,开设的专业课程质量一流,学生可根据个人兴趣自由选择。与此同时,高水准的讲座和活跃的艺术团体为学生提供了丰富资源。校园内外充满艺术氛围,加之丰富的艺术资源和博物馆等设施,为非艺术专业的学生提供了优越的学习环境和提升艺术修养的机会,这些综合构成了牛津大学艺术教育的隐性课程。①

三、国外艺术教育的多样化实施路径与发展模式比较分析

国外艺术教育的发展路径可以概括为多元化、实践化、跨学科化和国际化等几个方面。其中,多元化是国外艺术教育发展的显著特征。不同国家、不同高校的艺术教育都有其独特之处,形成了各具特色的艺术教育体系。国外高校尊崇自由开放的艺术教育观,在涵盖了传统艺术领域,如绘画、音乐、舞蹈等的基础上,还广泛涉及新媒体艺术、设计艺术、影视艺术等艺术与新型技术结合的领域,使得学生能够根据自己的兴趣和特长选择适合的学习方向,将艺术与其他领域结合,满足不同学生的多样化需求,有助于培养学生的综合能力和创新思维。实践化是国外艺术教育蓬勃发展的基石。国外高校普遍认为,

---

① 刘自圣.中、英四所普通高校艺术类课程设置与实施情况比较分析.北京:首都师范大学,2007.

艺术教育不仅包含理论学习,更强调实践应用。在艺术教育中,实践学习被极度重视,通过设置实践课程、实验室、工作坊等方式,为学生提供充足的实践机会。学生可以通过参与艺术创作、表演、展览等活动,将所学理论知识转变为实际成果,提升艺术技能和创作才能。跨学科发展是国外艺术教育的重要趋势之一。在高校的艺术教育中,不再将艺术限制于单一学科范畴,而是与其他学科深度融合;例如,将艺术教育与设计结合、运用新型科学技术推动艺术创作、将艺术教育与人文社会科学融为一体等跨学科领域的发展,为学生提供更广泛的学习空间和更多的创新机会,这有助于培养具备综合素养和创新思维的跨学科综合复合型人才。国际化是国外艺术教育发展的大势所趋。随着全球化的推进,国外高校纷纷提高国际合作与交流的战略地位,引进国际先进的艺术教育资源,推动艺术教育的国际化发展。学生可以通过参加国际艺术交流项目、访问国外艺术院校、与国际艺术家合作等方式,拓宽国际视野,了解不同文化的艺术表现形式,提升自己的艺术包容性与竞争力。

此外,国外的艺术教育实践具有以下三个主要特点。

(一)鼓励独立思考

国外艺术教育注重培养学生独立思考的才能。教师需要深入研究如何提出问题才能够最大程度地激发学生的独立思考。在美国的艺术设计院校里,教师常常不会提供直接的答案,而是留出许多空间供学生探索思考。在美术创作教学中,教师只需提供一些参考素材,让学生们搜集资料、寻找灵感,展现各自的才智,充分释放学生的创造力。在课程设计方面,更趋向于采用独立思考的课题训练来取代传统绘画教学内容,这一改变将美术教育的重心由以往的技法转移到观念和思维的培养上。英国BTEC教育模式把学生置于核心位置,与传统教学模式有所不同,其鼓励教师设计多种教学活动,倡导学生积极主动地参与教学,引导他们通过探索问题自主探寻答案,培养他们掌握自我学习的能力。

它强调通过全面的美术活动体验学习,引导学生自发地探索并运用多方面的知识和技能进行创作、表达和展示,激发他们对未知领域的好奇心、愉悦感和成就感。

(二)重视课堂互动

国外美术课堂普遍认为教育应当是一种交流而非灌输,课堂讨论被视为学生们常见的学习方式。据国外教育学家观察,有意义的讨论与互动可以帮助学生放下演讲时的紧张感和恐惧情绪,同时可以培养他们清晰表达思想的能力并增强自信。当学生积极参与课堂讨论、积极表达观点时,不仅会促进师生之间的互动,在活跃的氛围中提高学习效果,也能让学生更加集中注意力。这种教学方式不仅适用于理论课,也同样适用于技法课,学生的参与程度甚至成为教师评定学生成绩的重要标准。[①]

(三)鼓励思想表达

在欧美的艺术院校,学生完成艺术作业后往往要就其过程做一个展示报告,这个报告涵盖了从最初的收集素材、草拟构思、反复修改,到最终呈现成果的全过程,展示了学生用心与努力所达成的成果,学生需要展示他们投入其中的心血和精力,同时分享经验和感悟。这一环节有助于促进师生之间的交流与分享,并为学生提供了锻炼自信和口才的宝贵机会。教师的责任也包括引导学生在课堂上勇敢表达自己观点,培养学生的口才,并帮助他们在公众场合中展现出不怯场、自信的表达能力。

综上所述,国外高等艺术教育的发展趋势是:逐渐将传授知识技能转变为引领个人感性认知;由对知识的狭隘把握转变为开放式的知识理解;从进行单一的群体教学转向重视学生个体发展。这种教育方法

---

① 钱初熹.国外中小学视觉艺术教育评价的新动向及其启示.现代基础教育研究,2017
(2):197-207.

注重教师认可和发掘学生的独特个性与能力,对不同特质的学生进行思维引导,充分激发学生的主动性,同时将知识转化为实际问题进行解决,鼓励学生在质疑、探索、解决问题的过程中培养创新意识和实践能力。国外艺术教育的经验和方法,在当前大力倡导人才发展的时代,对高校培养创新型人才具有积极的借鉴与学习意义。我们应当深入学习其中的科学合理之处,为高校艺术教育注入活力,培养出真正符合社会需求的高素质人才。

第三节　国内外艺术教育的案例对比和经验启示

本节通过对比国内外艺术教育的异同,揭示了各自的优势与不足。国内传统艺术教育重视基础技能的掌握,而国外则更注重学生个性的发挥和创新能力的提升。借鉴国际经验,强调在传统与现代、理论与实践之间寻找平衡,推动我国高校艺术教育的全面优化。这一节提供的对比分析,有助于明确未来发展的方向,也可为我国艺术教育的改革探索提供参考。

一、国内外艺术教育的高校运行模式

艺术教育本身表现为显著的文化特征和政治制度特征,是塑造文化、推动发展与促进社会公平的重要力量。艺术在一定程度上代表着一个国家或民族的风格和品位,代表着各国各阶层的价值观。而艺术教育所传播的艺术技能和基本理论知识、实践活动中的艺术表演和创作、艺术活动前后的社会影响和实践意义,都承载着深厚的文化内涵,追溯到人类文明建设的全过程,艺术甚至影响着社会、政治、经济的发展,在社会发展的各个领域和层面,艺术教育体现了其独特的价值,具有深刻的现实和时代意义。从地区到国家,再到民族和阶层,只要有人类文明发展的地方,都具有其独特的艺术印记。

　　我国的艺术教育高校一般分为美术学院、音乐学院、舞蹈学院等,上述院校可能是独立存在的艺术类高等院校,也可能是综合性大学中的一个学院。通常情况下,我国非常看重培养学生基础技能,诸如绘画、音乐基础理论、舞蹈技巧等方面,旨在夯实学生的专业基础。在课程设置方面,艺术教育高校涵盖专业基础课、专业技能课和理论课等课程,确保学生全面发展其艺术能力。此外,还开设一定比例的通识教育课程,以增强学生的综合素质和批判性思维能力。高校的教师队伍通常由具有丰富艺术造诣和实践经验的专家组成,许多教师不仅在学术领域具有深厚的背景,同时也是活跃在各自艺术领域的专业人士。这样的师资配置有助于学生从实践中学习和理解艺术的深层价值。在对学生专业能力的评估方面,采取多样化综合评估方式,既包括作品展示、演出活动,也涉及撰写论文和进行实际操作等多种形式,以全面评价学生的艺术理解和实际操作能力。在国际交流方面,随着全球化的推进,我国的艺术教育机构越来越重视国际视野的拓展。通过开展各种国际交流项目,邀请外国艺术家来华讲学,以及支持学生到海外进行学习和交流,艺术院校极大地促进了文化的互鉴和艺术视野的国际化。

　　在国外,尤其是欧美国家,艺术教育高度重视创造力的培养和个性的发展。美国、欧洲国家的众多艺术学院特别注重培养学生的独立思考与创新能力。课程设置方面,这些学院通常更加灵活,不仅鼓励跨学科学习和实验性探索,还允许学生根据个人兴趣选择或参与设计课程内容。艺术教育机构提供从本科到博士的完整教育链条,使学生在完成本科学位后,可以选择继续深造,攻读硕士或博士学位。课程不仅重视专业技能的训练,同时也强调理论研究和批判性思维的培养。在实践方面,许多艺术学院采用产学合作模式,与各种艺术团体、画廊、剧院等机构建立了紧密的合作关系。此类合作为学生提供了参与真实艺术项目和展览的机会,这种实践经验对学生未来艺术生涯的发展至关重要。

国内外艺术教育的高校运行模式在诸多方面呈现出显著差异与特点。毋庸置疑,国内艺术教育侧重于基础技能和理论系统训练,而国外特别是西方的艺术教育尤其强调个性发展和创意培养。两者在课程设计、教学方法、实践机会和国际化程度上各具特色,从而形成独特教育模式。

二、国内外艺术教育模式的对比分析

艺术教育作为文化传承和创新的主要途径,在全球范围内展现出多样化的发展模式。不同国家根据其独有文化背景、教育理念及社会需求,塑造各具特色的艺术教育体系。中国、美国、英国与日本作为世界艺术教育的前沿代表,其教育理念、教学方法和课程设置的差异反映了各自对艺术价值和功能的理解,揭示了不同文化对艺术教育的期待与追求。通过比较、分析这些国家的艺术教育模式,人们能够深入理解全球化背景下艺术教育发展趋势,在保持文化特色的同时,推动艺术教育国际交流与合作。分析国内外艺术教育模式的优势与不足,探讨如何借鉴国外经验、克服国内困难,能够促进我国艺术教育的提质增效。

在全球范围内,艺术教育模式因国家的文化背景、教育理念和社会需求而有所不同。中国的艺术教育重视传统技艺的传承和文化根基的深化,教学方法倾向于示范和模仿,课程内容多聚焦于传统艺术,如书法和国画。相比之下,英国的艺术教育则注重创新与批判性思维的培养,支持跨学科学习,课程设计既包含理论讨论也强调实践操作,鼓励学生发展个人艺术风格。美国的艺术教育强调创新和个性表达,教学方式更为开放和引导式,课程设置灵活,鼓励学生探索各种现代艺术形式。日本艺术教育融合传统与现代,教学方法注重形式和程序,同时开放于现代艺术的探索,课程中既有严格的传统艺术训练,也不乏现代艺术的元素。这些差异不仅展示了各国对艺术教育的不同取向,也反映了各自文化特色和教育目标的多样性。通过这种比较(见表4-2),可以看出各国艺术教育在追求文化传承与创新表达之间的不同平衡点,以及各国应对全球化带来的挑战和机遇时的方式和方法。

表 4-2 国内外艺术教育模式对比

对比指标	教育模式	
	中国艺术教育模式	国外艺术教育模式
教学理念	注重传承与集成	强调个性发展与创新
课程设置	相对固定,注重基础技能的训练与传承	相对灵活,注重跨学科整合,鼓励探索艺术的多种表现形式,培养综合能力
教学方法	结果导向,侧重技法练习和传授,教师作为权威和示范者	过程导向,倡导自由探索和表达,教师作为指导者和启发者
教学目标	具体的知识和技能	抽象的艺术思维和创造力
评估方式	美术考试等级测评考试	作品集

三、经验总结与启示

随着社会的变革和科技的进步,艺术教育在不同的背景下扮演着不同的角色,必须与时俱进,紧跟社会发展的步伐,不断适应社会发展、教育改革以及人才培养等多方面变化,并根据这些变化做出相应的调整。教育改革的持续推进,科技进步的不断革新,以及经济全球化的加速都让艺术教育面临新的挑战和机遇。在艺术教育的人才培养理念上,传统的艺术教育注重学生的技艺培养,而现代艺术教育不论是在国内还是国外,都更注重德智体美劳的全面发展,加强学生的创新能力、综合素养和社会责任感的培养。

艺术教育作为高素质人才建设的一个重要的领域,如今,需要在培养学生专业技能的同时,不断调整艺术教育的课程设置、教学方法、培养目标、教学理念和方式方法,培养学生的创造力、批判性思维和团队合作能力,以适应社会发展、教育改革和人才培养的多方面变化。只有如此,才能更好地满足社会对艺术人才的需求,推动艺术教育的发展和进步。

(一)注重自主性和创造性培养

创新是艺术的核心与灵魂。以英国、美国、日本等国家的艺术教育模式为例,可见西方艺术教育强调培养学生自主学习、独立思考和创新实践的能力。在创作领域,西方艺术教育为青少年提供了充分的交流和活动空间,鼓励跨学科、跨年级和跨地区的整合与交叉创新,这不仅拓宽了学生的视野,还能够激发他们对艺术创作的想象力,增进他们对社会现象的理解,以及对文化传承的认知和突破。

在个性发展和自我实现方面,西方艺术教育鼓励学生表达自己的内心世界和情感体验。每个人都拥有独特的经历、观念和情感,这也是人与人之间存在差异的原因。艺术创作具有个性化特征,不应囿于刻板的限制,也不应被简单地划分为非此即彼、是非黑白、美丑取舍的范畴。艺术之美在于它有魅力触动人心、引发共鸣、传递情感、展现美的体验,并让人们在创作与欣赏之间得以沉浸。目前,我国在培育艺术人才个性化方面尚存欠缺。艺术是文化的重要构成元素,我们应当尊重文化的丰富性、多样性,平等看待艺术教育对个性发展的重要价值,从英国的跨界交流平台、美国高校与社区的紧密联系以及日本的跨领域公共艺术课程等经验中汲取灵感与智慧。正如"宝剑锋从磨砺出,梅花香自苦寒来",应让学生融入自然、社会和人际交往中,不断磨炼个性。同时,我们也要不断适应多样化的文化和艺术市场需求,找到适合自己的创作方向和发展路径。

(二)注重理论性与实践性结合

在当今的艺术教育领域,融合理论与实践已被视为一种成功的教学典范。艺术教育注重打好技能基础、推崇学术研究,同时提供多元化的课程选择和专业方向,满足不同学生的学习需求和兴趣。通过将理论知识与实际操作相结合,学生能够深入领会艺术原理并将其应用于创作实践。在中西艺术教育中,理论与实践相互砥砺,是共同的特色。

西方艺术教育注重培养学生的创造性和独立思考能力,教师更多地充当指导者和启发者的角色,鼓励学生自由探索和表达,通过理论引导和实践体验相结合的方式,激发学生的创新意识。在实践部分,西方各国形成个性化的实践参与方式,让艺术教育更加"大众化""普遍性",艺术创作者融入生活圈,发现社会热点和时代发展需求。在教育实践中,这种综合性的教学方法为学生提供了更丰富的学习体验,培养了他们的创造力、批判性思维和解决问题的能力。而我国的艺术教育同样强调打好技能基础和积累实践经验,通过理论教学和实践训练相结合,培养学生扎实的技艺和创作能力,但教师更多地扮演权威和示范者的角色,学生普遍接受传统的教学方式,课程设置相对固定,实践活动限制在竞赛、艺术活动表演等方面,与社会实际发展存在一定的距离。因此,对我国艺术教育而言,我们需要更加重视理论与实践相结合的教学模式,加强基础技能的培养,同时提供更加多样化、灵活性强的课程选择,以满足学生个性化发展的需求,培养出更具创新精神和实践能力的艺术人才,为艺术领域的发展注入新的活力。

(三)注重技法传授与文化传承

在艺术技法教学和文化建设方面,西方艺术教育倡导多样性和包容性:一方面,鼓励学生在创作中融入自身的地域文化背景和社会观念;另一方面,鼓励学生尊重他人的文化差异,并学习借鉴。这种文化建设方式有助于培养学生的跨文化意识和社会责任感。相较之下,千百年来,中国艺术教育注重传统文化的传承和弘扬,着重培养学生对中国传统文化的理解和热爱,教师在教学的过程中引导学生学习中国传统绘画、书法等,强调文化传统的价值和意义,但是这一教授方式使得文化传承的影响力降低,文化传承的内容局限于中华文化的部分,文化传承的对象局限于艺术专业领域的受教育人,而忽视了更多欣赏者。因此,我国未来艺术教育的发展,有必要在保留传统文化的基础上,更加注重与当代社会和国际文化的对话与融合,以培养具有国际视野和跨文化交流能力的艺术人才,将文化传承的过程放宽至艺术创作的全过程,而不仅限于艺术作品完成后人们对艺术品的鉴赏和学习。基于此,需要更新、创作艺术教育的方式与内容,将中华优秀传统文化与现代艺术教育融为一体,探索更具包容性和开放性的教育途径。在实践中,可以通过以下几个方面来实现。

1.跨学科教学

艺术教育致力于构筑一座融汇多元的学术桥梁,让艺术之魂与历史的深度、哲学的思辨、科技的力量等并肩共舞,为学子们开辟出更为宽广的知识疆域。它不仅锤炼了学生的艺术技艺,更深层次地塑造了他们的综合素质与创新思维,使之契合于信息化社会对复合型人才的殷切呼唤。在互联网与人工智能交织的新纪元里,人们对人文内涵和创新才智的需求日益凸显,艺术创作与尖端技术、数字媒介的交融,提升着青年学生在信息洪流中的综合素养和未来竞争力,从而驱动社会经济的繁荣与进步。当前,艺术院校正在探索结合数字技术教授中国传统画技,用科技手段使传统艺术以更现代的形式呈现,同时增强其互动性和体验性。

2.国际合作与交流

我国高校鼓励学生参与国际艺术项目和交流活动,与来自不同文化背景的艺术家合作,学习国际艺术流派和思想,打破民族、文化、地域等方面的局限,扩展学生的国际视野,增强他们在全球艺术领域的竞争力,在国际交流合作上的确取得了一定的成就,特别是在艺术教育领域,通过引进外国优秀的教育资源和教学理念,为学生提供了更为广阔的学习视野。然而,中国学生与留学生之间的沟通不足仍是十分普遍的现象。主要原因在于很多中国学生和留学生之间存在语言障碍,阻碍了彼此之间的深度交流与理解;不同的文化背景导致了价值观、行为习惯等方面的差异,从而增加了交流的困难;高校缺乏有效的平台和机制来促进学生与留学生之间的互动,导致双方互动浮于表面,缺乏深入的文化和学术交流;部分学生缺乏国际视野,对外国文化和艺术了解不够深入,也限制了他们与留学生交流的兴趣与能力。

语言障碍和文化差异制约了学生的国际视野和跨文化交流能力,在全球化日益加深的今天,可能导致学生在国际艺术领域的竞争力匮乏。有效交流平台的缺乏使得学生难以充分利用国际资源,影响他们的艺术创作和学术研究深度,也限制了他们对不同文化艺术形式的认识和吸收。面对这一现象,高校应予以关注并采取多种措施,促进我国高校艺术教育领域的国际交流、合作,为学生提供更为开放和多元的学习环境,培养具备国际竞争力的艺术类人才。针对当前高校校际学生交流加强语言教育,高校应加强学生的第二语言学习,特别是英语教育,同时鼓励留学生学习汉语,以减少语言障碍对交流的影响;为学生搭建文化交流平台,通过定期举办中外文化交流活动,如国际艺术节、文化周等,为学生和留学生提供展示各自文化的平台,增进相互了解和尊重,建立和完善学生与留学生交流的平台和机制,如国际学生社团、交流小组等,鼓励学生参与国际项目和研究,促进深入的学术和文化交流。

3. 教育内容方法更新

在艺术教育中,我们理应在课堂中注入更多当代艺术形式与思想潮流,使学生有机会接触并领略多元的艺术表现形式。同时,采用项目式学习方法,让学生在实践中学习和创作,更好地理解和消化所学知识。目前,许多艺术高校已经在"大思政课"的背景下,实行项目式学习方法,鼓励学生围绕某一主题、问题或地域进行深入研究与创作,这有助于提升学生的实践能力和创新思维。在教学内容方面,应与时俱进,引入现代艺术形式,让学生了解和掌握当代艺术的最新发展动态和技术,在尊重和传承传统艺术的基础上,鼓励学生探索传统艺术与现代艺术形式的结合,从而推动艺术创新的不断发展。

4. 公众教育和社区参与

艺术教育不应仅限于学校和专业人士,而应向社会公众开放,促进艺术的普及和文化的传承。将艺术教育扩展到校园之外,通过开放课程、社区艺术项目、在线教育平台等方式,使更广泛的公众能够参与到艺术学习和文化传承中来。例如,定期向公众开放艺术课程和讲座,邀请艺术家和其他专家分享艺术创作经验和艺术理论,提高公众的艺术素养;参与社区艺术项目实践,在社区内开展艺术项目,如社区壁画、公共艺术装置、社区艺术节等,鼓励居民参与艺术创作和活动,而不是闭门造车,以增强社区的文化氛围;关注在线教育平台,利用网络和新媒体技术,建立在线艺术教育平台,提供艺术课程、教学视频、互动论坛等资源,使更多人能够方便地接触和学习艺术;鼓励学生和艺术家参与艺术志愿服务,如到学校、养老院、医院等地进行艺术表演和教学,传播艺术的正能量。这些建议和措施从艺术的传播和普及、艺术教育的大众化、社会化融合出发,以激发公众对艺术的兴趣,提高相关认识。

第五章　地域实践:"浙里"艺术赋能思政育人与文化建设

本章将深入探讨浙江在文化建设和高校思想政治育人方面的实践探索。自 20 世纪末以来,浙江省通过深入挖掘本地文化资源,建立了以文化推动高校思政的创新模式,并逐步实现文化软实力的提升。本章内容不仅展示了浙江文化建设的完整历程,还详细分析了其文化政策、具体实施路径及其在高校思政中的实际效果。在经济快速发展的推动下,浙江以"文化强省"为目标,在教育、文化、产业多方面协调发展的基础上,逐步形成了具有地方特色的文化建设路径。特别是在高校中,浙江积极融入本地文化元素,通过艺术创作和文化活动赋能高校思想政治教育,强化青年学子的文化认同与思想觉悟。本章的内容将通过对浙江文化建设概况、发展历程及成就的详细分析,展现浙江在文化和教育领域的融合创新。

第一节　浙江文化建设概况与建设历程

本节旨在系统回顾和分析浙江文化建设的整体概况与历史发展。浙江文化建设经历了长期的探索和积累,逐步形成了鲜明的特色与明确的内涵。从 20 世纪末的文化大省构建到今天的文化强省跨越,浙江以文化为核心驱动力,不断优化文化政策、调整战略布局,实现了地方文化建设的高效与系统化。本节探讨了浙江文化建设提出的背景与内涵,分析其在社会转型、经济发展背景下的动因与规划,揭示浙江文化建设背后所蕴含的多重价值及其对社会的深远意义。本节还梳理了浙江文化建设的三个重要发展阶段,重点关注每个阶段的建设重点和目标转变。最后,本节系统回顾了浙江二十年文化建设的丰硕成果,特别是在文化产业、文化自信、文化遗产传承以及科教兴省战略实施上的突出表现,从而展示浙江文化建设的多维成效。

一、浙江文化建设的提出与内涵

(一)背景与动因:浙江文化建设的历史背景与推动因素

从浙江省建设和发展层面来看,文化建设是基于浙江的现实基础和长远发展目标提出的通盘谋划和部署。自 20 世纪 90 年代以来,浙江就在文化建设方面出台了一系列政策和规划部署:1996 年,制定了《浙江省文化发展规划(1996—2010)》;1999 年,提出了"发展文化产业、建设文化大省"的战略目标;2000 年底,省委常委会通过了《浙江省建设文化大省纲要(2001—2020 年)》①。尤其是 2000 年,浙江省文学艺术界开展学习"三个代表"重要思想座谈会,提出要以"三个代表"为指针把浙江建成文化大省,文学艺术工作者也是精神产品的生产者,作为人们思想观念、社会意识和审美情趣直接载体的文艺作品要体现先进文化的前进方向。

改革发展和省域治理需求驱动浙江文化建设。进入 21 世纪,浙江所处的环境已经发生了较大的改变。从全国改革开放的进程来看,浙江改革开放起步较早,经历了 20 余年高速发展后,浙江各项主要经济指标在全国范围内排名靠前。与此同时,经济社会发展的矛盾和问题也先发早发,浙江出现了一些"成长的烦恼",浙江的经济增长模式迎来了新的目标、新的任务,即从依靠提高物质资源消耗为主,逐渐向提高劳动

---

① 陈立旭.发展社会主义先进文化的生动实践.观察与思考.2014(7):35-41.

者素质、以科技创新为主的经济增长模式转变。经济社会发展当前正面临一项紧迫的挑战,即如何加速推动产业升级,使主导产业能够迅速转向高附加值领域,这是关乎未来发展的重要课题。① 从地理区位来看,浙江拥有得天独厚的区位优势、丰富的文化资源,然而在政策方面却并无特殊,陆域资源并不丰富,存在农业比重大、工业基础薄弱等"先天不足"的问题,因此需要深入思考浙江现象产生的深层次原因,以及如何解决浙江"先发问题""成长的烦恼"等问题。

悠久深厚的历史文化积淀支撑着浙江文化建设。面对时代发展难题,浙江迫切需要深入挖掘并精心打造丰富的历史文化资源,通过持续不断的丰富与创新,确保这些资源契合新时代的发展需求。这一举措旨在显著提升区域的文化软实力,进而驱动地区全面发展,为浙江经济社会创造崭新的竞争优势与增长点。2003 年 7 月,习近平同志把"进一步发挥浙江人文优势,加快建设文化大省"作为"八八战略"的重要内容,把文化建设纳入省域现代化总体布局中予以通盘谋划和部署,在"八八战略"大布局中提出了浙江文化建设的顶层设计。

党中央提出"1+3"建设要求推动浙江文化大省建设。从党中央对浙江的要求和期望来看,文化大省建设是符合我国科学发展的新理念、新战略的。党中央赋予了浙江新期望的同时,也赋予了浙江文化以新的内涵。党的十六大以后,党中央就提出了促进科学发展和社会和谐的新理念、新战略,对经济、政治、文化、社会建设进行了全面规划,推动中国特色社会主义的伟大事业取得了新胜利。21 世纪初,浙江省在贯彻落实科学发展观方面走在了全国前列,在未来的发展中,党中央对浙江的文化建设有了新要求、新期望。党的十六大以来,党中央就提出了推动科学发展和社会和谐的新理念、新战略,对经济、政治、文化、社会建设进行了统筹谋划,依靠经济力量、政治力量、文化力量、社会力量四种力量的共同作用,将中国特色社会主义的伟大事业推向了一个新的高

---

① 陈立旭.从文化大省到文化浙江:实践与经验.观察与思考,2020(12):5-15.

度,并在这个过程中取得了一系列的新的成就。

(二)内涵与规划:浙江文化建设的核心内涵与基本框架

浙江将文化建设作为省域建设的重要领域,文化建设作为浙江省政府制定的重要战略发展目标,目的是推动浙江成为中国文化事业的重要高地,成为具有丰富多彩的文化资源和强大的文化创新能力,以及在国内外具有较高影响力的文化大省,核心目标是建设文化产业,传承和发展传统文化,促进文化创新,提高文化产业的竞争力,提升文化产业在浙江经济社会发展中的地位和作用。

2005年7月,浙江省委十一届八次全会通过《关于加快建设文化大省的决定》,全面阐述了建设文化大省的时代背景、战略意义、指导思想、总体目标、主要任务和保障措施,创造性地提出了"3+8+4"的加快建设文化大省的核心内容和基本框架。其中,"3"聚焦于增强先进文化凝聚力、解放和发展文化生产力、提高社会公共服务能力等"三大着力点";"8"是重点实施文明素质工程、文化精品工程、文化研究工程、文化保护工程、文化产业促进工程、文化阵地工程、文化传播工程、文化人才工程等"八项工程";"4"则是加快建设教育强省、科技强省、卫生强省、体育强省等"四个强省"。这一系列举措不仅是对"八八战略"中关于"加快建设文化大省战略"的内容的具体化和系统化,更为浙江文化的繁荣发展绘制了一幅宏伟蓝图。①

(三)价值与意义:浙江文化建设的时代价值与建设意义

在文化实力日趋受重视的国际背景下,加快推进文化建设是习近平同志在浙江发展受阻、人民对文化需求日益扩大的时代背景下提出的战略举措,这一举措具有深刻的时代价值与建设意义。

加快推进浙江文化建设是顺应文化与经济、政治相互交融的客观

---

① 陈立旭. 从文化大省到文化浙江:实践与经验. 观察与思考,2020(12):5-15.

趋势。一方面,经济、科技、军事等硬实力构成了衡量一个国家或地区综合实力的基石,"要成为一个大国,必须有能使国家欣欣向荣的经济基础"①。另一方面,文化软实力正日益凸显为衡量一个国家或地区综合实力不可或缺的关键因素。从政治角度而言,加快文化建设是以先进思想占领思想文化阵地,统领意识形态,坚决抵制分裂势力、敌对势力和落后思想文化等的侵蚀,巩固自己的政治立场;从经济角度而言,大力发展符合时代特点的文化,坚持"引进来""走出去"相结合的原则,在发展中汲取世界优秀文化的精华,以先进文化为武器,发展符合时代特色的文化,掌握文化与经济的相互作用规律,提高中华文化的竞争力,扩大影响力,从而提高文化综合实力,提高其国际竞争力,促进中华文化事业"走出去"。

加快推进浙江文化建设是构建社会主义和谐社会的重要保证。构建社会主义和谐社会是中国特色社会主义事业"四位一体"总体布局中的重要组成部分,和谐社会的建设贯穿经济、政治和文化建设的始终,其中经济发展以社会发展为目的,社会发展以人的发展为归宿。② 此外,加快推进浙江文化建设是落实"干在实处、走在前列"要求的客观需要。我们既要历史地认识"走在前列"的要求,又要辩证地理解"走在前列"的要求,还要全面把握"走在前列"的要求,真正为党和人民事业的发展谋实事,最终取得经得起历史检验的实绩。

纵观浙江多年来的发展历程,浙江经济与社会之所以能够迅猛发展,其深层次的驱动力源于浙江悠久的历史文化传统与当今时代精神的深度融合与交相呼应,是全省上下对浙江精神的继承和弘扬,是一种积极进取的精神风貌。提升文化凝聚力、增强本土文化自信的角度而言,加快推进浙江文化建设有助于增强当地人民的文化自信心,增强其对本土文化的认同感和自豪感;有助于培养积极向上的文化价值观,推

---

① 保罗·肯尼迪.大国的兴衰:1500—2000 年的经济变迁与军事冲突.陈景彪,等译.北京:国际文化出版公司,2006:7.

② 习近平.深刻认识加快建设文化大省的战略意义.政策瞭望,2005(9):4-5.

动社会进步和文明发展,提升地区的综合竞争力。就传承和弘扬中华优秀传统文化而言,加快推进浙江文化建设有助于传承和弘扬优秀的传统文化,保护文化遗产,传承中华文化的精髓;就推动文化产业和创意产业繁荣而言,加快推进浙江文化建设有助于为文化产业和创意产业提供更多的机会与支持,将浙江历史文化和民俗文化推向纵深发展,将文化发展转化为经济发展的内生动力。

二、浙江文化建设的发展与演变

(一)努力建设文化大省阶段(1999—2010 年)

1999 年 12 月,浙江省委十届三次全会第一次提出"发展文化产业,建设文化大省"的目标,与此同时,全省范围内迅速掀起了"研究浙江现象,总结浙江经验,提炼浙江精神"的热潮。① 此后,浙江不断挖掘浙江精神,一系列关于文化建设的关键性文件相继出台,这也标志着浙江对文化发展的高度重视与深远规划。2000 年 12 月,《浙江省建设文化大省纲要(2001—2020 年)》出台,这一文件不仅是全国首个省级层面的文化建设纲领,同时也奠定了浙江文化发展战略的坚实基础。2005 年 7 月,浙江省委十一届八次全会专题研究部署文化建设,习近平同志在总结推进文化大省建设经验和启示的基础上,提出了加快建设文化大省的思路和目标任务。②《中共浙江省关于加快建设文化大省的决定》明确指出,浙江加快建设文化大省的总体目标是争取到 2010 年,初步形成与浙江经济社会发展相适应的文化发展格局,培育具有时代特征、中国特色、浙江特点的人文精神,构筑与人民群众日益增长的文化需求相适应的公共文化服务体系,建立资源优化配置、运行健康有序的文化市场体系,营造有利于出精品、出人才、出效益的文化发展环境,使浙江的教

① 余昕.改革开放以来浙江文化发展政策回顾.政策瞭望.2021(9):28-32.
② 郭占恒.从"建设文化大省"看"建设文化强国".浙江经济,2023(10):6-10.

育、科技、文化、卫生、体育等主要发展指标绝大多数处于全国前列;到2020年,浙江致力于实现全民素质显著提升、社会文明持续进步、文化事业全面繁荣、文化产业蓬勃发展的宏伟目标。届时,浙江将力争在教育、科技、文化、卫生及体育等多个领域的主要发展指标上位居全国前列,成为引领风尚的文化大省。浙江文化大省的建设目标就是要推动浙江成为中国文化事业的重要高地,成为具有丰富文化资源、强大文化创新能力,以及对国内外都具有较高影响力的文化大省。① 这一时期,浙江在文化建设方面取得了显著的成就,文化软实力显著提升。习近平同志为浙江文化建设描绘了一张宏伟蓝图,将浙江精神提炼为"求真务实、诚信和谐、开放图强",并且制定了促进浙江文化大省建设的有力举措,抓好全国文化体制改革综合试点工作,全面整顿文化市场、规范文化事业发展②,为浙江文化大省建设奠定和营造了良好的发展环境。其间,浙江文化产业总量不断增加,文化产业和文化事业均获得了极大发展③,社会主义核心价值体系建设切实加强,基本公共文化服务均等化水平进一步提高,文化产业整体实力和竞争力显著增强,浙江文化的国际影响力明显提高。

(二)逐步迈向文化强省阶段(2011—2017 年)

在文化大省建设逐渐获得显著成效、全民整体素质全面提升的情况下,浙江的经济持续健康发展,文化竞争力、文化软实力都得到了极大的提升。然而,浙江的文化发展依然面临诸多问题与缺陷:一是文化建设产业规模不大,没有形成全省的主导产业;二是文化营业总收入和国内生产总值均滞后于全国各省(区、市);三是经济产品主要是文化产品的生产,而文化服务和新兴的文化业态的比例不高,在科技含量、创意水

---

① 浙江省委会议通过"大力推进文化强省建设的决定". (2011-11-19)[2024-06-12]. https://www.gov.cn/gzdt/2011-11/19/content_1997976.htm.

② 杨圣琼. 习近平文化观的浙江实践及经验. 领导之友,2017(17):5-9.

③ 浙江 2007—2012 年发展综述. (2012-06-18)[2023-11-15]. http://district.ce.cn/newarea/roll/201206/18/t20120618_23417701.shtml.

平和附加值方面还不够高。在新的经济、政治、社会和生态文明发展背景下,推动浙江文化建设是贯彻中央精神、顺应文化发展新趋势的迫切需要,是立足现实基础、满足人民群众新期待的必然要求,也是实现科学发展、构筑浙江未来新优势的战略选择。① 浙江的文化建设需紧跟社会发展的步伐,灵活应对时代变迁,不断对文化发展战略进行适时调整与优化,以确保其始终与时俱进,满足人民群众日益增长的精神文化需求。文化大省建设以来,浙江省已经形成了以"创新创业"为主要内容的"浙江精神",能够为文化强省建设提供不竭的精神动力;刷新了浙江省人均国内生产总值,为文化强省建设奠定了坚实的物质基础;探索了"创新创业,富民强省"的发展之路,为文化强省建设创造了良好的社会基础。2011年10月,党的十七届六中全会通过了《关于深化文化体制改革推动社会主义文化大发展大繁荣若干重大问题的决定》,会议从文化强国战略的高度明确提出"到2020年覆盖全社会的公共文化服务体系基本建立,努力实现基本公共文化服务均等化"的目标。② 11月,浙江省委十二届十次全会通过《中共浙江省委关于认真贯彻党的十七届六中全会精神,大力推进文化强省建设的决定》,明确对加快推进浙江文化大省向文化强省迈进做出谋划和布局,《决定》延续了加快建设"八项工程"和"三大体系"等内容,进一步提出要深入推进文明素质工程等"十大计划",这是浙江省委对"八八战略"中"发挥浙江人文优势,加快建设文化大省"顶层设计的进一步具体对接和发展,是又一次围绕深入实施"八八战略",为浙江文化改革与发展绘制的一幅具体且清晰的路线图。在新的时代背景下,科技飞速发展、国际交流日益深化、文化教育广泛普及,浙江文化建设进入了一个全新的阶段,在这个阶段,浙江文化建设更加注重与信息技术、世界文化、人才发展等方面的交流与融合,以开放、融合、创新和发展为主旨,打造富有活力、具有国际影响力的浙江形象。

---

① 赵洪祝.推动浙江从文化大省向文化强省迈进.今日浙江,2011(22):8-9.
② 金栋昌,王宇富,徐梦真.中国式现代化进程中推动公共文化服务高质量发展的理论逻辑与实践进路.图书馆论坛,2023(5):10-22.

(三)踏上新时代文化浙江建设新征程(2017年至今)

踏上新时代浙江文化建设新征程。习近平总书记在党的十九大报告中指出:"经过长期努力,中国特色社会主义进入了新时代,这是我国发展新的历史方位。"①进入新时代,世界多极化、经济全球化、社会信息化、文化多样化深入发展,我国社会主义的主要矛盾从"人民日益增长的物质文化需要同落后的社会生产之间的矛盾"转变为"人民日益增长的美好生活需要和不平衡不充分的发展之间的矛盾"。在这一新背景下,"满足人民日益增长的美好生活需要"成为制约发展的主要因素,要求我们在经济、社会、文化等各方面进行全面优化与升级,以实现更加均衡、充分的发展,从而更好地回应人民群众对美好生活的向往与期待。新时代文化建设是关乎人民美好生活的文化需要,肩负着不同层面的任务,而文化建设的基本视点依旧是满足人民美好生活的文化需要。②2017年6月,浙江省第十四次党代会着眼于浙江新发展方位,将建设文化浙江与建设富强浙江、法治浙江、平安浙江、美丽浙江、清廉浙江一起作为落实"两个高水平"奋斗目标的六个具体目标之一,并提出了"在提升文化软实力上更进一步、更快一步,努力建设文化浙江"的新目标。"建设文化浙江"是在文化大省、文化强省接力建设基础上,增强文化自信、激发文化活力、提升文化软实力的新目标载体,有利于推动浙江积极开辟文化发展的新领域,致力于推动文化建设迈向崭新高度,并为此精心绘制了一幅具体而明确的行动蓝图。2020年9月召开的浙江文化研究工程实施15周年座谈会暨省文化研究工程指导委员会会议上,省委主要领导进一步强调"全面实施新时代文化浙江工程,加快打造社会主

---

① 新华社.习近平:决胜全面建成小康社会　夺取新时代中国特色社会主义伟大胜利——在中国共产党第十九次全国代表大会上的报告.(2017-10-27)[2024-05-16].https://www.gov.cn/xinwen/2017-10/27/content_5234876.htm.

② 王习胜.美好生活的文化需要:新时代文化建设的基本视点.中国特色社会主义研究,2018(3):90-94,111.

义先进文化高地"①。面对科学技术快速发展、世界多极化、经济全球化趋向发展的转变,浙江文化建设需要适应这些变化,利用新技术推动文化创新,培养高素质文化人才作为支撑,推动文化产业创新发展、地方文化走向世界。

三、浙江文化建设二十年辉煌成就

(一)文化产业建设与发展

文化建设给文化产业和创意产业带来了许多机会,提供了诸多支持,这对促进浙江经济发展与创造就业起到了积极作用。中国特色社会主义的理论得到了广泛的传播,文化体制和制度得到了进一步的完善,浙江的文化服务效能得到了明显的提升。近年来,浙江文化产业展现出强劲的增长势头,其发展速度显著提升,各项核心指标如从业人数、年度营收、增加值及其占 GDP 比重均稳居全国领先位置。同时,文学与艺术创作领域硕果累累,不断有新作问世,而文化遗产保护亦取得了显著成效,彰显了浙江在文化保护与传承方面的坚定决心与卓越能力。

2010—2015 年,浙江省文化产业增加值从 1056.09 亿元增加到 2490 亿元,年均增长 18%;文化产业增加值占全省地区生产总值的比重从 3.88% 提高到 5.81%。这意味着文化产业已经成为浙江省国民经济的支柱性产业。这是改革开放以来,特别是实施"八八战略"以来浙江文化产业发展具有里程碑意义的事件。同时,浙江着力推动文化产业与科技、旅游、教育等领域的融合发展。例如,浙江的文旅业蓬勃发展,吸引了大量游客,杭州西湖景区作为浙江省的标志性景点,在规划设计和媒体宣传方面更加注重挖掘西湖的历史文化资源,使之成为一个既蕴含自然山水风光又具有深厚人文底蕴的景点,为之打造一张具有国际

① 　袁家军.实施新时代文化浙江工程书写"忠实践行'八八战略'奋力打造'重要窗口'"文化新篇章.政策瞭望,2020(10):4-9.

影响力的旅游名片,诸如此类的还有丽水古堰画乡、杭州千岛湖等景区,这些景区均成为国内外游客热门目的地,为地方经济带来了可观的收入。2016—2020 年,浙江的地区生产总值在"十三五"期间连续三年位列第二,截至 2020 年底,浙江公共文化服务体系实现了优质均衡的显著进步,全省范围内公共图书馆、文化馆及文物部门管辖的博物馆数量大幅增长,分别达到 104 个、102 个和 158 个,相较于 2002 年,分别净增 21 个、16 个和 88 个,彰显了文化产业持续稳健的发展态势。2020 年,习近平总书记考察浙江时又赋予浙江"努力成为新时代全面展示中国特色社会主义制度优越性的重要窗口"的新目标、新定位。在新征程中,浙江始终忠实践行"八八战略",奋力打造"重要窗口"作为总旗帜,立足新发展阶段、贯彻新发展理念、构建新发展格局①,从而让文化建设在浙江大地上结出更加丰硕的果实。

总的来看,浙江的文化产业在过去的几年中取得了快速增长,除此之外,浙江积极推动文化创意产业的发展,影视、动漫、数字媒体、文化创意等领域的企业逐渐崭露头角,成为全国乃至国际市场的重要参与者,相继涌现出一些有影响力的文化创意企业,这些企业在设计、艺术、数字媒体等领域取得了显著成就,为浙江的文化产业增添了新的动力。

(二)文化凝聚力与文化自信

随着浙江文化建设进程的推进,浙江文化形象的"金名片"不断涌现:在城市的各个角落,浙江成功塑造了"全面开花"的景象,孕育了如"浙江好人""浙江有礼"等省级文明品牌,在全国范围内赢得了广泛赞誉,树立了浙江文明新高度。同时,"礼让斑马线""聚餐使用公筷""排队守秩序"等文明行为在全国范围内广为流传;此外,浙江还将古老的文化遗产与现代创新相融合,让良渚古城遗址与大运河(浙江)文化带以创新方式诠释古代文明,使古迹"活"起来,服务当下人民生活文化需求,绘制

---

① 徐璐.陈丹瑶."八八战略"引领浙江—张蓝图赓续奋绘.统计科学与实践,2021(7):4-9.

出一幅"活"的文化地图。浙江注重文化遗产保护传承,文化建设围绕"文"字的具体符号,努力挖掘和打造现代版"富春山居"的"四条诗路"文化带,即"浙东唐诗之路""大运河诗路""钱塘江诗路""瓯江山水诗路";目前,正在规划中的"之江艺术长廊"将以"南宋皇城遗址""国家版本馆杭州分馆"和"浙江艺术馆"为主题,与位于杭州城西的"科创长廊"形成鲜明的对比,为市民展示一幅"科技与艺术交融"的精彩画卷。① 浙江持续推动浙江乡村振兴与文化振兴相结合,致力于打造具有地方特色的文化创意产业,如乡村旅游、手工工艺制作、文化节庆等,为乡村经济发展注入新动力,由此涌现出一批又一批有巨大影响力的乡村品牌,如龙泉瓷、绍兴黄酒等,带动乡村产业建设和发展。

浙江文化建设所取得的成就丰富了地方文化内涵,扩大了文化影响力,提升了文化创意产业的竞争力,培育了众多文化人才,同时也强化了地方人民对本土文化的自信。这些成就在增强文化自信方面发挥了积极作用,使浙江更加自信地面对文化多样性和全球文化竞争,为地方社会的和谐稳定和可持续发展做出了重要贡献。

(三)文化遗产传承与创新

文化建设有助于传承和弘扬优秀的传统文化,保护文化遗产,传承中华文化的精髓。浙江非常重视传统文化的保护和传承工作,如西湖文化、南浔古镇文化等,同时,还积极开展非物质文化遗产保护工作,确保这些宝贵的文化资源得以传承。宋韵文化作为中华优秀传统文化的精髓所在,汇聚了两宋时期独特的文化风尚和人民的伟大智慧,是历史赐予浙江的宝贵财富,因而浙江在深入推动文化建设的过程中也积极贯彻落实宋韵文化的保护、传承和发展工作。2021 年 11 月,浙江省委文化工作会议出台了《中共浙江省委关于加快推进新时代文化浙江工程的意见》,明确提出了全面启动并深入实施"宋韵文化传世工程"的战略

---

① 余昕.改革开放以来浙江文化发展政策回顾.政策瞭望,2021(9):28-32.

部署,该项工程旨在系统开展宋韵文化研究传承和南宋文化品牌塑造,通过思想、制度、经济、社会、百姓生活、文学艺术、建筑、宗教等方面,全方位展示宋韵文化气象。同时,浙江各级学校和文化机构也为师生提供了许多文化课程和培训项目,助力培养文化从业人才,提高文化产业的人才素质。

(四)科教兴省与人才教育普及

"进一步发挥浙江的人文优势,积极推进科教兴省、人才强省,加快建设文化大省"是"八八战略"中关于浙江文化建设的重要表述。[1] 2003年以来,浙江省始终坚定不移践行"八八战略"的发展路子,扎实推进科教兴省和人才强省战略,在科教兴省与人才教育普及方面均取得了显著的成就。

浙江省着力推进科教兴省战略,不断加大科技投入,积极推动科技创新和成果转化。省内高校和科研机构蓬勃发展,科研实力不断提升,一大批科技成果在国内外产生影响。在人才教育普及方面,不断完善教育体系,提高教育质量和公平性;合理配置教育资源,不断均衡城乡教育发展。2003年,浙江省教育领域取得显著进展,全省范围内普通高校72所(含正在筹建的8所高职学校)预示着教育资源的进一步扩充。同年,浙江省普通高考录取率达到76.5%,标志着高等教育机会的大幅增加与普及化趋势的加强。此外,高等教育毛入学率达到25%;研究生、普通本专科分别招生6863人和17.35万人;普通高校在校学生规模达48.46万人,显示出高等教育对青年学子的强大吸引力。高职学校招生6.29万人,在校生15.30万人;全省小学在校学生340.29万人,初中入学率、巩固率分别达到98.49%、99.85%,初中招生60.72万人;高中段教育共招生59.8万人,其中普通高中招生30.27万人,职业高中招生21.34万人,中等职业教育招生比例为50.3%,为社会输送了大量技能

---

[1]　发挥人文优势　加快建设文化大省——"八八战略"实施15周年系列分析之九.统计科学与实践.2018(6):20-22.

型人才。① 全省共有 125 万人次参加各类学历教育和非学历教育证书的自学考试,全年本专科毕业 2.58 万人,比上年增长 6.2%。各类城乡文化技术学校培训职工、农民 494.6 万人。全省拥有幼儿园 11560 所,在园幼儿 118 万人②。进入 21 世纪,我国跨入全面建成小康社会的新阶段,站在新的历史起点上,浙江必须始终坚持科学发展,以育人为本、德育为先,全面实施素质教育,不断提升教育质量。截至 2022 年,浙江省的普通高校数量大幅增加,教育资源更加丰富,全省共有普通高等学校(含独立学院)109 所;普通高考录取率维持较高水平,高等教育毛入学率为 66.3%;研究生、普通本专科分别招生 51477 人和 40.25 万人。义务教育阶段办学条件显著改善,小学体育器械配备达标校数比例、音乐器材配备达标校数比例、美术器材配备达标校数比例、数学自然实验仪器达标校数比例均为 99.8%,初中达标校数比例为 99.9%,高中达标校数比例为 99.5%。③ 20 余年来,浙江在基础教育方面,普及率和质量均有提高,义务教育巩固率和高中毕业率均位居全国前列。在高等教育领域,浙江通过加大对高校的支持力度,优化学科布局,提高了高等教育的教学水平和科研能力,一批高水平本科院校和研究型大学成功脱颖而出。总体而言,浙江省在科教兴省与人才教育普及方面取得了巨大成就,为经济社会的跨越式发展提供了坚实的人才和智力支持。

第二节　"浙里"艺术教育的资源优势和建设目标

　　浙江,自古以来便是文化诞生和发展的福地,从良渚文化的玉器制

---

① 浙江省统计局.2003 年浙江省国民经济和社会发展的统计公报.(2004-03-16)[2024-04-19].http://tjj.zj.gov.cn/art/2004/3/16/art_1525539_23199642.html.

② 浙江省统计局关于 2003 年浙江省国民经济和社会发展的统计公报.浙江日报,2004-03-10(5).

③ 浙江省教育厅.2022 年浙江省教育事业发展统计公报.(2023-05-06)[2024-04-19].http://jyt.zj.gov.cn/art/2023/5/6/art_1229266680_5108701.html.

作、丝绸织造到宋明理学的思想传承,再到近现代的文化创新,浙江文化底蕴深厚且多元,而这丰富的文化资源优势自然也为浙江艺术教育带来得天独厚的优势。艺术教育在浙江的落地、生根、发芽,不仅是对技艺的简单传承,更是对文化的创新创造。浙江的文化资源优势使得其艺术教育在内容上更加丰富、在形式上更加多样,为培养具有浙江特色的艺术人才打下了坚实的文化基础。

随着浙江文化建设的深入推进,艺术教育作为文化建设的重要组成部分,也迎来了新的发展机遇。浙江积极响应国家关于艺术教育发展的政策要求,结合"浙里"文化特色,致力于深化新时代艺术教育模式建设。通过优化艺术教育资源配置、加强艺术教育师资队伍建设、创新艺术教育教学方法等方式,推动浙江艺术教育向更高质量、全面覆盖的方向发展。与此同时,浙江注重将艺术教育与社会实践相结合,推动艺术教育与文化产业、旅游产业等领域的融合发展,为浙江文化建设贡献艺术教育的智慧和力量。

一、浙江艺术教育资源与发展优势

浙江省地处中国东南沿海,具有得天独厚的全方位发展优势,是中华优秀传统文化与各种现代文明相交流、相碰撞、相融合的重要地区之一。浙江省公共教育资源丰富,《2023 年浙江省国民经济和社会发展统计公报》显示,截至 2023 年末,浙江拥有幼儿园 7067 所,小学 3144 所,初中 1794 所,普通高中 650 所,普通高校 109 所(含独立学院);公共文化服务设施建设完善,全省县级以上公共图书馆 102 个,文化馆 102 个,文化站 1366 个,博物馆 431 个,世界遗产 4 处;地方文化保护与传承工作不断推进,已建成历史文化(传统)村落 262 个。① 以上数据充分展示了浙江省教育与文化层面的扎实基础与雄厚实力。自新中国成立以

---

① 浙江省统计局.国家统计局浙江调查总队. 2023 年浙江省国民经济和社会发展统计公报.浙江日报.2024-03-04(8).

来,浙江一步一个脚印,脚踏实地走好每一步,逐步从"教育洼地"成长为"教育大省",再到"教育强省",始终坚持把教育放在全省优先发展的重要战略地位,在管理制度、考试改革、教师培养等方面,浙江省已经取得值得推广借鉴的优秀经验成果。而在浙江文化与教育事业的发展过程中,浙江的艺术教育资源逐渐显现出校园、自然、社会、文化方面的特点与优势,为发展浙江优秀文化,促进思政教育、艺术与文化三位一体建设注入强劲动力。

(一)强大的政策支持力度

2022年1月,浙江省文旅厅发布《浙江省文化艺术类校外培训机构准入指引(试行)》,以规范文化艺术类校外培训机构的发展,提高培训质量和水平,促进文化艺术教育的健康发展。此外,浙江省加强和改进学校美育,探索构建学段有机衔接、课内课外深度融合的美育体系,以提高学生的审美和人文素养。各种艺术培训机构、文化艺术学校等纷纷涌现,为广大学生提供了丰富多彩的艺术学习机会。各地政府部门也相继出台相应的政策措施,加大对艺术教育的资源投入和支持力度,促进艺术教育等文化产业发展,为艺术教育的创新发展奠定政策基础。同时,为了促进艺术教育与其他产业的融合发展,各地还积极打造艺术教育产业链,推动艺术教育成果向文化创意、旅游、教育服务等领域转化,丰富了艺术教育的内容和形式,也为其注入了新的活力和动力。

(二)优质的艺术教育资源

浙江省充分利用校园资源推动艺术教育事业不断取得新进步、新成就。从基础教育到高等教育,浙江省艺术教育体系日趋完善,拥有优质的艺术教育校园场所、教学设备条件和师资力量。

在艺术教育校园场所方面,浙江拥有中国美术学院、浙江音乐学院、浙江传媒学院等多所艺术特色学校、艺术学院以及浙江大学、浙江工业大学等综合类大学的艺术院系,校园内外配有设计精良、功能齐全的艺术教学场所和表演艺术中心。这些场所不仅数量多,而且质量高。许多学校通过改造和扩建,将传统教学楼与现代艺术美学相结合,形成了独具特色的艺术教学场所。未来,浙江将进一步优化拓展艺术教育校园场所,建设更多高水平的艺术教育场所,形成更加完善、更加庞大的艺术教育资源库,为培养更多优秀的艺术人才提供有力支持。

在教学设备和条件方面,浙江投入巨大,各高校大力更新提升高清投影设备、专业录音设备、数字音乐制作设备等艺术教育设备和条件。此外,部分学校还根据自身的特色和需求,引进了国际先进的艺术教育设备和技术。例如,中央音乐学院现代远程音乐教育学院浙江学习中心推动教学模式和方法提升,实行线上线下混合教学,加强和完善网络视频授课学习形式,为艺术教育的开展提供了有力保障。未来,浙江将继续加大投入力度,引入更多高科技、智能化的艺术教育设备和技术。同时,加强与国际艺术教育界的交流与合作,引进更多国内领先、国际先进的艺术教育理念和方法。

在教育师资力量方面,浙江拥有一大批具有高教学水平和实践经验丰富的优质教师。比如,中国美术学院近年来大力实施人才强校战略,高度重视师资队伍建设,强化人才开发力度,入选全国文化名家暨"四个一批"人才 4 人,享受国务院政府特殊津贴专家 7 人,省特级专家 3 人。① 目前,浙江的艺术教育师资队伍已经形成一定规模和特色,不仅具有深厚的艺术理论素养和专业技能,还具备较高的教学水平和创新能力。

(三)优越的自然文化资源

奥古斯特·罗丹曾表明,"自然始终是一切美的源泉,是一切艺术的范本",为艺术教育提供了重要支撑和动力。浙江凭借丰富的自然和文化资源为艺术教育提供了坚实的保障。从天然的地理和历史区

---

① 中国美术学院官网—教学—教学队伍.[2024-05-08].https://www.caa.edu.cn/jx/jxdw/index.html.

位来看,浙江拥有源远流长的地方历史、博大精深的传统文化、美丽富饶的山水风景、和谐宜人的生态环境,自然文化资源丰富多样,从雄伟壮丽的雁荡山到汹涌澎湃的钱塘江,从古色古香的乌镇到景色旖旎的西湖,浙江的山水风光在吸引游客的同时,也为文化和艺术学习、创作提供了充足的教学与创作资源。

浙江位于我国东南沿海地区,拥有丰富多彩的自然景观,山林湖海的自然环境中蕴藏着无尽的美好与奇迹。高耸入云的崇山峻岭、蜿蜒曲折的溪流与河流、苍翠饱满的山间树林,湖光山色则宛若一幅宏伟的画卷,展现着大自然的绝美风姿,而绵延不绝的海岸线则将大海的浩渺气势展现得淋漓尽致,每一处景致都能带给心灵一次震撼。这些自然景观不仅是艺术家们创作的灵感源泉,更是艺术教育中不可或缺的教学素。通过观察、描绘这些自然奇迹,学生们可以培养自己的审美情趣,采用绘画、摄影、歌唱等艺术表现形式进行创作,感受和表现自然之美,从中汲取艺术文化的养分,激发内心深处的创造力和想象力,从而在艺术的道路上探索出属于自己的独特风采。

作为历史悠久的"文化资源大省",浙江承载着富饶的历史文化底蕴,致力于奋力打造新时代文化高地,推动高校艺术教育更好发挥传承和弘扬中华优秀传统文化的堡垒作用。良渚古城、岳王庙等历史遗迹见证了浙江悠久历史,反映出丰富多彩的文化内涵,有助于学生们深入了解和感悟历史文化。作为浙江特有文化符号和传统习俗的茶文化、丝绸文化等中华优秀传统文化,为艺术教育提供了丰富的创作题材和学习资源。文化遗产的保护和传承活动在浙江各大高校开展得如火如荼,如浙江农林大学融合非物质文化遗产,专门设计开设特色舞龙舞狮体育课程,近两百个名额不到半天就全部报满;中国计量大学着眼于促进非遗文化传承与创新,与杭州市上城区社区学院结成合作,将非遗黏土塑造和剪纸课程送进中国计量大学人文与外语学院的课堂。通过参与这些传统民俗活动、学习传统手工艺等形式,学生们可以深入了解浙江的传统文化,感受其中的艺术魅力,从而进行艺术创作和表现。

(四)雄厚的社会产业资源

2023年5月末,浙江省举办了"八八战略"实施20周年系列主题新闻发布会的第四场活动,会上重点提及"全省目前拥有规上文化企业5915家、上市文化企业45家,历年入选'全国文化企业30强'文化企业数量稳居全国前列",这充分证明了浙江文化产业在全国范围内的领先地位与卓越实力。[①] 从古老的越剧、龙泉青瓷,到现代的动漫、影视制作等,浙江文化产业跨越时空,涵盖了传统与现代的诸多领域。作为浙江经济的重要引擎之一,浙江文化产业愈发强大,正向高质量发展稳步迈进,为艺术教育提供了广阔市场和发展前景。随着经济的不断增长和人民生活水平的提高,社会各界对于艺术文化的需求也日益增加。艺术教育作为培养人才、传承文化、提升文化软实力的重要途径,受到了社会各界的重视和支持。此外,浙江文化产业具有强大的社会创新能力。在数字化、智能化时代背景下,浙江文化产业紧跟时代步伐,从数字媒体的广泛应用,到虚拟现实、增强现实等技术的融合创新,浙江文化产业均展现了强大的创新活力。

二、艺术教育在浙江文化建设中的角色

艺术教育作为浙江文化建设的重要组成部分,在传播优秀文化、推动文化创新的进程中扮演着多重角色,起着不可或缺的作用。艺术并不只是一种知识的呈现,也是一种对人的素养、精神、品质、道德以及人格起重要作用的对象。[②] 在新时代,积极探索、深度挖掘艺术教育在浙江文化建设中的角色与价值,对于进一步推动浙江文化事业的

① "八八战略"实施20周年系列主题第四场新闻发布会.(2023-05-30)[2024-05-08]. https://www.zj.gov.cn/art/2023/5/29/art_1229630150_6699.html.
② 周星,任晟姝,王杰.《义务教育艺术课程标准(2022年版)》与基础艺术教育观念嬗变.课程・教材・教法,2022(6):52-56.

发展,促进社会文明持续进步具有重要的理论和实践意义。

(一)中华优秀传统文化的传播者

艺术教育作为文化传承、弘扬的重要途径,承载着中华优秀传统文化的传播重任,推动担当民族复兴大任的时代新人学文化、懂文化、做文化。传统文化的传播需要借助各种形式的艺术表现方式,而艺术教育正是高校提供此类表现方式的优质平台。通过艺术课程的设置和教学实践,学生们能够深入了解、体验和传承丰富的浙江传统文化,促进多种艺术教育手段与形式成为传播传统文化的有效媒介。如中国海洋大学的艺术类通识限选课《中国民族乐器中的弓弦艺术鉴赏》,让艺术课堂摇身一变成为音乐鉴赏会,融合戏曲、历史、民俗等多学科领域知识,学生们可以聆听、演奏民族音乐,感受传统音乐的曲式美,拓宽艺术视野,同时深入了解二胡、京胡、椰胡等中国古典乐器中的弓弦乐器。人与艺术主客体的相互作用能够增强学生们对中华优秀传统文化的认同感和自豪感,进而激发学生们对传统文化的热爱和传承,促进中华优秀传统文化的传承和弘扬。

(二)增强学生文化自信的建设者

艺术教育能够通过对文化的深入学习和体验,培养学生们对本土文化的自信心。在当今文化交流日益频繁的社会,不同文化之间的交融与碰撞成为常态。艺术教育引导学生们放眼全世界,学习和欣赏不同国家、不同民族的艺术文化作品,了解和尊重不同文化的独特之处,培养其包容、开放的文化心态。而文化自信有助于学生们树立正确的文化观念,在跨文化交流中展现出中国自信和中国魅力。通过艺术作品的创作和表演,学生们能够展现自己的个性和才华,表达自己对文化的理解和感悟,从而增强自信心。在跨文化交流中,这种自信和魅力将使学生们成为文化交流的桥梁和使者,为促进不同文化之间的理解和友好交流做出贡献。坚定的文化自信将使学生们在日常精神文化生活中更具信心,为年轻一代的成长和发展提供重要支撑。

(三)提高学生综合素质的践行者

随着社会进步和人民对美好生活的需求日益增长,艺术教育不仅成为传授艺术知识和技能的主要阵地,更是培养学生全面发展、提升综合素质的关键渠道。通过艺术教育的探索和实践,学生们不仅学习到了绘画、舞蹈等艺术技能,也提升了审美情趣、表达能力、创造才能等素质,为未来的学习和生活奠定了坚实基础。艺术作品是情感的表达与心灵的交流,在艺术教育过程中,学生们能够提高理解自我情感的能力和水平,更善于表达自己的内心世界以及倾听理解他人情感,提升同理心、包容心等情感表达能力。同时,艺术教育注重培养学生的团队合作能力,在艺术创作和表演的过程中,许多活动与节目需要同学们齐心协力、密切合作,团队合作的经历能够推动学生们团队意识和协作能力的养成,增强其沟通能力和社会交往能力等广泛应用于社会的综合能力。

(四)培养文化艺术人才的筑梦者

目前,有学者提出,制定科学合理而非"想象的"标准和人才培养目标,是一项有分量而又富有挑战性的工作。[1] 文化产业已逐渐成为浙江省经济发展的新的增长点,整个社会对于复合型艺术人才的需求也水涨船高,而文化艺术人才的培养效果则是影响文化产业发展前景的关键之一。艺术教育的系统理论学习和实践操作训练,能够让学生们掌握较为专业的艺术技能和知识。思政与艺术的强强联手有助于塑造良好的学生道德修养和思想品质,及时反映社会形势和需求变化,打造社会真正需要的实用人才,培养出一大批有才能、有信心、有理想的德艺双馨艺术人才以及相关艺术从业人员,为文化产业的发展

---

[1] 杨飒.艺术人才培养如何实现新提升.光明日报,2023-12-05(13).

提供源源不断的人才支持,为浙江文化建设成长注入崭新活力,从而推动浙江文化事业走向光明辉煌的未来。

(五)促进文化创新发展的引领者

文化创新是中华五千年历史得以延续至今的重要举措,是推动中华民族现代文明发展的重要动力之一。艺术教育运用创造性、创新性的教学方法和内容,开展各种文化创新交流活动,鼓励探索和表达受教育者们独特的个人艺术理念和观点,能够激发出学生的创新思维和创作能力,为将来从事文化领域的创作工作奠定坚实的基础。此外,艺术创新不再是与其他学科相隔离的存在,而是与科技、商业、人文、价值观念、社会制度等方面相互交融,形成了多元化的文化创新模式。在艺术教育的教学引领下,将艺术特色与优势融入跨学科合作的创新路径,把艺术与科技、金融等学科领域相结合,能够创造出更具前瞻性、实用性、创新性的作品和项目,从而推动文化创新事业不断深化和拓展。只有通过文化创新,中华民族才能与时俱进,适应社会发展的需要,实现文化的自我更新与提升,因此,文化创新不仅有利于推动中国社会的进步与发展,也能够为中华民族的现代文明注入新的活力与内涵,使其在世界舞台上展现出更加丰富、多元的面貌。

三、浙江艺术教育的发展战略与建设目标

随着社会经济的不断发展,人民对文化产品的需求日益增长,艺术教育在浙江文化事业中的地位和作用愈发凸显,逐渐在之江大地上扎根生长、蓬勃发展。在当今日新月异的时代潮流中,浙江的艺术教育界正迎来前所未有的发展机遇:信息技术的迅速普及和全球化交流的加速推进,艺术教育不再局限于传统的教室教学,而是向更广阔的领域与时空拓展。数字化艺术、跨界融合等新兴形式不断涌现,为艺术教育注入了新的活力和创意。同时,社会对于艺术素养和审美情趣

的需求也在不断提升,这为艺术教育提供了更为广阔的市场空间和发展动力。然而,面对不可逆转的文化交融趋势与艺术教育困境,浙江艺术教育明确发展目标、优化资源配置、锚定发展战略、探索实施路径,加强产学研深度合作,打造高水平的艺术教育体系,以适应时代变革的机遇和挑战,从而更好促进艺术教育事业的健康发展。

(一)坚持政府主导,制定相应政策

在浙江艺术教育的发展进程中,政府是发挥主导作用且至关重要的一环。政府充分认识到艺术教育在文化建设中的重要性,将艺术教育纳入整体发展战略规划与政策之中,并充分考虑了艺术教育的特点和需求,采取针对性措施,明确发展目标和路线图,为艺术教育提供了更多的支持和资源。在艺术教育事业建设中,浙江省始终坚持政府主导,不断完善建立全省范围的监管机制,加强对艺术教育机构的管理和指导,确保艺术教育的质量和水平。早在 2014 年,温州市为加强全市学校之间的艺术交流与合作,共同探讨学校艺术教育的合作机制,拓展学校艺术教育的发展思路,营造促进艺术教育繁荣的良好氛围,发起并成立了包括百余所学校在内的温州市学校艺术教育联盟。

(二)兴建教育设施,夯实教学基础

修建美术馆、音乐厅、歌剧院等艺术教育基础设施是确保艺术教育能够有序进行的重要保障。浙江在文化公共教育和服务设施方面不断加大对艺术教育方面的建设投入,提高教育教学设施的软件与硬件设备水平,包括教学场地、设备设施等,以满足不断增长的教育需求。社会各界也积极参与艺术教育设施建设,通过公私合作的方式共同推动设施建设工作;同时,加强了对艺术教育设施的管理和维护以确保设施能够长期稳定地为艺术教育服务。2020 年,华茂艺术教育博物馆在宁波东钱湖畔正式开馆,这是国内首个以"艺术教育"为主题的博物馆。此博物馆汇集了百余件中国近现代艺术教育的先驱作品,全面系统地梳理了中国近现代美育的发展历程,未来,该博物馆将致力于成为一个开放、多元的社会美育实践基地。兴建教育设施能够为浙江艺术教育提供坚实的基础支撑,推动其健康发展。

(三)完善课程体系,推进教学改革

落实课程体系与教学改革是促进艺术教育提质增效的关键举措。浙江深入分析当前艺术教育的需求和趋势,根据学生的实际情况和发展需求,结合浙江本土特点、特色,优化课程设置,开发符合时代要求的新型课程。同时,浙江不断加强课程内容的更新与创新,将当代艺术理念和技术融入课程教学中,持续提升课程的吸引力和实用性。注重跨学科的融合,促进艺术教育与其他学科的交叉互动,培养学生的综合素养和创新能力,以推动艺术教学的改革与发展。例如,2024年起实施的浙江省教育厅印发的《浙江省进一步完善和加强普通高等学校艺术类专业考试招生工作实施方案》,《实施方案》以明确艺考专业范围、科学设置统考科类、强化省级统考管理、严格控制校考规模、规范考试组织管理、实行分类考试录取、明确校考专业文化课成绩要求、综合成绩合成办法、健全监督管理体系、严格执行招生政策为主要内容,为在高质量发展中奋力推进共同富裕先行和省域现代化先行提供了人才方面的支撑。

(四)加强宣传影响,普及艺术教育

开始建设文化大省以来,浙江省通过多种媒体和渠道,积极宣传艺术教育的重要性和价值,提高了社会对艺术教育的认识和关注度。通过加强与社区、企业等组织机构的合作,共同开展艺术教育普及活动,推动艺术教育资源向基层和农村地区延伸,确保广大学生都能够享受到艺术教育的红利,共同为艺术教育的普及和发展贡献力量。2023年,浙江省举办以"民族魂•中国梦"为主题的大学生艺术节,聚焦展示了浙江省高校近年来在美育方面的最新成果,意在传承和弘扬

社会主义核心价值观,促进浙江省美育事业发展,这也是推动艺术教育普及、培养大学生高度文化自觉和文化自信的有效途径。各类宣传活动增强了学生乃至社会对艺术教育的认同度和支持度,有利于促进艺术教育事业的全面发展。

(五)增进国际交流,促进互融共通

近年来,浙江省积极加强国际的艺术教育交流与合作,吸收借鉴国外先进经验和理念,推动本省艺术教育水平的提升。通过举办国际性艺术展览、交流活动等方式,拓展浙江省艺术教育的国际影响力,提升其在国际舞台上的话语权和地位,促进浙江省艺术教育资源的国际化共享,实现互惠共赢。

第三节　"浙里"育人:以"艺"赋能
高校思想政治教育

浙江拥有深厚多元的文化底蕴,以及丰富的文化资源,能够为艺术教育发展提供多样内容形式,为高校人才培养打下坚实文化基础。在新时代背景下,高校思想政治教育面临前所未有之挑战和机遇,传统中侧重于理论的思想教育方式已不再适用于当今时代,无法满足学生对于艺术审美的需要,难以激发学生学习兴趣、共鸣和参与度。以"艺"赋能高校思想政治教育,通过艺术文化的多元特殊形式,将生涩难懂、枯燥乏味的抽象理论转化为生动具体的艺术形象,将文化艺术与思想政治教育深度融合,活化思政教育形式及内容,是浙江省高校近年来探索新时代思政教育的重要举措。在增强思政教育力度的同时,提升其吸引力和感染力,既可培养学生审美情趣和人文素养,又能满足其艺术审美需求,促进个人的全面发展。

深度挖掘浙江文化艺术形式,不断探索创新思政教育模式,将文

艺作品和活动融入高校教育,就要以文化艺术为核心内容,挖掘艺术思政资源,完善思想政治教育体系,如此,有助于培育德智体美劳全面发展的社会主义建设者和接班人,打造"浙里"独特文艺思政教育IP。要通过文化艺术实践拓宽高校思政教育课堂,促进校园多元文化的共存共生,为高校思想政治教育提供新思路;通过以"艺"赋能高校思想政治教育,高校学生思政能力和艺术素养得到了全面提升,思政教育取得了显著成效。

在新时代背景下,浙江省高校以"艺"赋能思想政治教育,通过将文艺作品和活动融入高校教育,挖掘艺术思政资源,打造思政品牌,提升了思政教育实效。以文化艺术作品和传统活动为载体,形成了"艺术 + 思政"课程思政育人新模式,如杭州万向职业技术学院开展"行走的思政课",推动了思政教育改革创新,有利于促进校园多元文化共存共荣,培育德智体美劳全面发展的社会主义建设者和接班人。

一、以文艺作品活动为载体,提升铸魂育人实效

党的十八大以来,党中央始终坚持把学校思政课建设放在教育工作的重要位置,明确提出以中华优秀传统文化、革命文化和社会主义先进文化为力量根基,把道理讲深讲透讲活,守正创新,推动思政课建设内涵式发展,不断提高思政课的针对性和吸引力,提升高校学生"四个自信"。通过三种"力量根基"定位其在思政课堂建设中的重要性,明确了文化赋能思政课建设的鲜明导向。在新时代新征程道路上,浙江省深挖其"力量根基",不断完善其教育系统体系,注重将"文化赋能"融入高校思想政治教育课程中,跟随时代潮流为思政课打开多种创新方式,不断引领学生扣好人生"第一粒扣子",培养具有文化自信担复兴大任的新时代爱国青年。

2024年5月14日,"宁大潮音"响彻中华大地,让我们看到了思想政治教育的崭新面貌,宁波大学思想政治教育小组将国产动漫电影

《长安三万里》引入高校思政课堂,以此引发学生对于中华传统文化的深度思考,并通过对中华优秀传统文化的复兴热潮,凸显其在"两个结合"理论背景下的重要价值。"宁大潮音"思政微平台还将目光放到了天一阁,"我们以园林叠山为契机,一窥中国文化对生命精神的尊崇"。通过对于园林艺术的深入了解,宁波大学潘天寿建筑与艺术设计学院教师徐入云将"景观建筑学"课堂搬进了天一阁,讲授了一场别开生面的思政课程,极大提升学生思想政治素养,并将教学片段制作成短视频《动势叠山与生命精神》,进行广泛传播。

以文化艺术作品和传统活动为教学内容载体,能够提升高校铸魂育人能力,通过文化艺术作品的独特感染力、影响力和传播力,有助于深入引领学生树立正确人生观、价值观以及世界观。通过创新思想政治教育方式,融入"文化根基",开拓多样思政形式,紧跟时代步伐,有助于培育新时代德智体美劳全面发展的青年。

二、挖掘艺术思政资源,以艺术实践拓宽思政课堂

自学习贯彻习近平新时代中国特色社会主义思想主题教育开展以来,各地高校高质量部署,用艺术星火赋美思政课堂,通过"戏曲＋思政"、社会实践、红色话剧、浙里有戏等多种多样的艺术形式,力求为主题教育"活"起来添砖加瓦。

浙江财经大学艺术学院尝试结合专业特色,通过"画、书、摄、设、展"等形式,将党史学习教育融入专业教学中,充分发挥课堂育人主渠道作用,形成了"艺术＋思政"的课程思政育人新模式。重点教育学生树立"立足时代、扎根人民、深入生活"的现实主义艺术观。充分引导学生自觉传承和弘扬中华优秀传统文化,根植乡土文化的历史底蕴,继承敢为人先的浙江精神,做浙江精神的实践者和创造者。

在课堂教学环节中,该校以深入研究艺术专业育人目标,注重思政元素的全课程覆盖,旨在发挥每门课的育人作用,组织修订课程大纲。

通过深度提炼艺术专业知识体系中所蕴含的精神内涵,该校致力于打造特色鲜明的艺术专业课程思政建设品牌。在毕业设计教学环节中,该校以"从浙里出发"为主题,引导学生深度融入社会,挖掘乡土文化基因,用艺术设计的形式助力乡村振兴和共同富裕,服务于浙江城乡经济社会发展的设计方案、基于传统艺术语言的挖掘展现、面向社会美育的策展实验等方面。多样化表达,不仅展现出毕业生们孜孜以求的专业探索,更是莘莘学子艺术探寻与时代精神同频共振的生动体现。

杭州万向职业技术学院开展了一系列"行走的思政课",通过研学实践活动,如参观浙江省博物馆、追寻革命足迹等,让学生在实践中深化服务社会的精神和实践能力,为学生走出校园、融入社会上好大思政课积极创新方法,丰富路径。用真正融入社会的思政实践课,让学生们走上讲台和舞台,加深对国情社情的理解,获得满满的成就感。

浙江工业大学的"浙里有戏"戏剧育人工作室通过红色校园戏剧引领青年学生从中学习艺术、锻炼情感、塑造人格,助力校园戏剧育人新发展,如《永不消逝的电波》、原创情景剧党课《无悔的抉择》、百年党史话剧《一路莫徘徊》等,其中,《无悔的抉择》入选教育部"高校原创文化精品推广行动计划"。工作室巧妙将戏剧融于思政、融于课堂、融于文化,引领青年学生从中学习艺术、锻炼情感、塑造人格,打造了戏剧育人红色品牌,充分发挥了润物无声的磅礴力量。

三、打造思政品牌,促进校园多元文化的共存共生

在新时代的背景下,浙江省致力于思政课建设的深化与革新,提出树立"真理的味道"这一大思政工作品牌标识,旨在引领全省各级学校思政课程迈向改革创新的快车道,共同绘制新时代思想政治教育的新蓝图。该品牌的核心理念聚焦于思政教育的守正与创新,通过多维度、立体化的策略部署,如精心打造高质量的思政课堂阵地、编撰富含地方特色与时代精神的思政教材体系、强化专职思政教师队伍的专业

素养与力量,以及构建功能完善的思政教育与服务平台,力求实现思政教育从内容到形式的全面升级,最终形成系统化、特色化、品牌化的思政教育新格局。

2024年6月19日,浙江省大中小学思政课一体化示范"金课"展示活动在浙大城市学院举行。打造一批示范"金课"展示活动,是浙江省大中小学思政教育一体化,共同体建设"七个一"的目标任务之一。本次展示活动的一体化示范"金课"围绕大中小学思政课统编教材中一以贯之的重点内容,由分别针对小学、初中、高中(含中职)、大学(高职专科或本科)不同学段学生的4个"同题异构"课程组成,力求破除壁垒,推进学段有效衔接。大力推动大中小学思想政治教育一体化建设、构建一体化工作机制是大中小学思想政治教育一体化建设的基础和保障,我们要循序渐进、螺旋上升,有针对性地开展思想政治教育,让大中小学携手共育时代新人。

浙江理工大学作为牵头高校,勇于担当,采取联动策略,积极先行先试。该校马克思主义学院携手杭州市的临安区、临平区及钱塘区,创新性地建立了"天目少年思政学院""弘临思政学院"及"钱塘红潮思政学院"三大平台,秉持因事制宜、按需联合、顺势创新的原则,在师资强化、课程体系构建、地方教材编撰、教学研究项目等多个维度深度合作,共同探索构建了一套贯穿大中小学的思政课一体化校地协作新机制。此外,浙江理工大学还与延安大学携手,共同倡议并发起成立了全国性的大中小学红色文化一体化传承联盟——"红传联盟"。该联盟已在全国多个省(区、市),包括浙江、四川、新疆、陕西等地,成功建立了超过30个联盟基地。通过"红传联盟"的有效运作,实现了红色资源的深度融合与广泛传播,紧密结合国际形势、国家发展及民众需求,构建出形式多样、类别丰富、区域特色鲜明的互动式学习生态,进一步促进了红色文化的传承与创新。

第四节 "浙里"创新：以"艺"助力浙江文化建设

随着浙江文化战略的深入推进，艺术教育在融合创新大背景下呈现出崭新的发展面貌与建设路径。在这一进程中，创新思维、创新内容、创新模式三方面业已成为关键的建设切口和推动力量。首先，创新思维的塑造为艺术教育的赓续发展打下了坚实基础。创新思维在艺术教育中的应用表现出跨学科、多学科、超学科等跨界交叉特点，不再局限于传统意义上的学科属性与学术边界，而是积极融入"大思政课"深刻意涵，探索艺术与科技、人文与科学的"十字路口"，引领艺术教育向着更为开放、包容的方向发展。其次，创新内容的注入为艺术教育赋予了更加丰富多彩的内涵与旨趣。传统艺术教育内容已经不能满足社会对于创新人才、艺术人才的需求，因此，在浙江文化建设的引领下，艺术教育开始重视内容创新、内核发展，强调注重培养学生的创造性思维、实践能力以及国际视野，以适应自身、社会和时代的发展需要。最后，创新模式的探索与实践为艺术教育的可持续发展提供了有力保障。浙江省在艺术教育领域倡导以学生为中心、以多元立体评价为导向的教学理念，探索建立了可供借鉴、灵活多样的教育模式，包括校企合作、线上线下结合等，为学生提供更为广阔的学习空间和更加丰富的学习资源。总而言之，在浙江文化建设战略的指导下，浙江省在艺术教育领域融合创新方面的具体举措不断推进与深化，不仅提升了全省的整体教育水平，提高了浙江学生的艺术素养，也为浙江文化事业的繁荣与发展注入了新活力、新动力。

在浙江文化战略深入推进、艺术教育融合创新的大背景下，创新思维、内容与模式成为艺术教育发展的关键。创新思维通过激发学生独立思考、促进跨界融合及推动国际化发展，为艺术教育注入了动力；创新内容与模式强调实践性与实用性，丰富了艺术教育内涵，进一步提升了浙江教育水平与学生艺术素养,为文化事业发展增添了活力。

一、以思维创新深化艺术教育发展实践

在浙江文化建设的背景下,创新思维对于艺术教育的深化发展具有重要的启发意义。其一,创新思维能够激发学生对艺术的独立思考能力。传统的艺术教育往往更为注重艺术创作这一行为本身的技法与规范,以及对于艺术作品的鉴赏能力和审美能力。但在创新思维的科学引领下,学生被鼓励探索个性化、差异化的创作路径,这打破了"一刀切"、同质化的教学思维,有助于培养学生们独有的创造性思维与自主探索能力。其二,创新思维促进了跨界交流与融合。浙江文化建设工作的推动,使得艺术教育不再拘泥于传统的艺术范畴,而是与经济、政治、科技等多领域进行深度融合,为学生提供了多样化的发展机遇。艺术教育不仅可以吸收外部的创新理念与思维,还能够为其他领域的发展提供艺术视角和创意支持,实现艺术与其他领域的双向互动与合作共赢。其三,创新思维也推动了艺术教育的国际化发展。在全球化的时代背景下,学生需要具备跨文化交流和跨国合作的能力,而创新思维则可以培养学生拥抱多元文化、开放包容的国际视野,使他们在国际舞台上具备强大竞争力。通过运用国际化的教学理念和实践活动,学生得以接触和理解不同国家和地区的艺术传统、审美观念和创作方式,拓宽他们的视野和认知边界。例如,杭州师范大学充分发挥其美术学院"师范类专业与非师范类专业相融合,传统学科与新兴学科相结合"的教学特色,学院逐步将新时代一专多能人才培养和美育教育实践作为美术学科的重要发展方向。通过设计多样化的主题研究课程,打破传统美术教育的束缚,激发学生的观察、触摸、探索和构建能力,从而培养出更具创新力和综合能力的学生。此外,学院还采用了磨课、讲课、调整的动态授课模式,激发了研究生授课团队的想象力和创新思维,推动青年美育人才培养的同时,也促进了新型

少儿美育思维的研究与实践。因此,创新思维在浙江文化建设的推动下,为艺术教育注入了强劲动力,推进了学生的全面发展与国际竞争力的提升。

二、以内容创新把控艺术教育发展方向

创新内容已经成为浙江文化建设进程中艺术教育的重要发力方向之一。其一,创新内容的深化拓展丰富了艺术教育的内涵。在创新内容的影响作用下,学生将有机会接触到丰富多样的学习内容与广泛多元的艺术形式,涵盖涉及艺术的历史演变、当代思潮、未来展望等方面,学生能够了解到不同时期、不同文化背景下艺术的发展轨迹,进而实现增加知识积累、拓宽思维视野的艺术教育目标,培养出更为开阔和独特的艺术审美观念。其二,创新内容的重要地位强调了艺术教育的实践性与实用性。与传统的理论教学相比,创新内容更加注重培养学生的实际操作与创作实践。通过各种艺术活动和实践教学,学生得以亲身参与到艺术创作的过程中,从中领悟到艺术理论与实践的密切联系,并在实践中不断提升自己的艺术水平和创作能力同时塑造创新精神和实践能力,使其能够满足自身需要以及适应社会需求。比如,2024 年 3 月,好戏来临·浙江省戏曲教育共同富裕示范区研学基地授牌仪式暨"阳光成长·美育之江"浙江省学生美育成果展示系列活动启动仪式在浙江省临海市举行。在此之前,台州府城文化旅游区与临海籍越剧表演艺术家李云霄联手推出了一支名为《江南临海》的越剧歌曲 MV,发布后仅 24 小时全网阅读量就迅速达到了 2000 万,下载量也一举突破 100 万大关,而在临海东湖录制的越剧《梁祝》选段更是在央视"小春晚"上惊艳亮相。艺术教育的创新内容进一步扩大了临海市在文化艺术领域的知名度与影响力,融合拓宽了艺术教育的教学内容,激发了学生对传统文化的情感以及对家乡的热爱,增强了学生的文化自信,同时也为地方文旅融合发展注入了新动能。综上所述,

创新内容的加入为浙江文化的艺术教育带来了新的发展机遇,丰富了其教育内容,提升了其教育质量,也为培养学生的综合素养和创新能力提供了更加合理、科学、有力的支持。

三、以模式创新推动艺术教育发展迭代

创新模式是推动浙江艺术教育创新发展的关键组成部分,在浙江文化建设中发挥着重要作用。其一,创新模式的出现为传统教学模式带来了迭代升级的机会。传统的艺术教育往往依赖于单一的课堂授课方式,然而,随着创新模式的应用,教学方式得以更加多样化和灵活化。通过打造线上与线下相结合的教学模式,学校可以利用互联网和新媒体技术,为学生提供更加丰富和多元化的学习资源。在线上平台上,学生可以通过视频课程、在线讨论、虚拟实验等方式进行学习,不受时间和地点的限制,极大地拓展了学习空间。其二,创新模式凸显出学生主体性和参与性的重要地位。创新模式的核心在于激发学生的内在动力和主体能动性,使其成为学习过程中的参与者和推动者。各学校鼓励学生主动、积极参与课堂讨论、团队合作和自主探究,在这些过程中,学生不仅能够更深入地理解和掌握所学知识,还能够培养批判性思维、问题解决能力以及团队协作技能,成为具有独立思考能力和创造力的复合型人才,为社会发展和进步贡献更多的智慧和力量。如温州大学近年来积极发掘艺术在思想政治教育中的独特作用,探索艺术思政化、思政艺术化相互结合的新路径,致力于构建"艺术+思政"相融的教育体系,以丰富的艺术实践拓展教学内涵,以艺术的美感渗透进培养新时代学子的全过程。温州大学为推动课程思政建设百分百全覆盖,尤为重视人文情怀和艺术情感,以强化课程思政的艺术育人功能,建立了较为完善的公共艺术课程体系,包括艺术鉴赏、艺术实践、艺术史论、艺术批评等 84 门选修课程,明确规定学生必须选择 2 个学分的公共艺术课程,确保每位学生都能够接受艺术教育的熏

陶。随着创新模式的逐渐展开,浙江艺术教育呈现一派欣欣向荣的气象,由内而外地提升了艺术教学效果,也为学生德智体美劳全面发展提供了切实保障。

第六章 "千万工程"背景下高校以"艺"助力文化建设的创新实践

第一节 "艺术＋民宿"模式
——以清华大学项目为例

一、项目背景及意义

(一)项目背景

随着我国乡村振兴战略的提出与实践,"艺术＋民宿"的设计为乡村旅游行业的发展奠定了良好的基础。国务院办公厅印发的《关于释放旅游消费潜力推动旅游业高质量发展的若干措施》明确提出:"建设一批富有地域文化特色的乡村旅游重点村镇,推动实施旅游民宿国家标准。"[①]为推进我县美丽乡村建设与乡村旅游发展,让农业强起来、农村美起来、农民富起来,"艺术＋民宿"模式打造了一批具有全国乃至全球影响力的网红民宿,形成了第三波民宿发展高峰,以切实的民宿投资与落地建设引领乡村振兴,助力乡村共同富裕。

长期以来,清华美院鼓励青年学生扎根乡野,在祖国大地上进行艺

---

① 国务院办公厅印发《关于释放旅游消费潜力推动旅游业高质量发展的若干措施》的通知.(2023-09-27)[2024-04-06]. https://www. gov. cn/zhengce/content/202309/content_6907051. htm.

术创作,让学生走进乡村,深入了解国情民情,在"社会大课堂"中关注现实、观照时代,传承和发扬"为生活而艺术、为民生而设计"的办院理念。清华美院师生响应习近平总书记"把论文写在祖国大地上"的号召,通过组织高校师生将艺术设计的专业力量融入乡村建设,设计了一个个艺术赋能的民宿建筑,挖掘了其独有的自然人文基因,助力了乡村振兴。

(二)对赋能乡村振兴的重要意义

1."艺术＋民宿"设计促进文化的传承保护

乡村民宿是活跃乡村生活,传承中华优秀传统文化的有效途径。艺术设计与旅游住宿相融合,有利于发掘和保护当地人文历史、自然生态,用现代的文化创意手段来延续传承当地文化民俗。以民宿设计的形式展现乡村文化的独特魅力,重塑乡村的魅力和提升乡村的文化竞争力的同时,也将为文旅产业带来新的增长点,提高民宿附加值,助力乡村振兴,实现共同富裕,促进乡村文化复兴。要充分挖掘村落地域文化、民俗历史,积极探索文化创新方式,因地制宜打造个性化民宿;经过清华美院设计团队的创造性设计,民宿能够充分体现乡土风情,差异化设计之下,也能突出乡村特色亮点文化,在建筑、装饰、餐饮、住宿等方面体现文化特色,彰显文化自信。

2."艺术＋民宿"行动推动产业链融合发展

乡村民宿是推动乡村生态宜居,提高乡村文明程度,拉动乡村本土就业的重要方式。"艺术＋民宿"设计能够在提升民宿质量的同时,通过艺术元素创新民宿发展模式。当下也有许多非遗工艺美术的手艺人将自己的家或者车间改造成为民宿,室内装饰品均为自家工艺产品,许多游客在住宿过程中就会进行购买;同时,游客可以体验工艺美术产品的制作过程,了解当地的传统文化,与精美的工艺品合照"晒朋友圈"。许多民宿也都将工艺美术课程放在民宿经营之中。经过艺术设计的民宿能够盘活闲置的乡村民宅和乡村的集体资产,吸引青年回乡村创业,壮大乡村人才储备。推动乡村进行独特民宿打造,需要鼓励民宿旅游合作社以及"党支部＋民宿旅游合作社＋农户"运作模式的建立。

(三)对学生综合素质的教学意义

1. "艺术＋民宿"设计完善知识体系,提升实践能力

"艺术＋民宿"设计的实践活动能够在校园与社会之间构建一座桥梁,让学生直面社会实际情况,在实践中切身感受乡情、民情、社情和国情,进而引发自身思考,提升思辨能力。将所学知识和技能运用到实际工作中,为乡村振兴和文化传播事业做出更大的贡献。例如,清华大学乡村振兴工作站奔赴四川省大邑县进行社会实践,通过实地调研,在建筑设计、乡村发展规划、特色农产品设计、文创设计等方面贡献了青春力量,将自己的所思、所学、所想充分运用到社会实践中,种下了职业理想和社会责任的种子。

2. "艺术＋民宿"设计厚植家国情怀,培养社会责任感

正如清华美院的办学理念:为生活而艺术,为民生而设计。"艺术＋民宿"不单单关乎艺术作品本身,更重要的是青年与村民、工匠一起,在艺术创作过程中的社会参与和文化互动。长期以来,清华美院始终秉持"为生活而艺术,为民生而设计"的理念,鼓励师生主动扎根乡野进行实践性艺术教学。社会实践作为促进大学生素质全面发展的重要环节,可以培养和锤炼大学生的综合能力:一是提高大学生社会适应能力,掌握人际交往原则,增强社会交往能力,体会社会工作艰辛,增强心理抗压能力;二是增强专业学习动力,把所学理论运用于实践,强化专业知识实用性,也是对校内所学知识的进一步检验;三是通过运用自身专业技术解决问题,提升学生的专业归属感和认同感,增强使命感和荣誉感。

3. "艺术＋民宿"设计锤炼意志毅力,培养优秀品德

当今社会竞争激烈,更需要大学生能够有足够的抗压能力。清华美院通过组织民宿设计的实践活动,如在南山村第一书记孟超的带领下,充分发挥清华美院赋能艺术乡建的优势特色,将艺术设计的专业力量融入乡村建设,挖掘其独有的自然人文基因助力乡村振兴,在共同努力下,带动更多艺术家"落户"本地规划的精品民宿、萌宠乐园、艺术体验、咖啡馆等建筑,在艺术乡建落地的同时,将知识积累、社会观察等成果转化为实实在在的建设性意见和举措,树立正确的价值观、人生观,也进一步锤炼了学生团队坚韧不拔的意志力,真正培养大学生的团队意识和团结能力。①

二、教学实践与课程设置

(一)开展校地合作等实践活动

清华大学乡村振兴工作站开展了多次社会实践活动,包含暑期社会实践、民宿设计大赛、乡村振兴系列实践等活动,如在四川省大邑县开展校地合作,赴安徽省岳西县调研当地生态民宿建设发展情况,前往贵州省毕节市设计上小河村鹿鸣舍民宿等实践活动,这些实践活动不仅丰富了学生的实践经验,也促进了地方乡村振兴的具体实施。此外,清华大学设计团队依托其专业优势,积极探索并拓展外部合作渠道,致力于将"艺术+民宿"的设计理念转化为现实。在设计团队的不懈努力下,一系列精品民宿应运而生,如融合北宋山水美学的民宿,以及充满中式复古风情的全海景民宿"怡舍",这些作品不仅展现了设计团队的艺术追求,也体现了清华大学在乡村振兴领域的创新与实践成果。参与这些实践活动的清华学子们,将所学的专业知识与实际需求相结合,将艺术美感与民宿设计相融合,通过亲身参与和实际操作,不断探索和实践乡村振兴的新路径,为推动乡村的可持续发展和文化传承贡献了自己的智慧和力量。

---

① 李向华.清华大学美术学院驻村第一书记的创新实践.大河美术报,2024-04-12(6).

(二)开设云讲座等学习渠道

在乡村振兴战略的引领下,面对社会对新型民宿设计人才的日益增长的需求,清华大学携手碧桂园集团,共同打造了乡村振兴云课堂,邀请民宿领域的权威专家,就民宿的全面理解、规划设计、商业运作等多个维度进行深入讲解。通过分析民宿运营的成功案例,专家们将民宿规划设计中所需的系统策划和艺术创意设计的重要性娓娓道来。乡村振兴云课堂自启动以来,不仅为清华大学的学子们提供了一个接触前沿民宿知识的宝贵机会,还吸引了来自全国 20 多个省、自治区、直辖市的超过 3 万名基层干部、农村致富带头人以及返乡创业青年的积极参与。这个云课堂已经成为一个全国性的线上交流平台,共同推动乡村民宿产业的发展与创新。此外,清华美院还推出了精品民宿酒店设计高研班课程,旨在培养具有时代设计理念,富有想象力、文化艺术素养的专业设计和管理人才,以满足大型装饰企业对高端精品客栈设计及管理人才的需求。同时,清华大学也长期聘请民宿高级设计师召开民宿与艺术主题的学术沙龙,为同学们答疑解惑,输送艺术与民宿领域最前沿的知识。

(三)在相关课程中融合艺术创作专题

为弘扬祖国的优秀传统文化,提高当代高校人才的美学素养,同时也为"艺术＋民宿"设计提供源源不断高质量的人才支撑,清华大学特别举办"中国书画艺术名家专项课题高级课程研修班"等课程,开办美育系列专题讲座,分期举办大学学生社会美育实践成果展、相关课程作业展。例如,清华美院改革"色彩表现"课程并召开作业展研讨会,"素描艺术"课程作业展,艺术设计产教融合成果系列展等展会,从人才培养方面全方位赋能民宿设计与艺术的融合,配备最强的师资力量,让德厚艺精、学养深湛的学科领军人和倾心育人、正处于自己创造力盛期的优秀中青年教师来承担教学任务,从而为学校美育培养提供坚实的课程支撑。

三、学生参与与创新成果

(一)"艺术＋民宿"下的学生参与

为保持艺术与民宿设计的创新融合,清华大学实践团队围绕民宿的发展开展了以下活动:在 2017 年前往武夷山探索民宿茶旅结合的模式;前往安徽省安庆市岳西县金杨村参观当地代表性的民宿、旅游餐厅以及农特产品展,挖掘地域文化与艺术特色;2022 年暑假,清华大学"首都乡村振兴行动计划"团队深入农村,根据北京市密云区冯家峪镇的发展需求,完成前火岭村鲜花谷主题规划设计、闲置房屋测绘及民宿改造设计等工作,还将当地特色文化与产业发展相结合,完成了吉祥物、logo、风光主题明信片等一系列文创产品设计;2023 年,清华大学建筑学院赴浙江省建德市对戴家村民宿的未来发展,提出了艺术赋能乡村民宿的相关建议;同年,首个清华大学学生社会实践基地落户成都,将定期组织清华大学实践团队到四川省大邑县开展乡村规划设计、环境改善提升、科技服务建设等实践活动,实现了"学校＋政府＋社会"的三方联动;2024 年,清华大学乡村振兴工作站赴贵州参与改造古建民宿并设计布依族文创产品。"艺术＋民宿"下的学生参与丰富多彩,也为大学生从书本走向实践提供了现实的参考。

(二)"艺术＋民宿"下的学生成果

在"艺术＋民宿"这一创新融合的背景下,清华大学的大学生实践发挥了学校在建筑、设计、艺术等领域的专业优势,结合创新思维,为乡村民宿进行艺术改造和文创产品设计,在民宿艺术改造、艺术设计、文创产品开发以及乡村产业振兴方案的规划与设计方面取得了显著成效。他们为戴家村的民宿量身定制了设计方案,进一步增强了建德市在吸引人才、推动乡村发展方面的吸引力,使其成为一张亮丽的金名片。此外,该团队还成功打造了上小河村的鹿鸣舍民宿、四季民宿以及平田村的木香草堂等多个民宿项目。在大邑县的实践活动中,清华大学乡村振兴工作站的 13 名成员深入参与,他们围绕特色民宿及旅游廊道的风貌节点设计、沉浸式剧本创作、特色地标产品的包装设计以及人文历史文学等四个核心主题,产出了包括大邑民宿产品的设计、地标产品的视觉识别系统设计,以及剧本杀《子龙吟》的剧情设定和故事架构设计等一系列成果。这些活动极大丰富了当地村民文化生活方式,为乡村振兴注入了新的活力。

四、社会影响与成果展示

"艺术+民宿"设计的融合,一方面为乡村旅游经济迅速发展提供了动力,如利用多样化建造房屋、创建独特的民宿等一系列措施来吸引游客,推动了周边地区旅游业的发展;随着民宿的发展,村民充分利用现有房屋,整合现有闲置民宅,合理利用周边自然景观资源,民俗民风文化,经过艺术设计与修整,形成组团式民宿格局,创建了富有乡村民俗特色文化的民宿,吸引了越来越多的消费者以及投资者,从而大大推动了周边产业的快速发展。①

另一方面,将本土艺术与文化精髓融入民宿的设计之中,不仅能够促进当地文化遗产的保护与传承,还能推动传统住宿业向艺术化、设计感的高端转型。这种融合策略不仅能显著提升民宿及其周边环境的美学价值,增强居住和旅游的体验感,还能有效推进可持续旅游的理念,促进其广泛传播与发展。同时,还为艺术家和设计师提供了一个展示才华和实践创意的平台,也为在校大学生提供了深入了解和参与实际行业的机会,不仅能够激发他们的个人潜能,还能在实践中不断磨炼和提升他们的专业技能。此外,艺术元素的融入极大地丰富

---

① 胡星.乡村振兴背景下旅游民宿环境艺术设计探究.旅游纵览,2021(6):74-76.

了民宿的表现形式,增添了民宿的文化内涵,为民宿的主题文化设计和艺术风格的发展提供了广阔的空间,使得民宿空间更加富有文化深度和意义。一方面,这种设计能够显著提升主题性民宿的居住品质,充分满足居住者对于精神文化生活的追求;另一方面,它还能作为传承和创新地域文化的重要载体,从而增强文化的传播力和影响力。

第二节　"艺术＋工艺品"模式
——以中国人民大学项目为例

一、项目背景及意义

(一)项目背景

工艺艺术文化是中国传统文化中的重要组成部分,是中国古代人民智慧的结晶。工艺艺术与人们的生活密切联系,既具有使用价值,也具有艺术价值,更是一种文化形式。随着国民经济的快速发展,人民生活水平不断提高,文化自信日渐增强,工艺艺术品从业人员与日俱增。艺术品业的逐渐兴起,极大推动我国文化发展和国民文化品位的提高。

"艺术＋工艺品"的内涵建设与发掘对于浙江文化大省的建设有着一定的价值和作用。任何一个地域的工艺品对当地文化发展都十分重要,艺术工艺品的发掘对于文化大省的品牌形象建设是必不可少的。优秀的艺术工艺品是建设文化大省形象的重要资源。如东阳竹编、乐清黄杨木雕、龙泉青瓷等都为艺术设计提供了颇具区域特色的文化艺术营养。工艺艺术品的丰富多彩,滋养着当地人民的艺术灵感和文化的传承力,同时也树立着当地人精神世界的形象品牌,是建设文化大省的历史积淀和现代动力。

乡村文化是民间百姓的生活智慧,是有存在价值的独立系统。乡村文化是一种将土地的质朴和源源不断的生命力紧密连接的田园生活,是人们精神世界中桃花源的现实建构。① 在文化大省建设中,乡村文化发挥着重要作用。近年来,不少具有艺术特色的乡村在各地涌现,如杭州市余杭区青山村、绍兴市柯桥区莲增村等。如今,艺术乡建助力乡村文化已成为乡村振兴路上的一道亮丽风景线,"艺术+工艺品"设计是艺术乡建过程中的重要手段,以农民为主体的共同的艺术创作,能够激发乡村治理的参与活力。中国人民大学高度重视艺术在乡村振兴建设中的重要作用,早在 2018 年便积极推动学校师生响应国家战略,发挥高校"产学研"的优势,在浙江省宁波市宁海县葛家村、浙江省绍兴市越城区坡塘云松村进行实践。②

(二)"艺术+工艺品"的教学意义

1."艺术+工艺品"户外教学彰显思政情怀

中国人民大学"艺乡建"教师带领学生从课堂走入乡村生活,选择浙江具有区域资源和整体景观风貌价值的"艺术+工艺品"户外课堂——绍兴市越城区坡塘云松村、宁波市宁海县葛家村、宁海县童镇大郑村等进行"艺术+工艺品"乡村建设,通过实践与实地考察理解乡村景观风貌、乡村文化以及乡村人文的美感,改变学生对艺术工艺品的单一认知。艺术工艺品的实践教学和理论教学不同,实践教学中要求学生建立对实际事物的观察方式、表现方式以及实施策略;而理论教学更注重课堂理论知识讲解,往往离不开教师的讲授,会存在一定主观性、单一性和片面性的缺陷。

---

① 赵霞."三化"讲程中乡村文化的秩序乱象与价值重建.安徽农业科学.2011(12):7549-7552.

② 从"不速之客"到"亲人".人大这位老师在村里"搞艺术".(2024-04-01)[2024-05-08].https://mp.weixin.qq.com/s/FgjGm4VdziBC7ck6szWJAg.

2."艺术＋工艺品"户外教学渗透思政内容

中国人民大学"艺乡建"户外实践课堂积极调整教学方法,在原有的教学模式中,融入新的教学理念,力图将理论与实践相结合,以"艺术＋工艺品"推进乡村建设。例如,通过与相关的专业单位联合共建的形式将课堂延伸至社会生活中,教会学生在生活中收集素材,检验专业能力,提炼艺术语言,建立起生活和创作之间的联系,将教学与本土文化、历史、艺术充分融合,从而提高学生的人文素养和综合能力。①

3."艺术＋工艺品"户外教学培养新时代中国特色审美意识

"艺术＋工艺品"助力乡村建设是对乡村自然风貌、文化的深刻感知与记录运用,需要一定教学方法与技巧,在这一过程中渗透思想情感,能够提高学生的艺术感受力,培养中国特色的审美观。艺术乡建将所学的课堂理论知识与个人感受紧密衔接,使得学生能够在乡村自然环境以及乡村特有的人文环境中,激发创作灵感,以多样的形式,通过"艺术＋工艺品"描绘乡村建设。

二、教学实践与创新成果

(一)开展"融合设计振兴乡村"课程

中国人民大学的丛志强教授开展了"融合设计振兴乡村"课程。该课程以"艺术＋工艺品"设计赋能乡村建设,以乡村文化深耕为研究与设计对象,以艺术设计与乡村可持续发展的关系构建为核心。课程中提出四个相互关联的板块,分别是"乡村振兴战略的背景、内涵与实践探索""设计介入乡村的问题与原因""设计赋能村民的方法与流程""乡村文化深耕的方法与流程",创造性地探索出一个低成本、见效快、

---

① 李戈晔.中国画专业教学中户外写生课程思政建设的实践与探索——以上海园林巡礼写生为例.艺术教育,2022(3):272-275.

易复制、可持续的"村民赋能·文化深耕"乡村振兴模式。以案例与创作相结合的教学方法,提升学生对乡村问题与需求进行挖掘、整理、选择、提炼的能力,设计赋予村民文化深耕的能力、乡村社会设计的能力、乡村设计研究的能力,并帮助学生掌握科学合理的融合设计的方法,树立设计解决乡村真问题的观念。①

(二)创作《百家布》公共艺术系列作品

中国人民大学陈炯老师带领学生到浙江绍兴考察,到达坡塘云松村时发现,那里有一望无际的茶园,以及绵延的群山,有天然的乡村景观优势。此乡村已经具备良好的基础设施和视觉风貌,但是面临"留不住人"的棘手问题。陈炯老师针对这一问题做了公共艺术作品、景观微改造、农创产品、艺术支教活动、村庄影像志等尝试,并邀请本地村民参与进来。其中公共艺术作品《百家布》成功出圈,此作品是由村委号召村民拿出自家有纪念意义的衣服、被单等缝合制成的。② 在作品创作期间,学生通过与村民沟通交流,逐渐加深了对村庄与公共艺术作品的了解,为日后的改造工作做好了准备。

(三)文创升级,创建手工工艺艺术作品

坡塘云松村内常住人口以中老年人为主,村内有大量劳动力闲置。为此,"艺乡建"的学生与老师开始召集村内的能工巧匠,携手进行文创升级工作,文创作品由团队学生进行设计,与村民协作共同实施完成。大家利用村中自然资源和独特手工艺,创造出布艺、剪纸、竹编等手工艺文创产品。由学生们设计的作品最终呈现出一定的功能性、美观性并获得商业价值,同时让村民获得自我造血能力,为提升村

① 中国人民大学艺术学院. 热烈祝贺丛志强老师当选 2023 年度"最美宁波人"!. (2024-04-29)[2024-05-12]. https://mp.weixin.qq.com/s/WU4yOXL4MW4zQx6alQT3QA.

② 中国人民大学艺术学院. 人民日报刊发我校教师文章《一步一景,村庄变得更美》. (2022-02-28)[2024-05-12]. https://mp.weixin.qq.com/s/WU4yOXL4MW4zQx6alQT3QA.

庄收入做出了贡献。同时,参与其中的学生们发挥了个人社会价值,将所学理论转化为实践,增强了动手能力,本地村民的自豪感和乡土情怀也得到了增强。

三、社会影响与成果展示

(一)社会影响

1."艺术＋工艺品"展现乡村传统民族文化

工艺艺术作品通常源自人们的日常生活,蕴含着人们的情感。将工艺艺术作品应用于乡村建设中,无论是设计还是创作,均体现了当地的民俗风情,蕴含着当地的文化特色。"艺术＋工艺品"乡村建设培养出了许多村民艺术家,改变了村容村貌,提升了村民的艺术创造能力,打开了村民身边的艺术殿堂之门,使乡村成为以融合设计开启"艺术振兴乡村"模式的发源地。①

2."艺术＋工艺品"促进工艺作品创新

随着时代的高速发展,传统工艺艺术作品正在面临新的困境。传统工艺艺术作品所采用的家族传承模式,具有一定局限性,无法适应并满足当今时代和社会需求。需充分研究乡村文化价值,通过"艺术＋工艺品"的乡村建设,向学生、村民、游客科普乡村工艺艺术作品产生背景,使其充分理解背后所蕴含的乡村独特地域文化。通过将传统工艺艺术作品与现代审美有机融合,因地制宜进行创新,满足当代审美需求,使得工艺艺术作品在新时代乡村振兴发展中得到传承与发展。

---

① 艺术振兴乡村 中国人民大学——葛家村融合设计艺术展开幕.(2019-08-23)[2024-05-12]. https://mp.weixin.qq.com/s/2bdT1yGmp4GgscRfSm_DWA.

3. "艺术＋工艺品"体现教书育人之效

作为劳动人民智慧的结晶,传统工艺艺术作品是传统文化的精髓,具有开展社会教化的重大功能。开展工艺美术相关教育活动,能极大提高人们文化素养,增强文化自信,陶冶情操。[①] "艺术＋工艺品"乡村建设,通过乡村艺术工艺品对乡村的美化,再现人们的日常生活,传递其乡村文化价值,让村民和游客感受其文化魅力,也是在无形中传承中华民族的优秀传统文化。此外,工艺艺术品本身具有教化的作用,利于构建良好的社会关系,营造温馨和谐的社会氛围。

(二)成果展示

"艺术＋工艺品"创作强化了乡村民众的参与意识。例如,中国人民大学"艺乡建"作品《看见风》被多家媒体报道,许多游客慕名而来,拍摄地云松村成为网红打卡地。在村民与学生合作的过程中,村民责任感和使命感增强,村民治理乡村的积极主动性和能动性被充分调动,有助于激发治理主体参与活力,释放社会活力。在农民群众共同参与乡村治理的过程中,要鼓励其释放创造力,创造属于自己的幸福生活。

中国人民大学团队利用本地乡村生产的毛竹,就地取材,编织成竹子工艺品,以及竹子公共艺术品等,取得了很好的旅游经济效益,成功实现了以"艺术＋工艺品"助力乡村建设的目标。例如,宁波鄞州区东钱湖镇城杨村,村庄四面皆山,有两条小溪如玉带系起整个村庄,风景可与不远的东钱湖相媲美。但是,如今的村庄集体经济薄弱,乡村产业落后。中国人民大学丛志强教授受邀来到这里,看到村中的竹林,提出用竹子编织成一个巨大的"草帽"公共艺术品。丛志强带领团队一起,花了两个月的时间,用1500斤毛竹编织了一顶直径达6米的巨型"农夫草帽",之后又编了一个高7米的"酒瓶"。闻讯赶来的村民大加赞赏,更是引来很多外地游客来这里"膜拜"。

---

① 王建和.工艺美术的文化价值与传承途径探析.天工,2023(5):57-59.

第三节 "艺术＋乡村品牌 IP"模式
——以浙江大学项目为例

一、项目背景及意义

(一)项目背景

2014 年 4 月,《国务院关于推进文化创意和设计服务与相关产业融合发展的若干意见》指出:增强文化自信,弘扬中华优秀传统文化,创新经营管理模式,加强传统与现代之间的融合发展,以创意和设计引领商贸流通业创新,是推进文化创意和设计服务与相关产业融合发展的重要任务。2018 年《乡村振兴战略规划》的发布,为《意见》的进一步落实提供有力支持,文创设计与乡村的联系更为紧密。[1] 在中国,将艺术形式广泛介入乡村的做法是罕见的,但这种方法很好地符合当前中国国情和未来乡村切实需求。艺术家在将艺术融入乡村的过程中,不断探索乡村本土地域文化,将艺术渗透到乡村生活的各个方面,在为艺术提供创新思路的同时,也为乡村振兴提供新的解决方案。

"IP"一词在社交网络环境下,指的是具有原创性或保护性特征的文化产品。随着科技不断进步,人们在终端接收信息的能力已经大幅提升,信息量的增加要求更加配备人性化的接收方式,这促使品牌、机构,甚至地方和国家利用塑造 IP 形象来扩大自身在宣传方面的影响力和转化率。IP 形象随着近年来国内消费者消费水平及需求的转变,开始显现其巨大的经济效应。《2020 年中国十大消费趋势报告》显示:传统功能性产品已无法满足新兴消费群体的需求,他们愿意为

---

① 张子豪.艺术介入乡村的背景下关于地方 IP 形象设计的研究.广州:广东工业大学,2023.

兴趣爱好投资。消费者追求融合艺术、趣味和娱乐的综合消费体验。①

　　近几年来,浙江省各地持续深入挖掘当地文化资源,积极引导社会文艺力量和艺术家参与乡村建设,而随着浙江省文联及各级文联组织的介入和参与,"艺术乡建"正逐渐成为浙江省助力乡村振兴的重要特色品牌。浙江大学旅游与休闲产业研究院副院长严力蛟指出,"艺术乡建"以文艺介入乡村建设,重新链接人与人、人与乡村、人与自然的关系,有效激活人的个体价值和乡村资源价值,为村民提供物质与精神的双重"获得感"和"幸福感",使乡村产业、文化、生态、治理方面都能得到有效的提升,进而有利于推动实现"共同富裕"。② 浙江大学借助每年的寒暑期社会实践活动开展"校地合作","艺术赋能兴乡村,青春助力谋发展"取得了一定的成果。例如,2023 年 11 月 25 日至 26日,2023 年浙江省高校暑期社会实践优秀调研报告评选决赛中,浙江大学"'乡村里的文化中国'暑期社会实践团"撰写的调研报告《行走文化中国,写就乡村振兴新画卷:兼议各地文化利用和产业发展现状及其对乡村振兴的作用》获得了本科组三等奖的好成绩,其实践成果也为实现乡村振兴贡献了青春力量。在乡村 IP 的建设方面,2023 年 8月 29 日,"天目乡创·文化赋美乡村计划"启动并举行研讨会,计划通过五大发展维度、五大项目基地和"10＋N"个微观场景,有力推动临安全域文化繁荣、全民精神富有,打造文化赋能乡村振兴未来样板。③临安区与浙江大学 CARD 中国农业品牌研究中心等共同举行高校教育实践基地授牌仪式,其中,浙江大学乡村品牌建设研究基地落地临安区,有助于吸引更多教师和学生来临安进行调研策划,带着新理念、

---

① 中国日报网.知萌咨询发布 2020 年中国消费趋势报告.(2020-01-19)[2024-05-18]. https://cn.chinadaily.com.cn/a/202001/19/WS5e240ffda3107bb6b579ad10.html.

② 浙江大学公共政策研究院."艺术乡建"助力浙江省共同富裕.(2022-08-17)[2024-05-12].http://www.ggzc.zju.edu.cn/2022/0818/c54185a2609644/page.htm.

③ 朱熠凡."相见"恨晚! 清华、浙大、中国美院教授在临安读懂中国乡村之美.(2023-08-31)[2024-05-12].http://news.sohu.com/a/716358754_121117476.

新资源、新人才激活乡村文化创新发展。

(二)"艺术+乡村品牌 IP"创建的教学意义

1. 为学生提供多元化的学习体验

传统教育往往着重于知识传递和理论学习,而通过引入艺术元素和乡村品牌 IP,可以让学生从不同的角度理解和应用所学知识。将艺术的审美观念与乡村品牌 IP 的实践经验相融合,不仅可以促进学生在多个方面的全面发展,更能激发他们内在的创造力和想象力。这种结合为学生提供了丰富多彩的学习体验,有助于打破传统学科之间的壁垒,促进跨学科的交叉学习和思维。同时,这种多元化的学习方式,能够使学生在面对多样复杂问题及困境中找到创新性解决方案,培养新时代青年独立的逻辑判断能力和出色的批判性思维能力。

2. 培养学生的实践能力和创新精神

艺术和乡村品牌 IP 的结合涉及艺术创作、品牌推广、文化传播等多个领域,学生在这个过程中将有机会进行实践探索和项目设计。通过参与实际项目,学生可以将所学知识运用到实际情景中,并培养解决问题的实践能力和创新思维。学生亲身参与实际项目时,将面对各种挑战和问题,必须寻找创新的解决方案。这种实践过程促使他们跳出传统的学习框架,积极探索和尝试不同的方法,从而培养出解决问题的实践能力。通过在现实情境下应用所学知识,学生能够更深入地理解和掌握知识,同时也能够培养出色的创新思维,为未来的挑战做好充分的准备。

实践性教育还有助于提升学生的自信心和自主学习能力。通过参与项目,学生将直面各种挑战和困难,需要克服困难、解决问题。在解决问题的过程中,他们会逐渐建立自信心,相信自己有能力应对各种挑战。实践性教育能够激发学生的独立思考能力,让他们变得更主动、更积极地面对学习和生活中的各种情境。最重要的是,实践性教育为学生提供了一个实际的学习平台,让他们在学习过程中紧密联系实际情况,培养出更好的适应和发展的能力。这种学习方式不仅加深了学生对知识的理解,还让他们在解决实际问题的过程中学会思考、合作和创新,为未来的职业发展打下坚实的基础。通过参与实际项目,学生得以在实践中成长,并从中获得宝贵的经验和启示,为未来的事业铺平道路。

3. 促进跨学科学习和合作精神的培养

通过跨学科学习,学生将不再局限于单一学科的框架之中,而是能够跨越学科边界,深入探索相关学科之间的关联性和交叉点。这种跨学科学习的过程,不仅拓宽了学生的学科视野,还促进了他们在不同学科领域之间建立联系和对比,培养了他们的批判性思维和综合分析能力。

同时,在团队合作的过程中,学生需要相互协作、沟通和协调,培养出色的团队合作意识和领导能力。在团队合作中,学生将学会倾听和尊重他人的意见,学会有效地沟通,培养出色的团队协作技能。通过团队合作,每个成员都可以发挥自己的长处,共同完成任务,实现团队的共同目标,同时也能够从他人身上学习,不断提升自己的领导能力和团队协作意识。这种学习方式不仅有助于学生全面发展,还能够为他们未来的职业生涯打下坚实的基础。通过跨学科学习和团队合作,学生将拓宽自己的视野,培养综合能力,提升团队协作水平。

二、教学实践与创新成果

(一)浙江大学乡村品牌建设研究基地的创立与建设

浙江大学 CARD 中国农业品牌研究中心主任胡晓云曾多次探索浙江大学的"乡村文化品牌建设"。"文化不是固定在一个支点上的,而是一条奔流的长河,千百年后,它会凝聚成坚固的文脉。"她分别从传承、撷取、移植和改造四方面,阐述了如何创造一个乡村的文脉品牌,延续乡村的生命。

胡晓云说,对于一些乡村地区,只有将手工艺等非物质文化遗产完整传承,乡村的文化才能得到有效的保留和持续发展;而某些乡村地区的特殊植被和独特风貌需要被保护和挖掘,以激发人们在物质、精神甚至灵性层面的共鸣;通过将城市中的艺术元素移植到乡村地区,能够创造一种全新的、充满异国风情的蒙太奇景观,为人们带来崭新的文化体验;乡村改造是在农耕文明传统基础上进行的二次文明开发和创新,通过创意、设计、技术等各方面的创新,塑造乡村文脉品牌,传承和发扬乡村文化,助力打造幸福美好的乡村生活。

不论成立前还是成立后,浙江大学乡村品牌研究中心一直都是一股蛰伏的力量,拼力向上,韧性生长,近年来也取得了颇丰的成果。在2019年首提"乡村品牌化"概念和近几年乡村品牌实践探索的基础上,浙江大学品牌中心发布了《品牌乡村建设评价规范》团体标准,为美丽乡村、未来乡村、和美乡村的品牌化运营成效提供评价规范。胡晓云主任在迪拜世博会中华文化馆首届宝船国际茶文化节暨中国茶叶国际分享高端学术论坛上,做了题为"中国茶 再出海"的主旨演讲,分享了中国茶在新的时代背景下,如何更好地走向全球市场;后应邀在中国美术学院进行"品牌跨界理论"系列讲座第一讲,做了题为"品牌创造:从差异化符号到差异化价值"的学术讲座,从品牌创造的时代背景、起源与本质以及品牌创造实践等三个板块与师生进行了互动分享。① 近一年时间,浙江大学乡村品牌研究中心团队与衢州市合作,探索并完成了地级市层面的乡村品牌化战略规划项目,并提供了单个乡镇/乡村的示范性应用案例,为全国乡村品牌化提供理论与现实落地的双向探索经验。

---

① 浙江大学中国农村发展研究院.年终特辑|持续向上,韧性生长——浙江大学CARD中国农业品牌研究中心2022年终总结.(2023-01-14)[2024-05-12]. http://www.card.zju.edu.cn/2023/0114/c24473a2710739/page.htm.

(二)学生主动开展艺术乡建实践活动

多年来,浙江大学利用寒暑假等学生假期开展社会实践活动,不断探索并推动了"艺术+乡村品牌 IP"的创建与结合。这一举措旨在促进学生对传统文化、乡村振兴和创新发展等领域的了解与实践,同时也为推动社会文化的发展注入了强大动力。在这一过程中,浙江大学将学生的学习与实践资源有机结合,鼓励学生参与艺术乡建活动,积极探索乡村建设中艺术的角色和影响。学生的积极参与和努力,促进了艺术在乡村建设中的应用与创新,为乡村注入了新的文化内涵和活力。学生们结合乡村实际情况,运用艺术创作与设计理念,打造了独具特色的乡村艺术品牌 IP,使乡村呈现出更具魅力和个性化的形象。

通过长期持续的实践活动,浙江大学在"艺术+乡村品牌 IP"创建方面逐渐形成了一系列成功经验和成果。学生们通过参与实践活动,深入了解乡村发展现状和需求,通过艺术的方式为乡村发展提供了更多可能性和变革动力。这种基于实践的学习方式不仅促进了学生的综合素养和实践能力的提升,也帮助学校与当地乡村建立了更为密切的联系与合作,推动了学校与社会之间的互动与共赢。

为深入学习贯彻习近平新时代中国特色社会主义思想和党的二十大精神,感受二十大给家乡带来的变化,2023 年 1 月 9 日至 11 日,浙江大学国际联合学院学生以"艺术赋能乡村振兴"为调研主题,赴江西省萍乡市湘东区湘东镇江口村开展寒假社会实践活动。将调研结果转化为村落特色的挖掘与发展、多产融合的发展模式、村集体经济的带动三方面,同时提出了存在问题与解决措施。另外,实践团队创建了"萍水相逢艺江口"微信公众号,记录实地走访、采访、调研等的主要成果,并以视频形式展示江口村的多彩风貌。此次社会实践活动也吸引了地方媒体的关注,大江网(中国江西网)对此进行了相关实践报道,丰富、全面地向外界展示了各个"艺术乡村"。

浙江大学的"艺术＋乡村品牌IP"创建实践也奠定了良好的社会基础。通过学生的参与与努力,乡村品牌IP的打造不仅从根本上改善了乡村的形象和发展状况,也为当地乡村注入了新的发展动力和活力。这一过程既促进了乡村的文化传承和振兴,同时也为乡村经济和社会的全面发展带来了新的机遇和挑战。

(三)学生在乡村品牌创建中的角色与贡献

浙江大学学生在乡村品牌IP创建中扮演着重要的角色,他们的积极参与和贡献为乡村的发展注入了新的活力与创意。通过参与乡村品牌IP的创建过程,学生们不仅提升了自身专业能力和实践经验,也为乡村文化的传承与振兴做出了积极贡献。

浙江大学学生在乡村品牌IP创建中担任着创意和设计的重要角色。通过运用专业知识和创意思维,他们为乡村品牌IP注入新的元素和活力,打造了独特而具有吸引力的文化符号。例如,学生们可以结合当地乡村的历史文化、自然风光、民俗传统等元素,设计出富有地方特色和创意创新的品牌形象和产品,提升乡村的知名度和美誉度。通过参与乡村品牌IP的策划和营销推广,学生们不仅为当地特色产业和手工艺品开辟了新的市场渠道,也促进了乡村旅游业的繁荣与发展。举例来说,学生们可以利用线上线下渠道推广乡村品牌IP,扩大市场影响力,带动当地产业转型升级,增加农民收入,推动乡村经济的多元化发展。

浙江大学学生在乡村品牌IP创建中还肩负着文化传承与振兴的责任。通过深入乡村调研与实践,学生们积极挖掘和传承当地乡村的非物质文化遗产,保护和弘扬传统文化。例如,学生们可以通过文化艺术活动、展览和工作坊等形式,传播乡村文化,激发当地居民对传统文化的热爱和保护意识,促进乡村文化的传承和创新。

浙江大学学生在乡村品牌IP创建中扮演着创意设计、经济推动和文化传承等多重角色,为乡村的发展和振兴做出了积极贡献。他们的参与不仅提升了乡村品牌IP的品质和影响力,也培养了自身的实践能力和责任意识,同时促进了学校与乡村间的紧密合作与交流,构建了一个互惠共赢的合作模式。

三、社会影响与成果展示

浙江大学在艺术和乡村品牌IP创建方面的社会影响与成果展示展现了其在促进文化传承、乡村振兴和创新发展等领域所做出的重要贡献。通过将艺术与乡村品牌相结合,浙江大学探索了将传统文化与现代艺术相融合,为乡村带来新的生机和活力的模式,推动了当地经济的发展和社会的繁荣。

(一)社会影响

浙江大学在"艺术+乡村品牌IP"创建方面所达到的社会影响深远而多维,涵盖了文化传承、乡村振兴、经济发展、社会和谐等方面。在乡村振兴方面,浙江大学的"艺术+乡村品牌IP"的创建为乡村经济的振兴提供了新的契机。通过打造独特的乡村品牌IP,提升乡村形象和吸引力,浙江大学推动了当地农村经济的多元化发展。乡村品牌IP的创建也为当地居民提供了更多的就业机会,促进了农村居民增收致富,带动了当地经济的快速发展。浙江大学的努力不仅使得乡村焕发新的活力,也为乡村带来诸多的发展机遇。

其社会影响还体现在改善社会环境和推动文化交流方面。通过艺术创作和乡村品牌IP的推广,浙江大学带动了乡村环境的提升和改善。借助艺术与设计的力量,美化乡村环境,打造艺术景观,提升乡村形象和品位,使乡村成为人们向往的宜居环境。同时,浙江大学也通过举办各类文化艺术活动和展览,促进了城乡之间的文化交流与互动,拉近了城乡之间的距离促进了社会融合和和谐发展。

通过将艺术与乡村结合,浙江大学促进了传统文化的传承与弘扬,振兴了乡村经济,改善了乡村环境。浙江大学的努力不仅提升了乡村的软实力,也为乡村振兴和社会进步树立了良好的典范,为中国乡村的可持续发展和文化传承保护做出了积极贡献。

(二)成果展示

浙江大学通过整合艺术创作与乡村非物质文化遗产的传承,成功打造了具有独特文化底蕴和创意价值的乡村品牌IP。这种艺术与文化的融合不仅让乡村非遗得以传承和发扬,也为当地居民带来了新的文化体验和认同感。这些以乡村为灵感来源的艺术创作和乡村品牌IP的打造,让乡村文化焕发出新的生命力,同时也为当代社会文化的繁荣与发展做出了贡献。在乡村振兴方面,浙江大学通过"艺术＋乡村品牌IP"的创造,为当地乡村经济的振兴提供了新的动力。特色乡村IP形象吸引了广大游客及投资者前来参观学习,在带动乡村经济的同时发展了旅游业和手工业。乡村品牌IP的成功打造不仅提升了乡村的知名度和吸引力,也为当地居民提供了更多的就业机会,促进了农村居民增收致富,推动了当地经济的多元化发展。浙江大学的努力促进了乡村经济的转型升级,为乡村振兴开创了新的发展路径。

浙江大学在"艺术＋乡村品牌IP"创建方面所取得的成果也得益于其在社会环境改善和文化交流方面的表现。通过艺术创作和乡村品牌IP的推广,浙江大学积极参与乡村环境的美化和提升工作。借助艺术与设计的力量,打造具有艺术气息和文化内涵的乡村景观,提升了乡村的整体形象和品质,使乡村成为人们向往的宜居环境。同时,浙江大学也通过举办各类文化艺术活动和展览,促进了城乡之间的文化交流与互动,为促进城乡融合发展提供了有力支持。

第四节 "艺术＋非遗"模式
——以宁波大学项目为例

一、项目背景及意义

(一)项目背景

政策导向与社会需求共同助力"艺术＋非遗"融合。近年来,国家高度重视非物质文化遗产的保护传承、活化,以及学校艺术教育的发展,出台了一系列政策文件以强调将非遗融入国民教育体系,并要求学校美育教育的提升。浙江省在文化大省建设中,积极推动非遗进校园,鼓励高校在艺术教育中融入非遗元素。宁波大学积极响应政策号召,结合地方特色与教育资源,启动了"艺术＋非遗"行动。

发展需求与地方特色文化资源相结合,为"艺术＋非遗"行动提供了丰富的理论基础。宁波地区拥有的非物质文化遗产资源十分丰富,如越窑秘色瓷烧制技艺、宁海十里红妆婚俗、宁海平调等国家级、省级非遗。同时,宁波大学秉持美育与思政相结合的教育理念,致力于通过艺术教育培养学生的审美能力、创新能力与社会责任感。[1] 因此,将非遗文化引入校园,既符合学校美育教育的目标,又体现了其在文化传承与创新方面的社会责任。"非遗进校园"等活动,旨在让学生在接触、学习、体验非遗的过程中,深化对本土文化的理解与认同,增强文化自信,培养其成为非遗保护与传承的积极参与者。[2] 宁波大学始

---

[1] 浙江省教育厅.宁波大学打造高校立德树人"美育＋思政"新模式.(2022-04-19)[2024-04-06]. https://jyt.zj.gov.cn/art/2022/4/19/art_1543974_58936957.html.

[2] 浙江非遗.非遗进校园｜一场非遗潮集和大学校园的"双向奔赴"在浙里上演!.(2023-04-17)[2024-04-06]. https://mp.weixin.qq.com/s/VWDBrT1TwIbIn70akCJmyQ.

终秉持尊重传统、融合创新的教学理念,致力于平衡人才素质建设、专业教学与文化保护之间的关系,积极探索并实施了一系列创新教学方式。自 2017 年起,宁波大学陆续开展"艺术＋非遗"实践教学项目,通过系统化的课程设计、实践性强的活动组织等方式,将非遗文化融入美育与思政结合的教育体系,培养了一批具备深厚文化底蕴、专业技能与非遗保护创新精神的复合型人才。

(二)"艺术＋非遗"的教学意义

1. "艺术＋非遗"行动促进非遗传承与保护

宁波大学通过开设非遗体验课程、举办校园文化艺术节、鼓励非遗社会实践等方式,使学生直接参与到非遗技艺的体验、学习与实践当中,实现非遗的活态传承。同时,学校与非遗传承人、非遗保护机构紧密合作,共同开展非遗保护研究与项目申报,为非遗保护工作提供了学术支持。①

2. "艺术＋非遗"行动提升公众认知与参与

宁波大学通过举办非遗文化节、非遗展览、非遗讲座等一系列面向师生及公众的非遗活动,大幅提升了非遗文化的可见度与影响力。学生可以在学习传统技艺、参与非遗创作过程中,提升艺术创作能力与审美素养。同时,非遗课程蕴含的历史文化知识、传统工艺理论等内容又可以拓宽学生的学术视野,提高其文化修养。在非遗项目实践中,学生需结合现代审美以及市场需求,对传统技艺进行创造性转化,从而有效锻炼其创新思维与实践能力。此外,参与非遗田野调查、项目策划与执行等活动,可以提升学生在团队项目中管理、协作与沟通能力。通过参与非遗保护与传承工作,学生可以认识到自身在文化传

① 中央广电总台国际在线. 国家级非遗泥金彩漆囍园传承基地挂牌仪式暨 2023 宁波大学国际学生非遗文化主题交流活动在宁波举行. (2023-12-21)［2024-04-06］. https://news. cri. cn/n/20231221/5bd2c80a-c9e4-607d-290d-ee0894a891ea. html.

承中的责任与使命,增强社会责任感。同时,对本土文化的深入学习与实践,使学生对中华优秀传统文化有更深的理解与认同,提升了文化自信。此外,学生参与的非遗调查、非遗体验等社会实践活动进一步扩大了非遗文化的传播范围,可以在一定程度上增强他们的非遗保护意识。

3."艺术＋非遗"行动推动地区文化建设

学生在参与非遗项目的过程中,通常与当地社区、乡村合作密切,通过相关非遗主题的文创产品开发、乡村旅游项目策划、非遗文化体验活动等形式,使得非遗文化与地方经济发展紧密结合。在带动地方旅游、手工艺等相关产业发展的同时推动乡村文化产业的兴起,为乡村振兴注入文化动力。同时,这些活动也促进了城乡文化交流,提升了乡村整体的文化品位与游客吸引力,有助于建造一个富有地方特色、充满活力的乡村文化生态项目。"艺术＋非遗"行动通过以上种种措施成功促进了地区文化的传播,带动了旅游业和经济的发展,为地区文化与产业发展带来了更多的机遇。

二、教学实践与创新成果

(一)开展非遗公益讲堂

宁波大学将非遗项目引进公益课堂,除了组织建设非遗研究的公益团队进行非遗专项的挖掘与活化,学校也通过开展民艺公益大课堂系列活动进行非遗的授课宣传。2021年正值中国共产党成立100周年,宁波大学"非遗种子课堂"公益团队与宁波市镇海区庄市街道合作共同开展剪纸教学公益课,教小朋友将党的故事与精神"剪"出来。"童心看非遗、争做火炬手",在寓教于乐中,小朋友们接受了一次传统文化的熏陶。宁波大学"非遗种子课堂"公益团队成立于2018年,致力于整合宁波市各类非物质文化遗产,通过影像资料收集与课程设计等方式促进非遗传承。团队目前已制作出剪纸、农民画和竹编等十余种非遗课程教材,并在中小学生及家长群体中推广,同时也在开展"非遗进校园"系列活动,旨在提高中小学生动手能力,弘扬中华民族工匠精神,提振文化自信。① 2022年,宁波大学园区图书馆与宁波市民间文艺家协会联合开展民间文艺特色课程,积极响应"双减"系列活动,将剪纸、农民画、泥塑等独具地方文化韵味的优秀民间艺术引入课堂,开设以"匠心甬传"为主题的民艺公益大课堂。其中,参与"匠心甬传"民艺公益大课堂的授课教师,均由宁波市民间文艺家协会负责遴选邀请,确保艺术专业水平,授课的教师均为宁波民间文艺领域专业水平顶尖的本土民间艺术家。②

(二)在相关课程中融入非遗元素

宁波大学尝试将非遗文化融入艺术设计专业的教学体系之中,专业教师不仅负责教授理论知识,还会邀请非遗文化传承人亲临课堂,进行实践教学与文化宣传,分享他们的非遗经验及独特技艺,这使得学习的过程更为生动而具体,学生也能更直观地领略非遗文化的深邃魅力。③ 通过传承人的悉心指导,学生不仅能够深入了解非遗文化的核心内涵,还能学习如何将这些独具特色的元素巧妙地融入艺术创作之中,进而提升自己相关作品的文化内涵和创新性。学生可以尝试从非遗文化中汲取特殊符号、图案、色彩等作为灵感来源,创作出既具有非遗特色又充满现代感的设计作品,为非遗文化的传承和发扬贡献自己的力量。

---

① 宁波大学教师教育学院.宁波大学非遗团队开展剪纸教学公益课,将党的故事和精神"剪"出来.(2021-04-08)[2024-04-06].https://jsjy.nbu.edu.cn/info/1069/9585.htm.

② 宁波大学园区图书馆.文艺助力双减,非遗点亮假期,"匠心甬传"民艺公益大课堂开课了!.(2022-07-18)[2024-04-06].http://jyj.ningbo.gov.cn/art/2022/7/18/art_1229165918_58909074.html.

③ 周晶晶.以美育人:"非遗"进宁大 师生零距离接触非遗文化魅力.(2018-10-31)[2024-04-06].https://sgzx.nbu.edu.cn/info/1003/4088.htm.

(三)组织非遗下乡实践

宁波大学鼓励学生积极参加暑期社会实践活动,尤其是学生会、艺术类社团或"人文·力量"等项目的同学积极参与,形成以非遗为主题的团队,走近非遗、了解非遗、宣传非遗,以推动其在当代的延续与发展。这类活动为学生提供一个自由探索和实践非遗技艺的平台,学生有机会参与非遗手工艺品的制作过程,也可以与非遗传承人面对面交流,亲身体验相关非遗技艺。[1] 团队鼓励学生积极参与后续的非遗资料整理与研究,通过系统地收集、整理和分析相关资料,学生能够更加全面、深入地了解非遗的历史渊源、制作工艺及其文化价值,这对于培养学生的科研能力和文化素养具有积极的推动作用。例如,宁波大学商学院"廉风遗泽"学生团队在体验非遗文化、传承非遗文化的同时将非遗文化教育和青年学子廉洁教育相结合,最后整理调研内容、策划非遗宣讲课程,为江北外国语艺术小学的学生们带来了别开生面的学习体验,通过讲解非遗项目的历史、技艺、文化内涵和非遗传承人们的匠心精神,激发孩子们对非遗文化的兴趣和热爱。[2] 在关于鄞州竹编非遗文化的暑期社会实践调研活动中,学生们通过实地走访、访谈传承人等方式,深入了解竹编技艺的历史、现状和发展前景,并通过社交媒体等渠道进行广泛宣传,有效提高了公众对非遗的认识和关

[1] 宁大青年.暑期社会实践 | 以弱冠之龄,品非遗之美.(2022-07-27)[2024-04-06]. https://mp.weixin.qq.com/s?biz=MjM5OTUyMTI5Mg==&mid=2701466739&idx=2&sn=cee67cdf678785ef1ec44d6e3ca0d646&chksm=83cb8110b4bc08068fc1bc867849ec8282864b0e297ce1ecadd5a183a52ae7d2ef7b2d7a3ca1&scene=27.

[2] 魏薇,张未旭,傅元美.学习强国:大匠至心,宁大"00后"学子问道非遗.(2023-09-28)[2024-04-06].https://news.nbu.edu.cn/info/1005/47769.htm.

注度。①

(四)学生实践中的创新成果

宁波大学学生创作了一系列融合非遗元素的产品与作品,如潘天寿建筑与艺术设计学院学生为瀍浦农民画创作文创品。② 宁波大学昂热大学联合学院宁波金银彩绣地域特征及产业创新探究小分队师生们运用实践所学,发挥想象力和创造力对金银彩绣的图案进行了设计,在创意设计的探索中,汲取了敦煌壁画中瑰丽繁复的藻井图案与戏剧服饰中精美的补子元素,同时深度融合了宁波地区独有的刺绣技艺——盘金与盘银的传统针法,进行二次创作。③ 这些作品在社会上引起广泛关注,展现了学生对非遗技艺的创新应用能力,也为非遗的当代价值转化提供了生动而具象的例证。

学校鼓励学生将传统非遗与现代理念相结合,策划设计"艺术＋非遗"相关创新创业项目,包括研发非遗主题文创产品、设计非遗元素艺术作品、策划非遗文化推广活动等,在锻炼创新能力的同时推动传统非遗的活态传承。如"泥竹紫韵——非遗文化建水紫陶的创新与传播"项目专注于中国非遗文化的传承与推广,从非遗文化建水紫陶出发,以新媒体为中心,形成以宣传为主,销售为辅的非遗文化新模式,打造属于自己的非遗粉丝群。④ 在导师的指导下,学生也围绕"艺术

---

① 宁大青年. 主题教育进行时·青春风貌行动|传承非遗文化,筑梦非遗未来——鄞州竹编非遗传承暑期社会实践活动. (2023-07-22)[2024-04-06]. https://mp. weixin. qq. com/s? biz＝MjM5OTUyMTI5Mg＝＝&mid＝2701495123&idx＝4&sn＝f2412266ca7a311270512e40c4d56397&chksm＝83cb1630b4bc9f260a7f4611a449764c20952ffc87612e6d8fd73f4d6d307c1508e37208f93e&scene＝27.

② 刘秉印,陈醉. 宁大潘艺学院学生为瀍浦农民画创作文创品. (2021-09-07)[2024-04-06]. https://news. nbu. edu. cn/info/1005/41749. htm.

③ 王洁. 情系非遗|金银彩绣,融古汇今的美丽. (2019-08-28)[2024-04-06]. https://lhxy. nbu. edu. cn/info/1159/1785. htm.

④ 国家级大学生创新训练计划平台. 泥竹紫韵——非遗文化建水紫陶的创新与传播. (2020-09-02)[2024-04-06]. http://gjcxcy. bjtu. edu. cn/NewLXItemListForStudentDetail. aspx? ItemNo＝627595.

＋非遗"主题开展理论研究,通过调研记录相关信息撰写相关科研论文与著作。① 这些研究成果深入探讨了非遗保护与传承的理论与实践问题,提出了具有创新性的对策建议,为非遗的科学保护和后续的可持续发展提供了智力支持。

(五)学生在非遗传承中的角色与贡献

学生是非遗传承的新生力量,宁波大学学生通过学习非遗知识、实践非遗技艺,成为非遗传承的新鲜血液,为非遗的传承保护提供了保障。他们在继承传统技艺的同时勇于创新,将非遗元素融入现代设计并赋予非遗新的生命力。同时,学生也是非遗文化的传播者,学生通过参与非遗传承活动,将非遗知识与价值观念传递给更多人群,提升了社会对非遗的认知度与认同感。他们还可以通过新媒体平台、线下活动等多种渠道,打破时空限制,扩大了非遗的影响力。另外,学生作为非遗保护的参与者,在体验非遗项目和进行非遗主题社会实践的过程中,承担起非遗保护的责任,为非遗的保护与传承做出了贡献。他们通过调研、记录、宣传等方式,为非遗保护提供了大量的数据支持,助力了地方非遗传承保护工作的开展。

三、社会影响与成果展示

(一)社会影响

"艺术＋非遗"行动有效推动了非遗文化的传承与创新。学生在学习与实践中,不仅接触了非遗技艺,更深入理解了其文化内涵与价值,成为非遗传承的新生力量。学校通过举办暑期社会实践分享、出

---

① 胡京京,许卫婷.中国宁波网:历时 1 年 31 万字记录! 宁大学子"乡村记忆"被出版社看上啦.(2017-11-20)[2024-04-06].https://news.nbu.edu.cn/info/1005/32277.htm.

版非遗研究成果,为非遗理论研究与学术交流提供平台,有助于推动非遗知识体系的完善与更新。

"艺术＋非遗"行动促进产学研合作与相关产业经济发展。学生在学习非遗技艺的同时,也尝试开展非遗文创产品的设计与开发,将非遗元素与更易接受的设计载体和理念进行结合,推出更具有市场竞争力的产品。相关产品也可在宁波文博会等文化创意产业博览会上亮相,吸引商家与消费者关注,为地方文化产业发展注入新鲜活力。①

"艺术＋非遗"行动助力国际交流与文化输出。宁波大学积极推动"艺术＋非遗"项目走向国际,如参加国际艺术节、非遗论坛,举办海外非遗展览等,展示了中国非遗的独特魅力,增强了中华文化的国际影响力。②

"艺术＋非遗"行动旨在提升学生专业能力及跨学科知识应用能力,增强其问题解决能力、创新思维及团队协作精神。同时,让学生深度参与非遗的保护与传承工作,有助于增强其对中华优秀传统文化的认同感与自豪感,培育其强烈的社会责任感与历史使命感。

"艺术＋非遗"行动为浙江省文化大省建设提供了有力支撑。这不仅丰富了地方文化内涵,推动了相关文化产业创新,还能在人才培养方面起到示范作用,为社会储备一批具备非遗保护意识与实践能力的复合型人才,为地方文化建设与人才队伍建设做出重要贡献。

(二)成果展示

宁波大学通过举办各项非遗活动及展览来展示"艺术＋非遗"行

---

① 牛百文.学校组织参加2019第四届中国(宁波)特色文化产业博览会.(2019-04-15)[2024-04-06].https://news.nbu.cn/info/1003/35357.htm.

② 宁波大学国际交流学院."囍"上眉梢:体验传统婚俗文化,领略泥金彩漆魅力.(2023-12-27)[2024-04-06].https://mp.weixin.qq.com/s?biz＝MzIwMzI5NjAxNA＝＝&mid＝2247489759&idx＝1&sn＝d12e9901d5925ca0eaa7c7e282384145&chksm＝96d0c4bea1a74da8416eb273187544e40d11fca16470e582d4c87a3cee53f33a36dc8cc7fab5&scene＝27.

动的丰硕成果。如每年一度的宁波大学"校园文化艺术节"以及"非遗进宁大"系列活动,集中展示非遗艺术作品、非遗技艺体验、非遗学术讲座等活动,吸引校内外观众万余人次,已成为学校乃至地方文化活动的一大亮点。同时,在潘天寿艺术设计学院官网上也有数字展厅,展示大师、教师、学生的相关作品,其中也包含师生在课程学习、实践项目中与非遗有关的各类艺术作品。①

宁波大学师生也在"艺术＋非遗"领域有相关的研究成果,反映了学校对非遗研究的重视以及在教育领域的学术影响力。如《宁波骨木镶嵌工艺及现代传承研究》②着力探讨地方非遗的保护、传承与活化,而《非物质文化遗产地居民开发感知及其态度与地方感的关系研究——以慈城年糕、黄古林草席为例》③则更倾向于研究非遗在地方感受的相互联系,这都为后续的非遗活化以及融合产业发展奠定了学术理论基础。

另外,"艺术＋非遗"行动的诸多成果得到了社会各界的关注与肯定,受到广泛报道与宣传,如《中国教育报》发表以《宁波大学生传承非遗技艺,助力乡村振兴》为题的文章④,中青在线在"全国新兴青年群体才艺交流展示平台"中,宣传宁波大学阳明学院对话甬剧演员,感受戏曲魅力,助力非遗传承⑤。

① 宁波大学潘天寿艺术设计学院.数字展厅.[2024-04-06].https://pada.nbu.edu.cn/yszt.htm.

② 陈雪颖.宁波骨木镶嵌工艺及现代传承研究.宁波:宁波大学,2022.

③ 丁叶.非物质文化遗产地居民开发感知及其态度与地方感的关系研究——以慈城年糕、黄古林草席为例.宁波:宁波大学,2018.

④ 史望颖.宁波大学生传承非遗技艺,助力乡村振兴.(2023-10-23)[2024-04-06].https://baijiahao.baidu.com/s?id=1781260761726257928&wfr=spider&for=pc.

⑤ 共青团宁波大学阳明学院委员会.宁波大学阳明学院:对话甬剧演员　感受戏曲魅力　助力非遗传承.(2022-08-04)[2024-04-06].https://baijiahao.baidu.com/s?id=1742824374596133240&wfr=spider&for=pc.

第五节　"艺术＋旅游"模式
——以中国美术学院项目为例

一、项目背景及意义

（一）项目背景

随着我国经济的快速发展和综合国力的显著提升，文化产业在国家发展战略全局中扮演着更加重要的角色。在"大思政"的指导引领下，"浙里"高校纷纷着手探索如何以艺术为媒介，助力浙江文化大省建设事业。2023年10月，国务院办公厅印发的《关于释放旅游消费潜力推动旅游业高质量发展的若干措施》指出："完善工作机制，及时开展工作调度和研究会商，加强跨部门统筹协调和综合监管，推动解决旅游业发展中的重点难点堵点问题。"①浙江省艺术教育与文化宣传重镇——中国美术学院，始终坚持以政策为导向，充分发挥自身优势，不仅在艺术领域拥有深厚的底蕴，更以其独特视角和创新实践，谋划"艺术＋旅游"融合的实践新篇章。

在文化和旅游深度融合发展的浪潮之下，艺术与旅游的相互交融乘势而上、稳健前行，逐渐发展成为文化大省建设这一"大江大河"中独具特色的"一朵浪花"。艺术创造美，旅游发现美。中国美术学院的"艺术＋旅游"融合行动源于浙江省丰富的文化资源和当前文化产业蓬勃发展的大背景。在全球化时代，文化旅游已成为各地区经济增长和社会发展的重要引擎之一。中国美术学院作为国内乃至世界的顶

---

① 国务院办公厅印发《关于释放旅游消费潜力推动旅游业高质量发展的若干措施》的通知.（2023-09-27）［2024-04-06］. https://www.gov.cn/zhengce/content/202309/content_6907051.htm.

尖艺术高校,积极响应国家号召,致力于艺术教育与现实发展的深度融合;以高校教学反哺社会现状,并结合浙江省独特文化底蕴和优质旅游资源,推动"艺术＋旅游"融合的实施落地。这一行动旨在探索艺术与旅游的有机融合,推动文化大省建设迈出坚实步伐。因此,在"大思政"背景下,中国美术学院的"艺术＋旅游"融合有助于推动地方文化旅游的发展,为浙江文化大省建设、提升国家文化软实力做出重要贡献。

(二)"艺术＋旅游"的教学意义

1."艺术＋旅游"融合促进文旅经济发展

"艺术＋旅游"的形式为文旅发展提供了新动力,为文旅消费注入了新活力,日益成为拉动文旅经济发展的"新引擎"。[①] 由于人民生活水平与精神需求的提高,传统的旅游模式已经无法满足人们对于旅游体验的多样化、深度化需要。基于此,中国美术学院创新发展"艺术＋旅游",涵盖创设浙江文化史与浙江美术史全链条研创体系、助力"和美海岛"创建等项目,与浙江省文化和旅游厅合力打造厅校合作"金名片",为建成全国文化和旅游融合发展样板地、中国最佳旅游目的地、全国文旅赋能共同富裕示范地等目标持续发力,努力取得更多标志性成果。

2."艺术＋旅游"融合助力乡村振兴工作

"艺术＋旅游"行动为乡村提供了新的经济增长点,丰富了村民的日常文化生活,促进了农村的文化传承与发展。在"艺术＋旅游"模式下,乡村的自然风光和人文景观得以有效开发和利用。艺术创作与乡村旅游景点相结合,创造了独具特色的文化旅游产品,吸引了更多的游客前来乡村旅游观光。这不仅促进了乡村旅游业的发展,也为当地农民提供了新的经济收入来源,助力了乡村振兴中产业部分的蓬勃发

① 范朝慧,杨丽敏,任英文,等."艺术＋旅游"且以诗意共远方.中国旅游报,2023-11-22(1).

展。中国美术学院的老师同学们、专家学者们将艺术作品展示于乡村景区、文化礼堂、农家乐等日常场所,并且定期举办艺术展览、文艺演出等文化活动,为乡村居民和游客提供高品质、高水准的文化服务,提高了来访游客的旅游体验,提升了乡村的知名度和吸引力。同时,通过创作反映当地风土人情的艺术作品,传承乡村的优秀传统文化,推动乡村文化创新发展,为乡村振兴工作注入新的活力和动力。

3. "艺术+旅游"融合推动学生综合素养提升

就学生主体而言,"艺术+旅游"行动也展现了其正面效用。通过参与艺术创作、旅游活动等,学生能够拓宽个人视野、增长见识,提升自己的文化修养和艺术素养。最重要的是,学生在实践过程中能够学习掌握团队协作、思维创新、问题解决等重要技能,从而培养塑造自身的综合能力,以艺术与旅游的融合促进地方经济和社会发展,激发自己的社会责任感和创新创业精神,为将来的职业发展奠定坚实基础。

二、教学实践与创新成果

(一)成立"中国美术学院美丽中国研究院"

于 2020 年筹建,2021 年 6 月成立的美丽中国研究院,自成立起便不断回应新时代中国高质量发展的时代要求,为美丽中国建设添砖加瓦,奉献自己的艺术能量。"将聚集国内外艺术、设计、科技、社会、文化、生态等领域专家,打造艺术智库、公共美学、社会创新'三位一体'的研创平台,推动城市更新,促进乡村振兴,赋能社会美育,建设'美丽中国'。"①力求统合环境之美、生活之美、社会之美、时代之美、百姓之美,促进精神文化与物质生活的统一发展。研究院位于浙江杭州,但

---

① "国美方案"助力美丽中国建设——美丽中国研究院成立揭牌仪式暨"美丽中国"建设圆桌论坛在中国美术学院举行.(2021-06-19)[2024-04-25].https://www.caa.edu.cn/gmrx/2021/6y/202106/42482.html.

影响力覆盖全国、辐射世界,以支持"美丽中国"建设和生态文明发展,具体分为城乡发展艺术智库、公共美学教育中心和社会服务共创中心三个部门,以政策、产业、研究、教育、创新和媒体六大方向开展工作,主要任务包括支持城乡规划决策、参与城乡美学设计、推动城乡多元发展生态的三大工作。随着社会的不断进步,艺术教育正逐渐成为扎根中国大地、促进社会创新的重要力量。中国美术学院以美丽中国研究院为载体,大力推进"艺术+旅游"的融合创新,把浙江文旅发展的"主战场"、高校艺术教育的"最前线"作为艺术人才培育与艺术家实现自我的"大现场"。

(二)创办文旅主题研学营、研修班

为了进一步深化浙江文化创意人才创新和改革,中国美术学院着眼于把艺术与旅游相结合,致力于提升创新型设计人才的培养质量,并拓展文旅融合场景下文创产品设计的视野。目前,省内文创、旅游等产品的设计与开发仍存在诸多问题,如地域特色不足、开发层次不高、销售渠道受限以及产品服务平台缺乏等。为此,中国美术学院坚持问题导向,开设相关主题的研学营、研修班,旨在解决现实社会问题,促进艺术旅游产业的健康发展。在"艺术+旅游"的融合背景下,此类研学营、研修班主要通过专题教学、实地考察、主题沙龙、分组研讨等形式开展教育实践,课程围绕"文化创造无限的经济价值""文旅融合背景下特色旅游文创产品设计的知识图谱"等内容展开。帮助学生、学员根据不同地区的独有特色,充分利用当地的艺术文化资源,以艺术旅游商品的创意开发为核心,秉承突出特色、凝练品牌、整合市场、打造平台的原则,致力于打造新颖独特的文化旅游商品,从而有效提升各地艺术旅游商品的创新和品质水平。

(三)积极投身乡村旅游事业

中国美术学院始终以特色学科服务"国之大者",积极传承和弘扬

中华美育精神,借助美学的巨大能量,深入参与"千万工程"与乡村振兴,为建设美丽中国贡献力量。近些年来,在全国范围内完成美丽乡村项目3000余个,在浙江省内先后完成1000多个美丽乡村建设项目。① 以互动媒体与游戏专业为例,如何应用数字艺术赋能实体文旅,如何把线上人气汇聚到线下助力文化破圈,正是其专业师生团队一直思考的主题。在浙江省内,中国美院师生团队负责"绿水青山就是金山银山"科学论断发源地——安吉余村的整体环境形象设计,并被《人民日报》誉为"生态治理的中国奇迹",为余村旅游业带来翻天覆地的变化。被称为"最美乡村小学"的浙江省淳安县富文乡中心小学项目由中国美院负责改造,其设计的兰溪市黄店镇王家村也荣获"全国乡村治理示范村"称号。浙江省外,中国美术学院也在持续扩大浙江文化力量的影响范围,上海吴房村、金泽工艺社、西昌凉山乡土学院等优秀案例数不胜数。

(四)学生实践中的创新成果

在中国美术学院学生的具体实践中,不断涌现出令人瞩目的创新成果。学生们在艺术与旅游融合的实践中,积极探索、勇于创新,取得了丰硕的成果。这些作品不仅展现了当地的自然风光和人文景观,还融入了艺术家们对于艺术与旅游的创新理解,呈现出独特的艺术魅力与旅游氛围。例如,由中国美术学院媒体城市研发中心团队设计改造而成的南宋书房,地处杭州上城区的南宋皇城小镇,以南宋皇城遗址与清河坊4A级景区为核心,场所涵盖了城市书房、小镇客厅、游客服务中心等板块。同时,学生们在实践中积极运用新媒体和数字技术,开发了一系列创意型文旅产品;通过虚拟现实、互动体验等技术手段,致力于将艺术作品与旅游体验相结合,为游客提供了全新的文化享受

---

① 中国美术学院:美学赋能乡村振兴,助力美丽中国建设.(2023-12-12)[2024-04-21]. http://www.moe.gov.cn/jyb_xwfb/xw_zt/moe_357/jjyzt_2022/2022_zt04/dianxing/xiangmu/shengshu/shengshu6th/202312/t20231212_1094277.html.

和旅游体验。中国美术学院"艺术＋旅游"的创新实践不仅丰富了艺术与旅游的融合模式,也为其他高校和地区提供了宝贵的借鉴和参考。

(五)学生在"艺术＋旅游"融合中的角色与贡献

学生在"艺术＋旅游"融合中扮演着重要的角色,做出了重大的贡献,是推动"艺术＋旅游"赓续发展的必要保障。学生们通过学习艺术和旅游知识,将艺术美学与现代旅游相结合,为文化传承与旅游发展注入了新的活力。作为时代新人的当代大学生掌握着新兴科技与一手信息,能够打通并借助各种媒介和平台,如自媒体平台、文化节活动等渠道,将艺术作品与旅游景点的魅力传递给更为广泛的人民群众,在提升浙江各地艺术文化知名度和影响力的同时,也为地方经济的发展和文化传承做出了重大贡献。比如,中国美术学院以灯为题,勾勒江南古韵,衍生出象征江南美学的"玲珑灯"。在此基础上,联动网络游戏内道具、线下玲珑打卡、国潮游船茶歇等一系列文旅项目,将古典与现代巧妙融合,为游客带来颇具深度、别具一格的文化体验。此外,学生们还在具体艺术旅游项目的策划与实施中发挥着关键作用。参与文化节庆、主题展览等各种项目活动,逐渐丰富旅游产品的内容和形式,为旅游景点的规划和管理提供了新思路和创意。

三、社会影响与成果展示

(一)社会影响

"艺术＋旅游"融合有效提升了地方文化软实力。通过艺术与旅游的相互交融,中国美术学院的实践活动使得浙江省的文化形象得到了提升。这种提升不仅在于中国美术学院自身的文化影响力,也在于运用吸引全国游客、展示地方文化等方式,加强浙江省文化事业在建设中华民族现代文明中的重要位置,以促进"实现中华优秀传统文化的融通、传承与创新,推进文化自信自强,塑造更具先进性、时代性的国家文化艺术软实力"①。

"艺术+旅游"融合引领相关产业升级与发展。中国美术学院的实践探索促进了参与融合地区旅游业的加速发展与转型升级。在艺术的引导与赋能下,旅游景点不再是简单的自然风光,而是博采众长,融入了丰富多样的艺术文化元素,化"资源"为"财源",推动了文化创意产业、旅游服务业、旅游景区开发与运营、艺术演出活动等"艺术+旅游"相关产业的繁荣与进步。

"艺术+旅游"的融合有助于推进正确文化价值观念的宣扬传播。中国美术学院"艺术+旅游"实践的持续发力中,不仅仅是将艺术与旅游相融合,更重要的是通过这一实践传递出积极正面的文化价值观念,推动整体社会的文化建设与人民群众精神文明的提升。在提升游客旅游体验的同时,更是为了在旅游过程中传递真、善、美的价值取向,从而引导人们对文化的审美追求和精神境界的提升。

(二)成果展示

中国美术学院通过组织各类文旅活动与展览,生动展示了其在"艺术+旅游"融合方面所取得的丰富成果。例如,2024 年 3 月,"大地之歌·2024 美丽中国纪事"展览在中华世纪坛艺术馆(北京)开幕。②展览通过协作网络以及"感知地理"的方法,通过对全国的 300 余位学者、艺术家、设计师、企业家以及案例对象的采访,积累大量丰富文献影像资料,整合形成全国首个"美丽中国案例文献库"。

中国美术学院的老师和同学们在"艺术+旅游"领域产出了一系

---

① 立艺术国学门,传中华文明经典|中国美院获批文化和旅游研究基地(2023—2025年).(2023-07-05)[2024-04-23].https://www.caa.edu.cn/gmrx/2023/7y/202307/62972.html.

② "大地之歌·2024 美丽中国纪事"展览在中华世纪坛(北京)启幕.(2024-03-21)[2024-04-28].https://www.caa.edu.cn/gmrx/2024/3y/202403/78839.html.

列研究成果,足以凸显学校对文旅融合共生的重视,同时也彰显了学校在教育领域的学术影响力。这些成果包括学术论文、艺术作品、设计方案等,涵盖了艺术研究、旅游发展等多个方面。如《基于专业链状工作坊的工艺美术创新创意人才培养的探索与实践》荣获国家级高等教育教学成果奖一等奖,《中国美术史教学科研"一体化"模式的实践》《美术学实践与理论复合型博士研究生的培养》《环境艺术设计初步课程改革》荣获国家级高等教育教学成果奖二等奖。目前,平均每年出版近百部学术专著及重要出版物,发表600余篇论文。其中,《"物"叙事与系统设计——温州苍南县"168黄金海岸线"旅游文创产品系统设计》对于旅游文创产品的"伴随文本"展开设计,具体化为对"一景""一事""一品""一宿""一艺"的设计和营造①,而《从人本主义角度论析旅游对文化景观的影响》则探讨了旅游对于文化景观的重要影响②,这些研究成果都为未来"艺术+旅游"融合发展打下了扎实的理论基础。

第六节 "艺术+文化产业"模式
——以浙江财经大学项目为例

一、项目背景及意义

(一)项目背景

"艺术+文化产业"融合发展是当前政策导向与社会需求共同作用的结果。浙江省明确提出建设文化强省的战略目标,强调文化与经

---

① 张琪."物"叙事与系统设计——温州苍南县"168黄金海岸线"旅游文创产品系统设计.创意与设计.2023(5):51-57.
② 赵婷婷.从人本主义角度论析旅游对文化景观的影响.艺术百家,2013(8):91-93.

济社会发展深度融合,提升文化产业核心竞争力。同时,当前社会对具有艺术素养与文化产业运营能力的复合型人才的需求日益增长,因此,也同样要求高校在未来的人才培养中更加注重艺术与文化管理、财经等相关知识的交叉融合。①

浙江财经大学作为一所以经济、管理学科为主的高校,积极响应政策导向与社会需求,结合自身财经类专业优势,自2014年开始进行"艺术＋文化产业"战略性布局,旨在通过艺术与交叉学科知识的融合,培养出适应新时代文化产业发展的复合型创新型人才。2017年,学校加强文化校园建设,深入贯彻落实"文化荣校"战略。② 至2020年,为了将理论知识传授、技能训练与产业实践深度融合,浙江财经大学形成"五个一批"传统文化育人模式,对原有课程体系进行了调整并搭建起文化产业实践教学平台,围绕创新项目与文化类竞赛组织产学研合作,有效提升了学生的综合素养与就业竞争力,也为地方乃至全国文化产业输送了一大批具备创新精神与实践能力的高素质人才,有力推动了"艺术＋文化产业"的融合发展。

(二)"艺术＋文化产业"的教学意义

1."艺术＋文化产业"实践促进文化产业发展

浙江财经大学依托"艺术＋文化产业"项目,开展文化产业理论研究与政策咨询,为政府制定文化产业发展规划、优化产业结构、推动文化创新提供智力支持。③ 项目通过系统性的课程设置与实践教学,培养具备艺术素养、财经知识与文化产业运营能力的复合型人才,为文化产业发展提供高素质人力资源。学校与文化产业相关企业、机构深

① 丁智萍,张逦英,陈祺.浙江省文化产业人才供需现状研究.合作经济与科技,2020(16):12-14.

② 刘远琳,胡丹妮.以文化校园建设为载体　充分发挥文化育人功能.(2017-03-26)[2024-04-06].https://www.zufe.edu.cn/info/1054/20180.htm.

③ 浙江文旅.省文化和旅游厅与浙江财经大学签署战略合作协议.(2022-02-13)[2024-04-06].https://mp.weixin.qq.com/s/fWs3AHE6AnIOjhICNyZHPg.

度合作,推动产学研一体化,将研究成果转化为实际应用,助力文化产业创新发展。[①]

2."艺术＋文化产业"实践提升学生综合素养

通过艺术类课程的学习,学生能够提升审美能力、艺术鉴赏力与创新能力,增强文化敏感度与人文素养。此外,"艺术＋文化产业"的发展有助于学生财经知识拓展,项目将财经知识融入艺术教育,使学生掌握文化产业经济规律、市场营销策略、项目管理方法等,提高其在文化产业领域的专业素质。通过参与文化产业实践活动、实习项目、创新创业大赛等,学生得以将理论知识应用于实际,提升团队协作、项目管理、市场开拓等实践能力。

二、教学实践与创新成果

(一)"艺术＋文化产业"下的课程调整

浙江财经大学践行"五个一批"传统文化育人模式,建有"一批课程、一批基地、一批赛事、一批实践、一批活动"五个载体平台。其中,一批课程指的是打造核心课程,传统文化教育融入日常教学,构建中华优秀传统文化育人"新体系"。以通识课程为平台,把中华优秀传统文化融入课堂教学。创新课堂教学,寻求中国传统文化之美。[②]

另外,艺术学院设有视觉传达设计、环境设计、摄影和美术学四个本科专业,艺术品市场与管理学术硕士学位点与艺术专业硕士学位

① 杭州日报.浙江财经大学携手文创智慧企业共同推出智慧书法教学系列.(2021-01-14)[2024-04-06]. https://hznews. hangzhou. com. cn/wenti/content/2021-01/14/content_7892386. html.

② 杭州日报艺术典藏.文以载道 以文育人:浙江财经大学"五个一批"传统文化育人模式实践探访.(2020-11-19)[2024-04-06]. https://mp. weixin. qq. com/s/PIOBF7asdWaPdkk8pE3Cng.

点,艺术学科积淀深厚。①　为提升学生的艺术素养,学校设置了涵盖绘画、设计、音乐、影视等领域的艺术通识课程,如"素描基础""平面设计""音乐欣赏""电影艺术史"等,旨在使学生具备一定的艺术创作与鉴赏能力。浙江财经大学在美术学专业的课程体系中设置了一系列融合艺术与文化产业的课程,如"文化产业概论""艺术经济学""文化项目策划与管理"等,旨在让学生系统掌握文化产业基本理论、艺术与经济的互动关系、文化产业项目运作机制等知识。②　同时,学校还开设了"文化产业实习""文化项目策划与执行"等实践课程,组织学生前往文化产业相关企业、机构进行实地实习,参与文化项目策划、执行与评估全过程,以提升其实践操作能力。③

(二)"艺术＋文化产业"下的教学实践

"五个一批"传统文化育人模式下的"一批"赛事指的是搭建竞赛平台,把传统文化融入学生创新实践。浙江财经大学组织开展"学涯杯"书法大赛、规范汉字书写大赛、大学生中华经典诵读竞赛、人文大百科知识竞赛等各类赛事,学生先后 300 余次在全国、省书法大赛、大学生口语竞赛、大学生中华经典诵读竞赛及全国大学生汉语创意写作大赛等中获奖。"一批基地"指的是立足学科优势,将传统文化教育融入科学研究,开展基地化建设,专题化研究。依托中华文化传播研究院、中国书法产业研究院和汉字国际传播与书法产业协同创新中心,主动服务浙江文化建设。"汉字域外传播研究"等 2 项课题被列入国家重大项目子课题,与乡村振兴、乡风文明、乡村治理应用等课题结

---

① 浙江财经大学本科招生网. 艺术学院简介. (2023-06-07)[2024-04-06]. https://zs. zufe. edu. cn/info/1115/3647. htm.

② 浙财大微学工. 浙江财经大学艺术学院——我们在这里等你!. (2017-06-30)[2024-04-06]. https://mp. weixin. qq. com/s/FYx5kMtgFszS_OpNTMEXiQ.

③ 浙江财经大学东方学院文化传播与设计学院. 学院第十届文创类跨专业综合实训在海宁博物馆顺利举行. (2023-11-02)[2024-04-06]. https://www. zufedfc. edu. cn/info/1132/15393. htm.

合,推动科研成果进社区、进企业、进农村。该校还承办了首届中国书法产业高峰论坛,中国书法产业研究学术品牌渐趋形成,学术团队引领、高水准成果支撑的良好局面开始出现。浙江财经大学通过学生社团、专业教师和党支部等力量,创新教育形式,寻找优秀传统文化教育和专业教育的契合点,实现专业知识学习、文化素质提高、思想政治水平提升的统一。积极打造"始业沙龙""湖畔人文"等校园文化品牌活动,以扎实的学术功底剖析优秀文化的内涵,讲好中国故事,增强师生的文化自信。在传承传统文化的过程中,育人理念上从"外铄"为主转向"内发"为主,切实构建中华优秀传统文化实践教育体系,发挥中华传统文化的桥梁纽带作用,鼓励和组织师生走出校门、国门推广和传播传统文化。①

(三)"艺术+文化产业"下的学生参与

在文化产业志愿活动方面,浙江财经大学"00后"艺术生将传统文化带入社区,开展剪纸、手工和国画等传统文化系列活动,手把手教孩子们练习毛笔控笔、学习剪窗花,采用让孩子自己动手的方式,引导孩子进行创作,并向孩子们介绍"掐丝珐琅""秦淮花灯"等非物质文化遗产。② 另外,浙江财经大学200多名学生还参与了中国国际动漫节的志愿工作,为提高志愿服务水平,为第十四届中国国际动漫节的顺利举办贡献了力量。③

通过校企及组织合作平台,学生直接参与到企业一线的实际的文

---

① 杭州日报艺术典藏. 文以载道 以文育人:浙江财经大学"五个一批"传统文化育人模式实践探访. (2020-11-19)[2024-04-06]. https://mp. weixin. qq. com/s/PIOBF7asdWaPdkk8p E3Cng.

② 中国教育在线浙江站. 以传统文化赋能国潮创新 浙财大00后艺术生将传统文化带入社区. (2024-01-15)[2024-04-06]. https://zhejiang. eol. cn/zhejiang_news/202401/t20240115_2554608. shtml.

③ 共青团浙江财经大学委员会. 第十四届中国国际动漫节志愿者动员部署暨培训大会于我校顺利召开. (2018-04-23)[2024-04-06]. https://cyqn. zufe. edu. cn/info/1006/2526. htm.

化产业项目中。如参与校级实训基地——杭州时光坐标影视特效公司的剧本创作、动画制作、市场推广等环节,这让同学们更加了解了一线工作者的工作状态和工作内容,对明确今后的学习方向和提高学习热情有很大的帮助。① 在学校搭建的相关基地与平台上,师生一起为 10 余家"浙江书法村",省内外多个书画小镇,中国嘉博教育集团、杭州卓冠教育科技公司等多家书法企业提供规划、咨询服务,开展创新合作。从 2014 年起,中国书法产业研究院联合浙江省书协、浙江教育书协、北美中国书协等,分别在美国、泰国、法国、哈萨克斯坦、日本连续举办 6 次书法国际展和文化交流活动,114 名浙江财经大学学生的书画作品入选国际展。2020 年 11 月,学校留学生和中国学生一起赴德清县洛社镇东衡村参观全省首家方言文化馆和赵孟頫管道升艺术馆,欣赏诗词书画艺术,中外学生一同参与活动,感受中国传统文化的独特魅力。

(四)"艺术＋文化产业"下的学生成果

浙江财经大学会定期举办学生艺术作品展、文化创意产品展等,展示学生在文化产业融合实践中的创新成果。学校鼓励学生进行动画短片和相关 IP 创作,支持学生参与乡村文化领域及非遗主题创新设计,积极参与各类创新赛事,学生的积极参与提升了学校在文化产业、创新领域的知名度与影响力。如在"建行裕农通杯"第五届浙江省大学生乡村振兴创意大赛·钱塘未来乡村专项赛上,浙江财经大学艺术学院的参赛团队为杭州市钱塘区围中村设计的红色主题景观带成功落成,团队和钱塘区河庄街道围中村就双方成为党建共建单位、大学生乡村振兴社会实践基地共建单位在围中村村委会完成协议签署。②

相关文化活动中,学生释放青春活力,展示艺术才华。浙江财经

①　陆晓颖. 人文与传播学院数字媒体艺术专业举办"基地精英进课堂"系列活动——走进一线影视特效企业. (2017-06-01)[2024-04-06]. https://jwc.zufe.edu.cn/info/1060/4367.htm.

②　陶晓兵,徐丽珍,郎佳莹. 浙江钱塘:青春创意激活乡村文化产业. (2023-03-27)[2024-04-06]. https://tidenews.com.cn/news.html? id=2429865.

大学五四表彰大会暨第 34 届大学生校园文化艺术节,充分展现了学校积极适应时代发展和青年特点,重视公共艺术教育、持续推进实践育人和美育教育改革的成效。[①] 2022 年浙江省大学生艺术节现场展演上,浙江财经大学校艺术团舞蹈队、青藤剧社、街舞队勇创佳绩,展现学校围绕立德树人根本任务,坚持以美育人、以文化人,把培育和践行社会主义核心价值观融入学校美育教育全过程,将艺术与文化素养培育融合在校园生活当中。[②]

三、社会影响与成果展示

(一)社会影响

在通识课程中融入艺术与文化产业相关课程,有助于加强学生对社会文化的关注以及对文化传承创新意识的培养。通过一系列课程教学与实践活动,可以引导学生了解社会文化流行趋势以及当下的市场需求,以便更好地参与地方文化资源挖掘保护,形成服务社会、推动文化发展的使命感。

构建跨学科课程体系,有助于提升复合型人才培养水平。因此,学校并设了涵盖艺术、经济、管理、信息技术等多学科交叉的"艺术＋文化产业"课程群,艺术学院开设的相关专业与文化紧密结合,尤其是美术学专业开设的"艺术策展与文本""艺术经济学""文化产业概论""博物馆学概论",旨在培养具备跨领域知识结构、能应对文化产业复杂问题的复合型人才。[③] 这种课程设置顺应了文化产业跨界融合的

① 车鹏.五四表彰大会暨第 34 届大学生校园文化艺术节开幕式举行.(2022-05-24)[2024-04-06].https://www.zufe.edu.cn/info/1054/31781.htm.
② 浙江财经大学.喜报频传！学校在浙江省大学生艺术节中再创佳绩.(2022-11-22)[2024-04-06].https://www.zufe.edu.cn/info/1054/32752.htm.
③ 浙财大微学工.浙江财经大学艺术学院——我们在这里等你！.(2017-06-30)[2024-04-06].https://mp.weixin.qq.com/s/FYx5kMtgFszS_OpNTMEXiQ.

发展趋势,有助于提升学生的就业竞争力和社会适应性。

学校支持建立各类文化艺术类社团,如摄影协会、青藤话剧社、InComic 动漫社等,通过举办校园文化艺术节、社区文化服务、非遗传承活动等,丰富了校园文化生活,增强了学生服务社会的能力。学生志愿者还积极参与到地方文化场馆的讲解服务、乡村文化振兴项目、公益文化讲座等社会服务活动中,为地方文化建设贡献力量。

学校与文化产业相关企业、组织建立长期合作关系,开展实习实训、项目合作、课题研究等实践活动,鼓励学生参加各项实践活动,使学生在真实工作环境中提升专业技能,同时为地方文化宣传提出可行的解决方案,实现产业赋能。例如,浙江财经大学"创文旅 IP,建数字高峰"实践服务团针对北高峰景区整体打造及 IP 商业化运营方案进行深入调研,推进北高峰非遗文化创新型发展。①

(二)成果展示

在作品展示与社会反响方面,浙江财经大学定期举办艺术设计相关专业毕业生作品展②,以及主题文创作品展等活动③,集中展示学生在"艺术＋文化产业"领域的创新成果。这些活动不仅吸引了校内外观众的驻足,也得到了专业老师、行业专家及企业代表的高度评价,部分优秀作品甚至有获得商业转化的可能,实现社会效益与经济效益双丰收。

另外,浙江财经大学在"艺术＋文化产业"领域的探索与实践,对于推动地方文化建设具有显著意义。一方面,培养的具有创新精神与

---

① "创文旅 IP,建数字高峰"实践服务团. 浙江财经大学赴杭州"创文旅 IP,建数字高峰"实践服务团开展暑期社会实践活动. (2023-07-08)[2024-04-06]. http://www.daxuejia.com/shsj/shsjhd/151946.html.

② 浙江财经大学艺术学院. 艺术学院 2023 届本科毕业生作品展开幕. (2023-04-26)[2024-04-06]. https://www.zufe.edu.cn/info/1054/33436.htm.

③ 浙江财经大学艺术学院. "清风莲语"文化作品展开展. (2023-06-18)[2024-04-06]. https://www.zufe.edu.cn/info/1054/33861.htm.

实践能力的艺术与文化产业人才可以为浙江省文化产业发展提供重要的人才支撑;另一方面,作为新鲜血液的学生所参与的文化项目、服务活动以及创新成果,可以直接促进地方文化资源的挖掘,有助于加强保护与后续创新利用,对城市文化软实力提升有重要作用。

第七节 "艺术＋环境美化"模式
——以嘉兴大学项目为例

一、项目背景及意义

(一)项目背景

嘉兴大学开展"艺术＋环境美化"行动的背景,深深植根于该校对生态文明建设的坚定承诺与积极响应。随着国家对于生态文明建设的日益重视,嘉兴大学也紧跟时代步伐,积极响应国家号召,将绿色发展理念融入校园建设的方方面面。作为一所具有前瞻性和创新精神的高等学府,嘉兴大学一直以来都致力于培养具备社会责任感、创新精神和实践能力的新时代大学生。

在这一背景下,"艺术＋环境美化"行动应运而生。这一行动不仅是对学校生态文明建设成果的进一步巩固和拓展,更是对艺术教育与环境教育深度融合的创新实践。通过艺术的形式美化校园环境,不仅可以提升校园的整体美感,还可以让学生在参与过程中深刻感受到环境保护的重要性,进一步激发他们的环保意识和责任感。同时,"艺术＋环境美化"行动也是嘉兴大学"1358"战略部署的重要体现。该战略旨在将嘉兴大学建设成为有特色、善创新的一流应用型综合性大学,而生态文明建设则是其中不可或缺的一环。通过这一行动,嘉兴大学将生态文明建设与艺术教育相结合,不仅有助于提升学生的艺术素养和审美能力,还有助于培养他们的创新思维和实践能力,为培养具备"双碳"视野和绿色使命的新时代大学生奠定坚实基础。

(二)"艺术+环境美化"的艺术教育意义

1."艺术+环境美化"改造提升审美与创新思维

艺术教育不仅仅是传授艺术知识和技能,更重要的是培养学生的审美情趣、创造力和艺术表现力。一方面通过将艺术手段和艺术思维融入环境设计与改造中,使学生能够将课堂上学到的理论知识与现实环境相结合,深化对艺术的理解和体验;另一方面,在环境设计的过程中,学生需要运用艺术思维去构思、去创新,这不仅能够提升他们的艺术技能,还能够培养他们的创造力和想象力。

2."艺术+环境美化"改造促进学生的全面发展

环境设计与改造是一个综合性的过程,需要学生具备多方面的能力和素质。在参与环境美化活动过程中,学生需要与他人合作制定方案、实施计划,这些都能够有效地锻炼学生的组织协调能力、团队合作精神、创新意识和实践能力。同时,在美化环境的过程中,学生需要面对不同的环境和挑战,这有助于培养他们的问题解决能力和适应能力。"艺术+环境美化"的教育方式能够促进学生的全面发展,提高他们的综合素质。环境美育作为一种新型的美育方式,让学生走进自然环境,亲身感受自然之美,在这个过程中,学生会意识到保护环境的重要性,从而培养起对自然的敬畏之心和保护意识。

3."艺术+环境美化"改造营造独特的文化氛围

"艺术+环境美化"的教育方式不仅能够提升学生的审美素养,同时还能引导学生形成正确价值观和人生观。一个美丽的校园环境不仅能够为学生提供一个舒适的学习和生活环境,还能够增强学校的文化底蕴和形象。通过艺术与环境美化的结合,学校可以打造出一个具有独特魅力的校园文化空间。在这个空间中,学生可以感受到艺术的魅力和文化的力量,从而激发创造力和想象力。这种文化氛围不仅能够培养学生的文化自信和自豪感,还能够为学校的发展注入新的活力和动力。

二、教学实践与创新成果

(一)构建艺术手段融入环境设计基层架构

首先,嘉兴大学通过形成"一所一院一中心"和"一批艺术社团"的学校美育工作基层组织架构①,为艺术手段融入环境设计提供了坚实的组织保障。视觉艺术研究所、南湖书画院、公共艺术教育中心以及一批艺术社团各自发挥专业优势,形成合力,共同推动艺术教育与环境设计的深度融合。这种组织架构不仅明确了各基层组织的职责和任务,也促进了资源的优化配置和共享,为艺术手段融入环境设计提供了有力的支持。同时,学校还建立了"申报—遴选—培育—验收—授牌"全流程工作制度②,确保艺术村落创建的规范性和有效性。这种创新实践不仅为艺术教育与环境设计的融合提供了具体的操作路径,也为学校艺术教育工作的开展注入了新的活力。此外,嘉兴大学还注重将艺术教育与环境设计融入日常教学中。通过公共艺术教育中心制定学校公共艺术教育中长期发展规划、教学管理等工作,统筹全校公共艺术教育工作,确保艺术教育与环境设计在全校范围内得到广泛推广和实践。

(二)实现第一课堂与第二课堂的双向互动

嘉兴大学注重在第一课堂中融入艺术元素和体验式教学模式,使

---

① 嘉兴学院.以美养德 以艺育人——嘉兴学院新时代美育工作的探索与实践.(2021-11-11)[2024-05-09].https://mp.weixin.qq.com/s/X6ZQz7cM2lo7VEFRJhl2PQ.

② 文艺嘉兴.2023全省"艺术乡建"典型案例:艺助共富 乡村悦心——艺术村落培育行动.(2023-07-04)[2024-05-09].https://mp.weixin.qq.com/s/AYzTjMPiM0YYI2JKDw30Ug.

得艺术教育与学科知识相结合,提升学生的参与感和获得感。通过艺术再现、情景表演、课堂创作、银幕对话等深受学生喜爱的体验式教学模式,让学生能够在学习知识的同时,感受到艺术的魅力和乐趣。这种教学模式的推进,不仅提高了学生的学习兴趣和积极性,也为学生提供了更多展示自我、锻炼能力的机会。嘉兴大学在第二课堂中开展丰富多彩的校园文化艺术活动,为学生提供了广阔的艺术实践平台。通过举办各类艺术竞赛、艺术展演和艺术创作活动,学生能够在实践中锻炼自己的艺术技能和创新能力。同时,学校还加强对外交流,多次组织鼓励学生参加国际文化艺术交流活动,积极拓宽学生的国际视野,增强他们的跨文化交流能力。① 更为重要的是,在第二课堂中,学生则能够将课堂上学到的知识和技能应用到实践中去,通过艺术实践来加深对知识的理解和感悟。这种双向互动的教学模式不仅促进了学生知识的内化与迁移,也提高了学生的综合素质和实践能力。此外,嘉兴大学还注重完善第二课堂教育模式,将公共艺术与艺术实践纳入学校人才培养方案,实行学分制管理。这种管理模式不仅规范了第二课堂教育的内容和形式,也提高了学生参与第二课堂的积极性和主动性。学校还设置了"文艺素质"模块选修课程,旨在鼓励学生积极参与艺术实践,提升自己的艺术素养和审美能力。

(三)优化专业与创意并重的师资与平台资源

嘉兴大学以"一所一院一中心"自有师资为基础,积极引进外聘教师和优秀文艺工作者,形成了专业与创意并重的师资团队。这种师资团队结构不仅保证了教学质量和教学水平,也为学生提供了更多接触和学习不同艺术领域的机会。陈彦宏先生及其吉他教研工作室等优秀文艺工作者的加入,不仅为学生带来了丰富的艺术实践经验和专业指导,也为学生提供了更多展示自我、锻炼能力的平台。嘉兴大学支

---

① 嘉兴大学.专业巡礼|设计学院环境设计专业:室内与景观的诗意栖居.(2017-06-24)[2024-05-09].https://mp.weixin.qq.com/s/-bK_QHViNug5bx-ZVeAVyw.

持院校师生将社会实践活动与"艺术乡建"相结合。这种合作模式促进了校际交流与合作,为学生提供了更多实践机会和创作灵感。在优化师资团队结构的过程中,嘉兴大学还注重发挥文艺乡贤、文艺名家、文艺团队的作用,通过广泛动员这些人士参与乡村文化营造等"六大培育计划",为乡村发展注入了文化动力,为学生提供了更多实践机会和创作灵感。文艺村长、市级文艺家协(学)会与创建村的结对共建等举措,加强了学校与乡村的联系,为学生提供了更多了解乡村、服务乡村的机会。此外,嘉兴大学还依托新时代文明实践中心、农村文化礼堂、文艺名家工作室等公共文化空间,成立村级文艺之家,构建了体系完善、形式多样、活动丰富、人才汇集的乡村文艺阵地。这些文艺阵地的建立不仅丰富了乡村文化生活,也为学生提供了更多展示才华、实现自我价值的平台。

(四)艺术思维融入环境改造实践创新成果

嘉兴大学依托校地合作平台和结对联建优势,与丽水市缙云县三溪乡等地方建立了紧密的合作关系。[①] 学校充分利用校内人才资源、专业优势和硬件条件,结合三溪乡的红色文化资源、进行发展规划,校地协同开展艺术与乡风民风统一、发展与建设融合的艺术赋能美丽乡村建设。这种合作模式使得学校的艺术教育资源得到了充分利用,同时也为乡村环境改造和文化振兴提供了有力支持。在艺术教育与环境设计融合方面,嘉兴大学进行了多项创新实践。通过制定《乡村悦心——艺术村落培育行动方案》,学校将艺术教育与乡村振兴紧密结合,旨在通过艺术手段改善乡村环境,提升乡村文化品质。这一方案不仅注重艺术教育的实施,更强调艺术思维在环境改造中的应用。学生在参与项目的过程中,能够深入了解乡村文化、分析乡村环境问题,并运用所学的艺术知识和技能进行创新设计。这种将艺术教育与实

际问题相结合的教学方式,不仅提高了学生的实践能力和创新能力,也促进了学生全面素质的提升。在具体实践中,嘉兴大学的学生通过参与"艺术乡建"项目,将所学知识与实际问题相结合,为乡村环境改造和文化振兴贡献了自己的力量。① 例如,学生们在乡村中开展环境调研,分析乡村环境的优势和不足;运用所学的设计理念和技能,为乡村环境改造提供创新方案;参与乡村文化活动的策划和组织,提升乡村文化活动的品质和水平。此外,嘉兴大学还注重将艺术思维融入环境改造的实践中。学校鼓励学生在设计中注重人文关怀和生态可持续,强调艺术设计与环境的和谐共生。这种设计理念不仅符合现代社会对可持续发展的要求,也体现了学校对艺术教育的深刻理解和独特见解。

三、社会影响与成果展示

(一)社会影响

嘉兴大学通过将艺术思维融入环境设计和改造中,为湖州市安吉县大竹园村文旅融合产业发展注入了新的活力。② 这种创新实践不仅促进了乡村经济的转型升级,也为乡村文化的传承与发展提供了新的途径。学生们运用所学的艺术知识和技能,结合乡村的实际情况,提出了具有创意和可行性的设计方案,为乡村环境的美化和文化产业的发展贡献了智慧和力量。这不仅提高了乡村的整体外在形象,也深挖了其内在文化品质,从而吸引更多的游客前来观光旅游,带动了乡村经济的繁荣。嘉兴大学通过"艺术乡建"等项目的实施,将艺术教育

---

① 文艺嘉兴.艺术乡建|乡村艺术与高校教育相融合,嘉兴的乡村越来越有味儿.(2022-12-20)[2024-05-09].https://mp.weixin.qq.com/s/UG4hJ1-SSmH0klyUuOrxHg.
② 青春嘉大.正青春 | 嘉院学子用创意赋能乡村振兴.(2023-08-19)[2024-05-09].https://mp.weixin.qq.com/s/WKOFsiCL15ew7psmZoX8pw.

与乡村振兴紧密结合,为地方经济社会发展做出了积极贡献。这些项目不仅促进了乡村文化的传承与发展,也推动了乡村经济的转型升级。学生们通过参与这些项目,不仅了解了乡村的实际情况和需求,也学习了如何运用艺术手段来改善乡村环境、提升乡村文化品质。

(二)成果展示

嘉兴大学建筑工程学院专家团队在丽水市缙云县三溪乡的现场考察和指导工作,充分展示了其艺术手段和艺术思维在环境设计与改造中的深度融合与成功应用。[①] 这一成果不仅体现了嘉兴大学在环境设计领域的专业实力和创新精神,也为三溪乡的环境改造和乡村振兴注入了新的活力。首先,从项目设计的角度来看,嘉兴大学团队充分考虑了节能、环保、低碳等现代建筑理念,将艺术手段融入环境设计之中,提出了创新性改造方案。这种设计理念在减少能源消耗和降低环境污染的同时,还能为当地村民创造更为健康、绿色的居住环境。其次,团队在项目实施过程中,积极遵循"旧物利用、变废为宝"的环保理念,将废砖、废瓦、废木料等废旧材料重新利用,不仅降低了建设成本,还凸显了三溪乡所在地蕴含的丽金台温边境革命精神。这种将历史文化和环保理念相结合的设计方式,不仅使环境改造项目更具文化内涵和历史底蕴,也为乡村振兴注入了新的文化内涵。此外,嘉兴大学团队在项目实施过程中,充分发挥了艺术思维在环境改造中的独特作用,通过深入分析研讨,将各自负责的建筑方案、建筑结构、建筑给排水、暖通供热等方面进行了有机融合,形成了完整、系统的设计方案。这种跨学科、跨领域的合作方式,不仅提高了项目设计的科学性和合理性,也为学生们提供了宝贵的实践机会和锻炼平台。

---

① 澄心三溪."微改造 精提升"|嘉兴学院艺术赋能三溪美丽乡村建设.(2023-07-03) [2024-05-09]. https://mp.weixin.qq.com/s/Y_Sj7DL56Dsg82nn54X8KA.

第八节　"艺术＋传媒"模式
——以浙江旅游职业学院项目为例

一、项目背景及意义

（一）项目背景

2020年9月，中央办公厅、国务院办公厅印发了《关于加快推进媒体深度融合发展的意见》，强调全媒体时代新媒体发展的重要性。[①]在这个历史阶段，高校的思想政治课程也迎来了前所未有的发展空间与考验。思想政治课程的主要目的是增强大学生的全面能力，塑造优秀的道德品质，确立正确的世界观，指导学生深入洞察社会发展脉络、客观评判社会现象。

随着互联网技术的迅猛进步，智能手机的功能也日益增多并持续更新迭代。被称为"手机一族"的大学生们对网络的依赖程度日益加深，他们不仅能通过手机获取前沿和娱乐信息，还能通过各类网络应用程序（APP）满足购物、出行和社交等多方面的日常需求。在这样的网络环境下，高校要及时借助微信公众平台进行大学生思政教育，因地制宜、因时制宜，把思政工作做到大学生的日常学习和生活中去，达到网络育人的目的。[②]

高校的思政教育多是在第一课堂中完成的，在教育的时间、地点和人数上都会有所限制，进而限制了思政教育工作的高效开展，导致

① 梁迎娣. 新媒体视域下微信公众平台应用于高校思政教育研究——以浙江旅游职业学院艺术学院微信公众号为例. 文教资料，2021(27)：25-28.
② 蔡琪. 高校官方微信公众号的思想政治教育应用研究. 上海：华东师范大学，2018.

了形式单一、效果有限的局面。① 在新媒体时代,微信公众号以其迅速的信息传播特性而著称,能快速发布和传播国家的最新政策、社会的最新动态、热点事件、舆情等。作为一个开放性的网络平台,微信公众号允许学生在接收推送消息后自主选择是否阅读信息,或进行点赞、评论、留言,甚至转发他们感兴趣的文章。这为大学生创造了自由表达的空间,有助于提高学生的学习积极性和自主性。传统思想政治教育主要依赖于教师在课堂上传授内容,而微信公众号作为一个新兴的媒体平台,通过网络提供了丰富的教育资源和信息,这些信息不仅多样,而且内容易读。此外,网络平台呈现的思政教育新观点也进一步深化和提升了课堂教育内容。

新媒体时代,学校公众号已然成为展示校园风采的一个重要输出窗口。浙江旅游职业学院坚持以赛促学办学,善于利用微信公众号等新闻媒体及时地开展、宣传艺术比赛,展现"艺术＋传媒"比赛的魅力。通过高效的新闻媒体传播,学校成功将艺术比赛推向更广泛的受众群体,吸引了更多人参与其中,为学生提供了展示才华和交流学习的平台。"浙江旅游职业学院"公众号自注册并发布内容以来,不断发挥其校园窗口展示作用,向不同群体展示学校在国际、国内取得的最新比赛成果,例如,浙江旅游职业学院在第二十二届 FHC 中国国际烹饪艺术大赛上斩获了 10 金 3 银 6 铜的佳绩,亮相各类国际赛事舞台,不断突破参赛成绩,在国内外的影响力持续扩大。② 浙江旅游职业学院下属各个学院也积极开展"艺术＋传媒"相关工作,其中,浙江旅游职业学院艺术学院自建院以来按照"立足专业、深化改革、服务产业、融合文旅"的总体建设思路,始终把旅院精神贯穿于教书育人之中,把旅院精神融入创新实践之中,把旅院精神突出体现在服务社会的责任之

① 陈磊,朱晶婧.微信公众平台应用于大学生思想政治教育的探索与思考——以"江西经济管理干部学院团委"微信公众号为例.山西青年,2017(22):52-53.
② 浙江旅游职业学院.10 金 3 银 6 铜! 我校 FHC 国际烹饪艺术大赛最佳赛绩!.(2020-11-14)[2024-03-04].https://mp.weixin.qq.com/s/2lVWMNORmLiuWsTtvZhJWQ.

中,创建了"美丽人生　艺路先锋"文化品牌,硕果累累。

(二)"艺术+传媒"比赛的教学意义

在当今信息爆炸的时代,艺术和传媒的结合为学生提供了更广阔的视野和更丰富的学习资源,有助于提升学生的综合能力和应对未来挑战的能力。

1. 促进学生的跨学科思维和综合能力的培养

艺术是一种创造性的表达形式,而传媒则是信息传播和沟通的重要工具。通过将两者有机结合,学生不仅可以更好地理解和欣赏艺术作品,还可以学习如何有效地传播和表达自己的创意和观点。考虑到学生在学习过程中对于跨学科知识的需求,教师可以设计针对性强的课程内容和项目任务。举例来说,学生可以参与一个跨学科的项目,在项目进程中,学生不仅需要展现自己的艺术创造力,还需要学习如何有效地利用传媒工具将作品展示给更广泛的观众,从而提升综合能力和跨学科思维。学校应积极组织跨学科的比赛或展览活动,为学生提供展示自己创作成果和传媒宣传技巧的平台,激发学生的创造力。浙江旅游职业学院有关专业课程中,教师会指导学生参加相应的艺术创作比赛,要求他们设计作品并利用自身创建的传媒平台进行宣传,这样的活动不仅可以展现学生的才华,也能促进他们在跨学科合作中的交流和学习。

2. 有助于培养学生的创造力和审美情趣

艺术是表达内心情感和思想的一种方式,而传媒则可以将这种表达传播给更广泛的受众。学生可以通过学习艺术创作和传媒传播的技巧,培养自己的审美能力和创造力,激发自己的想象力和创新意识,并且能更好地表达情感,让更多人看到。他们可以通过绘画、摄影、音乐等艺术形式来表达自己的情感,同时借助传媒平台将这种表达传播出去,获得更多人的认可和欣赏。

3. 有助于提升学生的表达能力和沟通能力

艺术是通过视觉、听觉等方式表达情感和思想的,而传媒则可以将这种表达传播给大众。学生能够通过学习艺术表达和传媒技巧,提升自己的表达能力和沟通能力,学会如何用简洁清晰的语言或图像传达自己的观点和情感。这是学生未来的职业发展和社交中必不可少的能力。

4. 有助于培养学生的批判性思维和文化素养

艺术是一种文化表达方式,通过艺术作品可以了解和体会不同文化背景下的思想和情感。传媒则可以将这种文化表达传播给更广泛的受众,促进文化的交流和传承。学生可以通过学习艺术与传媒的结合,培养自己的跨文化理解能力和批判思维,拓宽自己的视野,增强文化自信和文化包容性。

二、教学实践与创新成果

(一)利用新媒体开展先进红色活动

浙江旅游职业学院各二级学院微信公众号以社会主义核心价值观为指引,发出具有代表性和先进性的声音,重点引导大学生关注健康、积极的信息,自觉屏蔽刺耳的"杂音"。如浙江旅游职业学院艺术学院的微信公众号紧紧围绕"美丽人生 艺路先锋"党建文化品牌,开展"党史青年说"纽扣课堂和 FM 红色书信馆活动,引领学生学习党史,每期学习过程均通过微信公众号展示,其呈现形式易被接受且学生参与度高,有效激发了学生的爱国热情。

当国家做出重大决策部署时,学院的微信公众平台需要积极发挥舆论宣传的引导作用,向广大师生宣传学校积极响应并有效落实国家政策的行动。比如,在新冠疫情期间,艺术学院官方微信公众号累计推出"青春战'疫'"等系列推文 100 余篇,及时跟踪报道学院实习在一线的学生战"疫"故事,用真挚情感传递学院师生勇于奉献、积极作为的精神,唤起学生的爱国热情和责任担当。①

(二)学生成为思政教育活动主角

浙江旅游职业学院通过向全体师生发出征稿邀请,鼓励他们分享个人观点,使学生在分享中成为思政教育活动的主角;同时,邀请思政专任教师和一线辅导员参与学生关注的话题讨论,积极与学生互动,引导他们进行正确思考,培养正确的思维方式。

浙江旅游职业学院也通过在活动类和主题类推文中设置用户留言评价功能,并实施激励措施,鼓励学生积极发表评论、浏览以及点赞,以促进学生和师生之间的互动交流,增进彼此之间的交流与互动。比如,艺术学院微信公众号的"美丽排行榜"专辑,主要针对优秀学生的学习方法和获奖事迹进行报道,通过对此类推文的留言、点赞、转发互动进行引导,加深学生的自我认知,引导学生树立积极向上的学习态度和人生观。②

(三)学生实践中的创新成果

浙江旅游职业学院为学生提供了众多展示创造力和技能的平台与途径,激励他们在"艺术+传媒"比赛领域中不断探索和实践。

在比赛中,学生们展现了出色的创新能力和实践成果。通过团队协作和个人努力,他们创作出各种形式的作品,包括影视作品、平面设计、音乐制作等。这些作品不仅在审美上展现了独特的风格和想法,而且在技术运用和传达表达方面也达到了较高水平。教育部第七届大学习领航计划比赛共分大学生讲思政课公开课展示和大学生微电

---

① 梁迎娣.新媒体视域下微信公众平台应用于高校思政教育研究——以浙江旅游职业学院艺术学院微信公众号为例.文教资料,2021(27):25-28.

② 梁迎娣.新媒体视域下微信公众平台应用于高校思政教育研究——以浙江旅游职业学院艺术学院微信公众号为例.文教资料,2021(27):25-28.

影展示两个赛道,浙江旅游职业学院教师指导的相关作品实现了全赛道特等奖"大满贯",浙江旅游职业学院也成了全国唯一一所上报的作品均获得特等奖的学校。在参赛的众多作品中,《把美好生活写在了绿水青山上——沿着习近平总书记的足迹讲述余村巨变》作品喜获特等奖,该作品以"行走的思政课"为呈现形式,通过"两山"理念提出是基于时代之问、"绿水青山"与"金山银山"的辩证关系、"两山"理念在余村的成功实践、"两山"理念从余村走向全国这四个问题的展示和回答,生动描绘了在"绿水青山就是金山银山"科学论断的指导下,余村实现了从"石头经济"到"生态经济"的蜕变转型。[1]

学生们在比赛中还展现了跨学科的能力和创新思维。他们融合艺术与科技,结合传统与现代元素,打破常规,挑战自我,呈现出新颖而引人注目的作品。通过不断尝试和探索,他们开拓了艺术传媒领域的新境界,展现出了对于未来发展的无限可能性。在"我心中的思政课"第七届全国高校大学生微电影展示活动中,来自浙江旅游职业学院的学生作品《还乡》,从全国31个省、自治区、直辖市的935所高校报送的2178份作品中脱颖而出,喜获特等奖及最佳表演奖。该作品以一名在校学生回乡创业的心路历程,结合学校长期深耕文旅行业的办学特色及山区26县特色工作,充分展示了我们国家乡村振兴、共同富裕、大学生就业等政策实施后取得的重大成就。

除了作品本身,学生们在比赛中积极参与交流与分享,彼此启发,共同成长。他们展示出团队协作的重要性,积极倾听和接纳他人意见,不断完善和提升作品质量。通过与同学和老师的互动,他们拥有了更广阔的视野和理念,丰富了自己的科研经历和人文素养。

(四)学生在艺术传媒中的角色与贡献

学生是"艺术+传媒"比赛艺术传媒中的重要角色,发挥了不可或

---

[1] 浙江旅游职业学院. 特等奖"大满贯"!.(2024-03-04)[2024-05-23]. https://mp. weixin. qq. com/s/tXkQsoGoo6OlsTtksggvOw.

缺的作用。这些比赛为学生提供了展示才华、创意和技能的舞台,并激励他们在艺术和传媒领域中充分发挥自己的潜力。

在"艺术＋传媒"比赛中,学生扮演着创作者和实践者的角色。他们通过自己的创意和想法,运用不同的艺术表现形式,如绘画、摄影、影视制作、平面设计等,创作出充满个性和独特风格的作品。这些作品不仅展示了学生丰富的想象力和审美追求,还体现了他们对艺术创作的热情和执着。通过比赛,学生得以将自己独特的艺术理念和创意表达出来,为艺术传媒领域注入了新的活力和创造力。

学生在"艺术＋传媒"比赛中扮演着团队合作和交流的角色。比赛促进了学生之间的合作与交流,激发了他们的团队精神和创造力。通过共同努力,学生们相互启发、相互借鉴,共同完成了许多作品。他们学会了倾听他人意见、尊重他人观点,通过协作和互动,不断完善和提升自己的作品质量。这种团队合作精神不仅培养了学生的沟通能力和合作意识,也提升了他们的实践能力和团队协作能力。

学生在"艺术＋传媒"比赛中还扮演着传播者和表达者的角色。通过自己的作品,他们传递着自己的情感、思想和价值观,与观众进行情感共鸣和沟通。这种表达方式不仅展示了学生的创意和个性,也让他们学会用艺术语言去表达内心的感受和想法。在比赛中,学生们不仅仅是展示了自己的作品,更重要的是通过作品传递着对社会、对生活的思考和感悟,引发观众的共鸣和思索,产生积极的社会影响,创造了文化价值。

学生在"艺术＋传媒"比赛中还扮演着学习者和成长者的角色。比赛不仅是展示才华和能力的舞台,更是学习和成长的机会。通过比赛,学生们不断接触新的艺术形式和媒体技术,不断挑战自己的创作极限,不断完善和提升自己的专业能力。在比赛的过程中,学生们在不断反思和总结,不断吸取经验和教训,不断提升自己的审美眼光和创作水平,实现了在实践中的自我成长和提升。

浙江旅游职业学院的学生在"艺术＋传媒"比赛中扮演着多重角

色。他们作为创作者和实践者、团队合作者和交流者、传播者和表达者、学习者和成长者,共同构建了一个充满创造力和活力的艺术传媒领域。在比赛这个平台上,学生们得以展现自己的才华与潜力,不断提升自己的专业能力与综合素养,为艺术传媒领域的发展和繁荣做出了突出的贡献。

三、社会影响与成果展示

浙江旅游职业学院在"艺术+传媒"比赛方面展现出的社会影响与成果展示,不仅体现了学生的创造力和实践能力,也为社会文化发展和教育培养注入了新的活力和动力。

(一)社会影响

浙江旅游职业学院在"艺术+传媒"比赛方面所产生的社会影响涵盖了教育培养、文化传承、产业发展和社会文化建设等各个方面。通过比赛,学生们展现的创新意识和实践能力不仅在校园内得到肯定和展示,也在社会中产生了深远的影响。

学生们在比赛中展现的团队合作精神和创意能力,进一步推动了社会艺术文化产业的发展和进步。通过比赛,学生们学会了倾听、尊重和接纳他人意见,学会了在团队中发挥个性和才华,共同完成卓越的作品。这种团队合作与创意实践,不仅培养了学生们的综合素质和团队精神,也为未来的团队工作与产业协作提供了宝贵的经验。

学生们通过比赛所展现的作品和能力,为文化产业和创意经济的发展贡献了力量。他们创作的影视作品、音乐制作、平面设计等各种形式的作品,不仅展现了对艺术和传媒领域的独特见解和技术实力,更为文化市场和观众提供了丰富多彩的文化产品和消费选择。这些作品不仅在传统媒体平台上获得了认可和展示,也通过新媒体和数字平台进行了广泛传播和推广,为文化产业的蓬勃发展和中国文化走向世界注入了新的动力和活力。

同时,通过比赛展示的学生作品和创作理念,为社会潮流和文化氛围提供了积极引领和影响。学生们从不同角度和形式表达了对时代、社会和环境的思考与感悟,引发了公众的共鸣。他们的作品反映了青年一代的创新理念和社会责任感,启示了社会对美好生活和谐社会的向往和追求。这种文化引领和社会影响,激励着更多的青年学子积极参与社会实践和文化创作,共同建设和谐、美好的社会环境与文化氛围。

(二)成果展示

浙江旅游职业学院在"艺术+传媒"比赛的学生作品所展现的创造力,为社会文化建设和文化传承提供了新的动力和素材。这些作品展现了学生们对当代社会和文化现象的独特见解和表达方式,促进了社会对艺术与传媒领域的重视和关注。同时,学生们通过比赛展示的作品也记录了当代社会的发展与变迁,为后人留下了珍贵的文化遗产与时代印记。

随着比赛的成功举办和学生优秀作品的展示,学校推动了更多院校对艺术与传媒教育的重视和投入,为青年学子提供了更多创新创业的机会与平台,推动了教育教学体系的不断优化与发展。学生们展现的创新意识和实践能力为社会注入了新的文化能量,推动了文化产业和创意经济的蓬勃发展,引领了社会潮流和文化发展方向。

第七章 高校以"艺"助力浙江
文化建设的经验总结

第一节 以"艺"助力思政育人的改革与创新

　　高校艺术教育在新时代思政育人工作中扮演了重要角色。通过对艺术类人才培养的新路径探索,艺术教育不仅致力于培养学生的艺术专业素养,还注重其思想政治素质的提升。跨专业艺术人才的培养为学生提供了更多的跨学科融合机会,打破了传统专业的界限,有助于培养具有宽广视野与创新思维的人才。"浙江元素"被融入艺术课堂教学中,不仅能够传承和弘扬地方文化,也能够帮助学生深入理解浙江的历史与文化背景。这种思政与艺术教育融合的创新实践,有效促进了学生对国家文化认同感的增强,提升了他们的文化自信与社会责任感。

一、艺术类人才培养的新路径

　　在浙江这片文化底蕴深厚的沃土上,高等教育机构积极开辟艺术类人才培养的新航道,采用"艺术交融人文,携手科技共创"的协同创新策略,深度挖掘并利用地域特色资源,对课程体系与教学模式进行了全面优化与革新,为浙江作为文化强省的建设注入了强劲的人才动能与智慧力量。高校巧妙地将地域文化精髓融入课程体系构建中,形成了别具一格的育人新局面。在课程体系调整上,高校强化与"大思政"理念的深度融合,在艺术课程中自然融入思想政治教育元素,同时拓宽课程边界,增设跨学科课程模块,促进艺术、人文与科学的深度融合,旨在培养具备综合素养与广阔视野的复合型人才。教学方法上,高校勇于探索,实施了诸如项目驱动、案例分析等互动式教学模式,极大地提升了学生的主体参与感和实践操作能力。在课程内容与形式上,现代信息技术的应用成为亮点,如通过虚拟现实(VR)、增强现实(AR)等前沿技术,使艺术教学更加鲜活、直观,极大地丰富了教学手段与表现形式。

此外,高校还精心构建了"三课堂联动"的教学模式,即"校内课堂深化理论学习,校内课外活动拓宽视野,校外实践平台强化应用",并围绕"创意启迪、创新能力培养、创业实践探索"三个维度,搭建了实践教学体系。这一体系鼓励学生"在实践中学习,在学习中研究,在研究中创新",形成了层次分明、循序渐进的教学路径,有效促进了学生艺术才华与创新能力的全面发展①,有效提升了学生的实践动手能力。

浙江的高等教育机构通过艺术教育的创新实践,有效促进了人才培养与地方经济文化发展的良性互动。一方面,这些高校致力于培养兼具专业技能与综合素质的应用型人才,紧密对接地方发展需求,为区域经济的繁荣与文化进步输送新鲜血液。另一方面,高校在跨学科融合、资源互补与协同创新的道路上不断探索,不仅加深了地方文化的理解与传承,也激发了文化创新的活力。具体而言,浙江高校巧妙搭建"互联网＋非遗＋地域特色"的教育实践桥梁,巧妙融合传统与现代、艺术与人文,为非物质文化遗产的保护与传承开辟了新路径。高校深挖本土文化的深厚底蕴,将地域特色与现代艺术表现手法相结合,孕育出富有地方韵味的艺术作品,这一过程不仅丰富了艺术教育的内容,也培育了具有鲜明地域文化特色的艺术人才,为地方文化的传承与创新注入了新动力。在全球化浪潮中,浙江的艺术教育展现出

---

① 台州学院艺术与设计学院——创新构建"四段式"设计人才培养体系.(2024-05-20) [2024-05-23]. https://mp.weixin.qq.com/s/bQdA_Srg2QGLY0typ6dLFQ.

开放的姿态,积极拓宽国际视野。通过与世界顶尖艺术学府及机构的交流合作,高校引入了前沿的教学理念与方法,有效提升了本土艺术教育的水准与质量;同时,鼓励学生参与国际艺术竞赛与交流项目,不仅拓宽了他们的国际视野,也显著增强了他们的国际竞争力和在国际舞台上的影响力,为浙江艺术教育的国际化进程铺设了坚实的基础。

二、跨专业艺术人才培养的创新实践

浙江高校积极探索跨专业艺术人才培养的创新实践,以"艺"为纽带,促进不同学科之间的交叉融合。高校组建的由不同学科背景教师组成的跨学科教学团队,是实现跨专业艺术人才培养的关键所在,通过这一团队的协同工作,学生能够在多元化的学术环境中获得更为全面和深入的艺术教育。

高校在课程设计领域迈出了创新步伐,构建了一系列跨学科的综合性课程模块,这些模块横跨多个知识领域,促进了不同学科知识的交汇与互补。同时,高校实施"专精一艺,广纳多能"的教学策略,聚焦于全面提升学生的综合素养与创新能力,确保学生在精通专业技艺的同时,亦能拥有跨领域解决问题的综合能力。为增强学生的实践应用能力,浙江高校精心策划了一系列跨学科实践项目,让学生在真实情境中磨练跨学科解决问题的技巧。此外,学校积极深化与校外企业及机构的合作,搭建起实践与学习的桥梁,不仅为学生开辟了丰富的实战演练场,还促成了他们与业界精英的宝贵交流,使学生能更直观地洞察行业脉动与未来趋势。在评价体系上,浙江高校推行了多元化标准,尤为重视学生综合素质与创新潜能的评估,确保对学生能力的考量更加全面且公正。艺术院校更是走在前列,引领学科交叉培养的新风尚,通过与高等学府、科研机构的紧密协作,共筑创新人才培养高地。这种合作模式跨越了传统学科壁垒,将艺术与设计、科技、文化等多领域深度融合,构建了跨学科的教学科研生态体系,开启了艺术教育的新篇章。

嘉兴大学在艺术设计类专业上进行了精准的科学定位,旨在培养具备"设计－制造－营销"全产业链应用能力的复合型人才。通过深化产教融合,学校构建了以"学校为引导、企业为主导、学生为主体"的实战性、企业化运作平台。这一平台以跨学科项目化教学为核心,覆盖了从"产品化"到"商品化"再到"商业化"的全过程。在人才培养模式的创新上,嘉兴大学提出了"三融合"战略,即"基础项目"与"横向拓宽"相结合,实现跨学科知识的融合与应用;"应用项目"与"纵向深化"相结合,加强产业与学术的紧密联系;以及"复合项目"与"尖端打磨"相结合,确保市场运营与产品质量的双重提升。此外,学校还完善了质量评价体系,将成果转化与社会评价相结合,确保人才培养的质量与社会需求相匹配。这一举措不仅得到了社会的广泛认可,也为地方主导产业的转型升级提供了有力的人才支持,为区域经济的持续发展做出了积极贡献。

三、"浙江元素"在艺术课堂中的融入

　　高校是为党育人、为国育才的主阵地,肩负着文化传承创新的使命。发挥浙江地域得天独厚的优秀文化资源优势,激励引导浙江广大师生做好文化的教育者、守护者、传承者、践行者是新时代浙江高等教育的应有之义。高校通过引入越剧、丝绸文化、茶文化等具有浙江地域特色的文化元素,使得课程内容与浙江地域文化紧密相连,让学生在学习过程中深刻感受到浙江文化的独特魅力,鼓励学生创作具有浙江特色的艺术作品,展现地方文化的独特魅力。在艺术课堂融入"浙江元素"的过程中,不仅注重理论知识的传授,更强调学生的实践体验。高校通过搭建与地方文化相关的艺术实践平台,如民间艺术工作室、非遗传承基地等,鼓励学生参与地方文化活动和演出,让学生在实践中深化对地方文化的理解和认同。

　　以宋韵文化为例,通过文学艺术、学术思想、建筑景观、丝绸青瓷

等形态将优秀且丰富的文化基因传承至今,宋韵文化成为具有中国气派和浙江辨识度的重要文化标识。作为学术研究与文化传承的主阵地,浙江高校应该充分发挥地域文化价值研究的排头兵作用,从物质要素、精神要素、语言和象征符号要素、制度规范要素等方面开展浙江地域文化基因解码与文化价值阐释研究,构建有浙江文化底蕴和优势的学术话语体系。通过解构文化基因密码、挖掘地域文化内涵、绘制文化基因图谱、构筑文化基因库,不仅达到了提炼地域文化价值、激活地域文化魅力和守护地域文化根脉的目的,也为地方高校文化育人工作构筑了丰富的文化资源基础和坚实的文化育人基座。推进以铸魂育人为主线、以浙江精神为底色的思政教育创新改革。浙江地域文化本身就是丰富的育人资源,对浙江广大师生具有天然亲近性和说服力。深入挖掘浙江地域文化,解码优秀文化基因,将其融入课程体系、专业建设、校园文化、实习实践、党团活动等方面。发挥浙江地域文化生命力、凝聚力、感召力,推动学生在传承优秀文化中明确自己未来的目标定位,激发自己实现理想的勇气智慧,引导学生树立正确的国家观、民族观、历史观、文化观。让学生在感受中国革命精神之源的"红船精神"中坚定理想信念,在缅怀浙东抗战革命先烈中激发爱国情怀,在瞻仰实证中华文明五千年良渚遗址时传承民族精神,在体验绵延千年宋韵文化时涵育人文情怀。

在助力三溪乡环境美化与乡村振兴项目中,嘉兴学院建筑工程学院团队展现了卓越的艺术融入环境设计的实践能力与创新思维。[①]该项目不仅是嘉兴学院专业实力与创新精神的体现,更为三溪乡带来了环境面貌与乡村活力的双重革新。在设计层面,团队紧跟时代步伐,将节能、环保、低碳理念深植于心,巧妙地将艺术元素融入环境改造之中,提出了既新颖又实用的改造方案。这一举措不仅促进了节能减排,还为村民营造了更加宜居的生活环境。在实施过程中,团队秉

---

① 澄心三溪."微改造　精提升"|嘉兴学院艺术赋能三溪美丽乡村建设.(2023-07-03)[2024-05-09].https://mp.weixin.qq.com/s/Y_Sj7DL56Dsg82nn54X8KA.

持绿色可持续原则,大力推行"废物新生"策略,将废旧建筑材料如砖瓦、木料等赋予新生,既节约了成本,又彰显了三溪乡深厚的革命历史底蕴,实现了环保与文化共传承。此外,嘉兴学院团队展现了跨学科协作的强大力量,通过建筑、结构、给排水、暖通等多领域知识的有机融合,构建了一个全面且科学的改造蓝图。这一过程不仅提升了项目设计的综合品质,也为学子们提供了宝贵的实战演练机会。值得一提的是,项目还巧妙融入了"浙江元素",特别是在温州商学院的毕业设计展上,一系列作品如梁祝文化 IP、印象临海美食 IP 等,均是对浙江地域文化与现代设计完美结合的生动诠释。这种教学模式不仅培养了学生的设计技能与创新思维,更促进了他们对本土文化的深刻理解与传承。

第二节　以"艺"助力浙江文化建设的实践路径分析

本节分析了文化创意产业的孵化与支持,探讨高校如何利用自身优势,积极参与地方文化创意产业的发展。在"大思政课"背景下,社会文化服务建设与推广的实践路径同样被深入分析,强调了艺术在社会文化建设与服务中的重要角色。同时,高校资源整合与协同创新的策略也被纳入讨论,旨在探究如何通过跨界合作提升艺术教育的社会价值与影响力。

一、文化创意产业孵化与支持

(一)学生创作团队的培养孵化

近年来,高校学生以"艺"创作教育以全新的教育理念和人才培养模式,在促进大学生就业、社会经济发展以及艺术文化建设方面发挥了重要作用。组建艺术学生创意创作团队,首先需要确定团队的基本成员。就艺术的创作而言,需要前期的艺术创意策划,中期的操作、实践落地,以及后期的项目成果包装和推广人员。学生艺术创作团队的建设和发展,需要一批有技术、能创作的学生做支撑。除此之外,项目实施创作的过程是团队成员间协调配合的过程,决定着创作项目能否顺利开展。

学生艺术创作团队的建设有利于增强共同体意识,实现团队成员能力的共同提高。所谓的"学习共同体"是以专业知识构建与意义协商为内涵支撑的学习平台,强调人际心理相容与沟通,在学习中发挥群体动力作用。在以"艺"助力文化建设创作学生创意创作团队中,学生是学习者,指导老师是助学者,在实践中,同学间进行交流、沟通和分享各种经验和资料,共同完成创作的目标。例如,高校学生在以"艺"创意创作助力乡村景观建设,以此实现对于乡村文化的保护过程中,学生团队成员在"学习共同体"中互相交流艺术知识,研究乡村景观建设的技术,不仅提高了自身的艺术专业知识的储备,也提高了专业技能,在实践中学会了沟通和合作。

在学生创作团队与项目孵化人才培养中,需建立科学管理方法,以保证团队的活力和生命力。艺术助力文化建设需要学生创意创作团队具有规范性,以及明确的创作分工。明确艺术作品创作能够对文化建设产生一定影响和作用是成立团队的根本目的。由于人是创作的核心,因此最重要的还是解决人的问题,要确定每一个人的优势,进行合理的分工,在创作中做到人尽其才,这样才能保证作品的高质量。除此之外,团队的作品需要有很高的艺术性和专业性,要保证所有人员的各项工作充分协调和配合,共同服务于作品的效果呈现。

高校学生的艺术创作与项目孵化对文化建设产生了较大的推进作用。乡村是孕育中华优秀传统文化的摇篮。分布在全国各地的大量传统村落,是珍贵的农耕文明遗产,千百年来承载着乡村人民的生产和生活,形成了具有地域特色、多样化的生产生活方式和技艺,构建了丰富多彩的精神家园。为了保护传统村落,使优秀的传统文化不因乡村的快速现代化而消亡,高校创造了一系列"红色筑梦之旅""乡村振兴"等主题项目,发挥优秀传统文化在乡村建设和治理层面的积极作用。以高校学生团队对非遗传承人群研培计划为例,从 2015 年实施至今,先后有 100 多所高校艺术院系加入其中,累计为乡村培训了数以万计的非遗传承人和手工艺人,其中不少成为乡村振兴的带头人。

(二)产学研结合的实践探索

产学研结合是高校教育与用人企业合作实施教学的一种形式,在理论与实践的有效结合中夯实学生的知识基础,促使学生综合能力稳步提升,为提高市场竞争力提供保障。[①] 在以项目促进产学研合作教学的进程中,必须以市场需求为导向,确立艺术设计专业人才的培养目标,从理论知识、实践能力、素质提升等几个重要方面建立产学研合作教学机制,实现艺术设计教学与社会、市场、经济等方面的协调发展。

在实践中,艺术设计与产学结合的过程中需要确定艺术设计项目及任务。例如,以"艺"助力文化建设项目中,项目的选择在很大程度上决定了产学研结合的实践方向,以及学生在完成任务的过程中收获到艺术专业知识的种类和技能。因此,教师、企业以及学生都要参与到项目制定的过程中,以保证项目选定的科学合理性。[②] 除此之外,需建立科学化的考评机制。艺术设计专业隶属于美学范畴,在对学生的项目完成情况进行考核与评价时,要遵从美学的评判标准,制定出

① 杜洪桥,李新国,韩会珍,等.基于产学研结合的生物制品教学改革与实践.生物化工,2023(1):139-141,145.

② 申海龙.艺术设计专业中以项目教学促产学研结合的策略研究.现代职业教育,2019(19):248-249.

一套科学合理的考评机制,充分发挥产学研结合的重要作用与价值。

以"艺"助力文化建设的产学研结合项目实践证明,艺术设计专业的学生确实可以在产学研结合教学中实现专业能力和社会实践水平的同步提升。在当前的社会形势下,艺术设计教学必须加快自身的改革进程,以市场需求为导向,紧跟社会发展的步伐,全面推进以艺术设计项目为载体的产、学、研一体化教学模式。例如,中国美术学院开展春季下乡实践教学必修课,近百名师生奔赴安徽碧山,以社会为田野课堂,以生活为研究对象,以人民为描绘内容,开展丰富多彩的"艺塑乡村""社会互塑"实践活动。以乡土文化涵养精神根性、以社会课堂磨砺艺术感受、以现场课程精授技艺方法、以实践主题回应时代命题、以乡土重建彰显有为之学。在以"艺"助力乡村文化建设项目中,在实现产、学、研相互融合的过程中,离不开乡村主体以及设计企业的大力支持,与学校一起在乡村创办一些艺术设计实验室、创业基地、艺术设计创业小镇等。由此,艺术设计专业的学生可以获得更多培养自身实践能力的机会,实现艺术设计教学与社会需求的相互融合,也可以在促进我国艺术设计产业的繁荣发展的同时,助力实现乡村振兴及文化建设。

(三)校企协同的人才培养

企事业单位是高校人才的服务端,企业对人才的需求也有助于优化高校的育人模式,企业应主动配合国家的创新驱动发展战略,为创新人才的培养提供帮助。要以校企融合、校企共生、校企共荣为目的,切实采取措施,建立融合式理论,搭建融合式平台,共同培养创新人才。[①] 校企协同的人才培养模式,为大学生的实习、实训,了解本专业产业发展的最新态势提供了更多机会和途径,有利于专业创新意识的激发和创新精神的培养。

---

① 吕龙义,高文芳,孙丽,等.校企协同培养创新人才:融合式理论与平台创新.中国教育技术装备,2024(8):149-152.

校企协同的人才培养从关注个性发展、培养团队意识、引领实践探索、激发创新精神、启迪创新思维五个方面切入。在进行个性发展时,要突破中国高校过于强调学生的共性培养,改变高校教育给予式的知识传授方式,以实践创新为主线,以学生能力培养为目标,培养学生在实践中的发散思维。通过与企业的各种互动实践,培养学生的团队合作意识和包容的心态。校企协同的内涵十分广泛,载体形式也是灵活多样的,校企之间根据各自的需要和互利双赢原则,协同选取拟定教学内容、共建实习实训基地、共建项目研发中心、联合培养创新型人才等协同方式,并不断拓展和提升协同方式内涵。

二、"大思政课"背景下社会文化服务建设与推广

(一)社区文化活动与服务

"大思政课"注重遵循思政课铸魂育人的价值导向,注重"社会即课堂"的现实观照,强调国内国际两个大局相结合的全球视野,倡导构筑多元主体共同参与的协同育人新格局,要求思政课更加富有活力和魅力。"大思政课"理念科学回答了思政育人的内在规律,是新时代推进思政课改革的重大理论创新。①

从"大思政课"角度看社区文化,从广义上来看,它是指特定地域内的社会生活共同体所反映出来的有关人的行为、社会习俗、生活方式、价值观念、思维定向等文化现象的总和。由此可以看出,社区文化建设既有利于提升社区品位,也有利于增强社区居民对社区的认同感和归属感,增强社区凝聚力。

在"大思政课"背景下,如何将社区文化活动更好地融入"大思政课",有效应对社区文化发展中面临的现实困境,需从育人队伍、育人

---

① 朱旭."大思政课"理念:核心要义、时代价值与实践路径.马克思主义理论学科研究,2021(5):107-114.

内容、育人途径三个方面考虑，从而全面提高社区文化在高校思政课中的育人质量，使得社区文化活动与服务得到更好的建设与推广。"大思政课"在推广社区文化活动与服务上有自己的独特优势，首先，"大思政课"的内容是根据国情、学情而设定的，内容上更加贴近生活、贴近社会。其次，"大思政课"有独特的育人功能，能够根据学生身心特点，充分调动学生对于社区文化建设的积极性和主动性，使学生的注意力从关注教材转到关注社会、关注文化，提高了学生的实践性和创造性，有力推动了社区文化的建设。

（二）文化传统保护与传承

在"大思政课"背景下，传统文化的保护与传承也是一个重要内容之一。它不仅关乎我国优秀传统文化的延续和发扬，也是增强文化自信、培育民族精神的重要途径。传统文化是中华民族历史的记忆，是民族精神的载体，其中蕴含着深厚的历史文化底蕴和独特的艺术魅力。通过"大思政课"，可以教育引导学生深刻认识传统文化的价值，同时对学生的价值观塑造具有深远影响。除此之外，"大思政课"推动了对传统文化的传承和创新，在课程中鼓励学生结合时代特点，用新的形式和方法解读和传播传统文化，使其在传承中焕发新的生命力，更好地服务现代社会，满足人民群众日益增长的精神文化需求。"大思政课"将传统文化保护与传承的理念融入教育教学全过程，让学生在理论学习和实践活动中感受中华优秀传统文化的魅力，树立起尊重、热爱和保护文化遗产的良好风尚。

（三）校园文化建设与推广

高校在长期发展过程中，形成了自己的文化基因与文化特色，包括物质文化、精神文化、制度文化、行为文化四个方面，共同构成了校园文化的整体。校园文化的建设与推广，对增强学生的学习积极性和创造力、培养他们的纪律意识和团队合作精神等方面具有重要作用。

高校是教书育人的重要场所,校园文化的建设,可有效助力于校园精神、环境、学生行为可视化,满足校园文化建设创新需求。

三、高校资源整合与协同创新

(一)跨学科协同创新机制

跨学科协同创新模式顺应了当代科学日益综合化的大趋势,有效促进了不同学科知识的交融与方法的互鉴,加速了科技创新的步伐。该机制的核心在于培育能够跨越学科界限,灵活运用多领域知识与方法进行创新教育和研究的复合型人才。这种模式不仅契合了创新型国家建设的战略需求,也有效应对了传统教育体系中单一学科培养模式的局限性,满足了学生追求跨学科成长与创新探索的渴望。

以北京大学为例,该校在跨学科课程体系的构建上展现了前瞻性与创新性,课程设计强调知识的整合与教学方法的革新,通过挖掘学科间的内在联系与互补优势,实现了知识的跨界融合。教学过程中,北京大学采用多元化的教学策略,如案例分析、团队协作、实验探索等,旨在激发学生的探索欲与创造力,强化其批判性思维与团队协作能力。此外,学校还鼓励学生参与科研实践与社会服务,以此提升其解决实际问题的能力与社会责任感。这一跨学科协同培养模式成效显著,为北京大学培养了一批具备深厚跨学科素养与创新潜能的杰出人才,这些人才在科研探索、教育传播及产业创新等多个领域均展现出卓越成就,有力推动了国家与社会的进步。北京大学跨学科教育的成功经验,也在国内外产生了深远的影响,众多高等教育机构与科研机构纷纷借鉴其模式,共同推动跨学科教育与研究向更深层次发展。

(二)校地合作的文化建设

推进高校与属地校地合作,是新时代落实国家发展战略的政策需要,也是推进文化建设的主流趋势。《教育部关于加快建设高水平本科教育全面提高人才培养能力的意见》指出,高等学校必须主动适应国家战略发展新需求和世界高等教育发展新趋势,完善协同育人机制。① 由此可见国家对于校地合作的重视。

(三)文化创新创业平台建设

文化创新创业平台的建设与发展需要富有特色的文化内涵作为支撑,将文化创意市场、创业学生、学校、社会集合于一体,依靠平台规范有效的运营机制,可以在大学生创业教育实践环节领域以及助力社会文化建设中发挥出极大的作用。建立文化创新创业平台,不仅可以营造良好的文化创业创新氛围,还可以激发和培养学生的文化创业创新意识,鼓励和支撑学生关于文化创业创新的热情,培养在文化领域的创业创新人才,促进高校文化建设人才对社会文化建设需要的输出。

第三节　以"艺"助力思政育人与文化建设的实践成果与影响评估

在这一节中,我们评估了高校在艺术教育中助力思政育人及文化大省建设的成果与影响。通过定量与定性的分析,本节展示了艺术教育在思想政治教育与文化传播中的成效;同时,结合"浙里"实践的案例,评估了高校艺术教育助力文化大省建设的成果,分析了其在地方经济、社会文化及教育发展中的深远影响。

---

① 教育部关于加快建设高水平本科教育全面提高人才培养能力的意见.(2018-09-17)[2023-05-18].http://www.moe.gov.cn/jyb_xwfb/s271/201810/t20181017_351821.html.

一、高校艺术助力思政育人与文化建设成果评估

1999 年,在世界文化激荡的背景下,浙江省委、省政府提出了建设"文化大省"的战略构想,12 月,浙江省委十届三次全体会议提出"发展文化产业,建设文化大省"的战略构想,首次明确建设文化大省的战略目标。2000 年 12 月,《浙江省建设文化大省纲要(2001—2020年)》确立了将浙江建设为全民素质优良、社会文明进步、科技教育发达、文化发展主要指标全国领先、文化事业整体水平和文化产业发展实力走在全国前列的文化大省。① 其后,包括江苏省、广东省、山东省、云南省、安徽省、湖南省、陕西省等在内的多个省(区、市)聚力于文化发展,找准地域文化特色,深入推进地方历史文化建设。各省在深入推进文化大省的进程中,不断推进文化事业建设的各项内容,不断鼓励企业、社会团体、单位、学校、群众积极投入文化事业的建设中,凝聚各方力量注入文化大省建设中,高校作为文化艺术人才的培养基地,通过文化艺术活动开展、文化遗产保护传承、文化艺术创新实践等方式,与地方政府、文化机构等建立广泛合作,为文化大省建设做出了重要贡献。目前,在高校艺术助力文化大省建设方面已形成较为完善的评价方法、评价内容和评价结果,以衡量高校的教学目标、教学成果和教学方案,在文化建设、人才建设、艺术教育等方面的实践成效,通过全面系统的评估,能够更好地总结高校艺术理想助力文化大省建设的经验和做法,进一步发挥高校的独特优势,为文化大省建设注入持续动力。其相关评价内容可以从以下几个方面展开论述与评估。

(一)高校学生的体验、收获和反馈

学生是艺术教育的直接受益者,他们的体验和反馈是衡量教学质

---

① 刘晓林.走在前列的浙江文化大省建设.观察与思考,2005(16):16-21.

量的关键。聚焦学生发展核心素养,培养学生适合未来社会发展的正确价值观、必备品格和关键能力,进一步深化课程改革,推动育人方式的变革,以美育人,立德树人,是《义务教育艺术课程标准(2022年版)》为艺术教育描绘的新图景。艺术新课标明确指出,要围绕学生艺术学习实践性、体验性、创造性等特点,将学生的课程学习与实践活动情况纳入学业评价,评价内容应涵盖学生的艺术知识掌握、技能运用、审美情感、创新思维和文化理解等多个方面,学业评价不应仅限于期末或特定时间点,而应贯穿整个学习过程,反映学生艺术学习的持续性进步。

(二)高校艺术活动的筹办、开展和成效

艺术活动能够丰富校园文化,提升学生的审美和创造力,例如,杭州师范大学举办的"艺术节"活动,体现时代特征、校园特色和学生特点,展现当代大学生与祖国同行、与时代同行、与梦想同行的价值追求,培育和践行社会主义核心价值观,大力弘扬中华优秀传统文化和爱国主义精神,吸引了大量学生参与,提升了校园文化氛围。因此,高校艺术活动的筹办、开展和成效是衡量高校教学目标、教学成果、文化建设和文化大省建设水平的重要指标。

(三)高校艺术文化建设和人才培养

文化建设是高校内涵发展的重要组成部分,反映了学校的教育理念和特色。《浙江省文化改革发展规划》中,浙江省明确提出了文化建设的多个方面,包括文化设施建设、文化服务提升、文化产业发展等,为高校艺术文化建设提供了政策支持和发展方向,浙江大学在《砥砺奋进的五年:浙江大学文化建设回顾》中描述了高校通过建设文化设施和优化校园环境,如求是大讲堂、文化景观座椅等,营造了浓厚的文化艺术氛围。[①]

---

① 夏平.砥砺奋进的五年:浙江大学文化建设回顾.(2017-12-16)[2024-05-23].http://www.news.zju.edu.cn/2017/1216/c755a740971/page.htm.

(四)高校艺术课堂及活动效果评估

艺术课堂及活动的效果评估可以为教学和活动的改进提供依据。例如,上海交通大学通过在线教学平台收集学生对艺术课堂的实时反馈,及时调整教学策略。《浙江省高校"非物质文化遗产进校园"活动的效果评估与提升》提供了对非物质文化遗产进校园活动效果的评估方式,指出了活动存在的问题,并提出了相应改进策略。

二、高校艺术助力思政育人与文化建设影响评估

高校利用艺术教育的手段,通过传承文化传统,创新思政教育模式,以文化育人的形式,增强思政教育实效,促进学生全面发展。艺术教育能够丰富文化内涵,提升文化软实力,促进文化繁荣,成为思政育人与文化大省建设的重要推动力量。高校艺术教育在思政育人与文化大省建设中的影响力可以从以下多个维度进行评估。

(一)立足传统,放眼世界

文运同国运相牵,文脉同国脉相连。良好的艺术文化素养是培养设计创造力的必不可少的基础,艺术文化教育包括传统文化、中国古典文学艺术、东西方传统文化的交融。高校里的艺术教育,要通过科研与教学的方式,对传统文化进行深度的发掘与研究,增强文化自信,提倡师生在艺术上进行创造性的创作,并将现代科学技术与传统文化相结合,从而实现文化的革新和发展。在此过程中,需深入挖掘大学特色文化资源,要善于发挥文学、美术、音乐、影视、新媒体设计等师生的专业特长,鼓励他们用不同的文艺方式讲好中国故事和大学故事。

(二)文以载道,以文化人

艺术专业人才的培养是高校艺术教育的重要任务之一,高校艺术

专业人才培养要适应现代文化产业市场的新发展。近年来,高校艺术教育坚持系统观念,统筹推进育人方式、办学模式、管理体制、保障机制改革,不断提高教育治理体系和治理能力现代化水平,梳理总结建校近百年来的优良传统与红色基因,准确把握时代发展趋势,实施"教创演研一体化"人才培养模式。高校以系统化的教学制度培养音乐、艺术、设计和表演等各方面的专才。他们将成为艺术家、设计师、音乐家、演员等职业的佼佼者,为文化领域的发展和创新提供强大的支持。高校艺术教育通过开设公共艺术课程、举办艺术讲座和展览等形式,致力于提升非艺术专业学生的艺术素养,实现艺术教育的普及,从而为文化产业与文化事业的发展奠定坚实的基础。

(三)产学融合,协同育人

文化产业以符号性商品和信息为核心,在全球化背景下构筑了庞大的产业链。在高校艺术教育中,创作与制作占据核心地位,不仅展示了学生艺术审美能力与创造力,还直接转化为文化商品,丰富了市场供给。并且,艺术教育作为新兴学科,能够为文化产业注入活力,并为学生提供广阔平台。其积极融入乡村振兴、城市更新与美丽中国建设,探索如"城乡片段""存量建筑""乡土修复"等艺术新领域。校企合作成为艺术教育与市场、产业衔接的有效方式,如通过与本土文化企业合作,共同设计研发文化产品,提升产品艺术价值。这种合作使美术教育更贴近市场需求和产业发展,强化应用型艺术院校的社会作用,同时为学生提供实践机会。利用大学美术教育的资源与创造力,可提升文化产品的艺术性与竞争力,实现共赢。艺术教育更应激发民族创新能力、个人创造力,推动社会创新,成为"有为之学"。

(四)艺术文化,创新载体

艺术作为高校思政教育的创新载体,通过多样化的艺术形式,情感性、形象性和直观性的特点,能够让学生在艺术欣赏和创作过程中潜移默化地接受思政教育,提升教育的亲和力和针对性,使得思政教育内容变得生动有趣,更容易被学生接受和理解。而艺术是文化创新的重要力量,高校在利用艺术思政教育的同时,挖掘整理地方文化资源,创作具有地方特色的艺术作品,能有效推动文化大省的建设。在具体实践中,可依托地方原有文化资源,创作反映地方历史、人文、民俗的文艺作品,有效拓展艺术高校的应用型效能和社会服务功能,充分满足社会文化发展的需求,为文化大省的建设提供丰富精神食粮以及多样的社会发展新实践。

三、高校艺术助力文化建设的"浙里"实践成果与影响评估

浙江省作为我国的文化大省,十分重视高校艺术教育在文化大省建设中的作用,在招生数量上、办学规模上都有大幅提高。随着文化市场对高校艺术人才教育的需求和渗透,许多综合性院校、工科院校、民办院校都新增了艺术专业。同时,浙江省高校艺术教育在助力文化大省建设方面取得了显著成果,并对文化大省建设产生了深远影响。浙江省普通高校均已开设全校性公共美术课程,浙江高校公共美术课程内容一般以鉴赏为主,包括中外美术鉴赏、书法鉴赏、摄影作品鉴赏及纺织品鉴赏、服装色彩理论与穿着等;部分高校开设了实践类课程。可见,公共美术教育在浙江省高校中并没有得到足够的重视。以下是对浙江省高校艺术教育在文化大省建设中的实践成果与影响评估。

(一)实践成果

浙江高校艺术教育致力于培养高素质的艺术人才,为文化建设提供了强有力的人才支持。浙江大学2021年艺术类人才培养特别项目实施办法艺术创作与研究成绩斐然,该项目旨在利用国外优质资源,培养具有国际视野、国际竞争力和创新能力的优秀艺术人才及学贯中

西的文化艺术大师,从而提高中国艺术教育的整体水平和培养质量。①

浙江高校在艺术教育领域展现了显著的实力与成果,不仅丰富了本省的文化艺术资源,还为全国的艺术教育提供了宝贵经验。特别值得一提的是,中国美术学院在2021年斩获了浙江省教学成果奖的8项大奖,其中包括顶级荣誉特等奖,以及多个一等奖和二等奖。这些奖项涵盖了育人体系、实践教学和创新人才培养等多个方面,充分展现了中国美术学院在艺术教育领域的卓越实力。② 除了教学成就,浙江高校还积极推动文化传承与创新。例如,浙江工商大学与杭州紫阳街道合作设立的非遗体验站,有效促进了非物质文化遗产的保护与传承。这种合作模式不仅为当地社区带来了文化活力,也为浙江省的文化建设提供了有力支持。

此外,浙江高校在提升公共文化服务能力方面持续努力,艺术教育领域尤为突出。中国美术学院积极响应省委文化工作会议的号召,通过艺术创作和社会服务,不仅培育了德才兼备的艺术人才,还打造了众多文化精品,有效传承了优秀传统文化,并显著提高了全民的文化素养。浙江大学的艺术教育中心除了完成校内的教学任务,还积极组织校内外文艺活动,如演出、讲座、沙龙和工作坊等,这些活动不仅丰富了校园文化,也为公众提供了高质量的文化服务,进一步丰富了人民群众的精神文化生活。这些举措不仅推动了浙江艺术教育的发展,也为提升公共文化服务水平贡献了重要力量。

浙江省高校在艺术教育领域不断深化国际交流与合作,从而显著提升了文化大省的国际影响力。中国美术学院作为其中的佼佼者,积极与国外知名艺术院校开展合作与交流,为浙江省的文化建设提供了

① 浙江大学研究生培养处.浙江大学2021年艺术类人才培养特别项目实施办法.(2021-01-20)[2024-06-16]. http://www. grs. zju. edu. cn/2021/0120/c62832a2363864/page. htm.

② 杜婷婷.中国美术学院8项教学成果获2021年浙江省教学成果奖.(2021-01-20)[2024-06-16]. https://www. sohu. com/a/522539075_121123831.

宝贵的国际视角。该校已被认定为"2021年浙江省国际人文交流基地",其国际化战略涵盖了"国际伙伴圈计划""国际平台计划"和"国际影响力计划",旨在建立广泛的国际合作关系。目前,中国美术学院已与全球百余所艺术院校建立了稳定的合作关系,覆盖了亚洲、欧洲、北美洲和大洋洲等多个地区。此外,该校还承担了多项重要的人文交流活动,如G20接待任务以及与外交部合作的"艺术使馆计划",这些活动不仅展示了其国际影响力,也进一步推动了国际的文化艺术交流①。

(二)影响评估

浙江省高校艺术教育为文化产业发展提供了人才、技术和创意支持,推动了文化产业的快速发展。浙江大学传媒与文化产业研究中心作为高校艺术教育的一部分,深化了公共学术平台的建设,结合了媒介化、科技外交、文化外交、健康外交、互联网地缘政治等现实热点与理论前沿,进一步开拓了全球传播研究议程。该中心通过线上讲座、小型线下研讨会、读书会等多种形式,推动了国内外学界的交流,及时跟踪研究动态,保持了其关注前沿、定义议程、积淀特色的长期优势。②

浙江省高校艺术教育在促进文化大省建设方面成效显著。通过举办公益性文化活动、参与城市文化建设,不仅提升了文化大省的整体形象,还彰显了浙江的文化软实力。浙江大学作为代表,秉持"求是创新"的校训,致力于传承与创新优秀文化,努力成为文化高地和品牌创建的引领者。该校通过举办座谈研讨、主题合唱等活动,不仅提升了自身的文化品牌形象,也为公众提供了丰富的文化资源。

在社会文化氛围的营造方面,浙江省高校艺术教育通过普及艺术

①　胡心云,邢珂.中国美术学院获批"2021年浙江省国际人文交流基地".(2022-01-23)〔2024-06-16〕.https://m.thepaper.cn/baijiahao_16417024.

②　传媒与国际文化学院.浙江大学传媒与文化产业研究中心.(2022-09-28)〔2024-06-16〕.http://www.cmic.zju.edu.cn/2022/0928/c35542a2637038/page.htm.

教育和组织公益文化活动,为公众营造了良好的文化氛围,有效提升了人民群众的文化素养。此外,浙江省高校艺术教育还为文化政策的制定提供了重要的理论支持和实践参考,促进了文化政策的科学化、民主化进程。在国际交流方面,高校艺术教育通过与国际艺术院校的合作与交流,加强了与世界文化的交流互鉴,为文化大省的国际化发展提供了重要支撑。

综上所述,浙江省高校艺术教育在文化大省建设中发挥着重要作用,未来应继续加大支持力度,进一步增加其在文化建设中的贡献。浙江省高校艺术教育在文化大省构建中的实践探索与成效评估,凸显了其在文化繁荣中的核心地位。

第四节　以"艺"助力思政育人
与文化建设的展望

本节展望了高校在未来如何继续激发艺术力量,以实现思政育人与文化建设的双轮驱动。我们讨论了以"艺"为翼,展望文化建设的新方向,包括加强艺术教育与地方文化的结合,推动社会文化服务的深化等。期望通过持续的探索与实践,形成更加丰富的文化生态,为浙江的文化建设贡献更大力量。

一、激发高校艺术力量,双轮驱动思政育人与文化建设

高校是文化传承和创新的重要阵地,担负着服务地方、发展地方文化、促进区域融合、助力乡村振兴、为地方培养人才的重要使命。文化建设事关国运兴衰、文化安全和民族精神的传承与发展。在浙江省扎实推动高质量发展建设共同富裕示范区的关键之年,省内艺术类院校应抓住机遇、积极谋划、勇于作为,充分发挥学科专业与联合优势,

构建跨学科育人共同体,依托牵头成立的众多工作联盟平台资源,开展特色文化帮扶,助力文化建设。

(一)发挥高校的学科优势和资源优势

一是聚焦艺术类院校艺术学科优势,充分利用艺术类院校学科平台与学术资源,培育高层次专业艺术人才。如中央音乐学院针对表演专业学生进行全校公开选拔,进行精英化培养,最大限度地激发学生的专业潜能。此外,要构建艺术学科与其他学科协同推进的美育课程体系,推进艺术主导的跨学科专业整合。充分发挥艺术课程在学校美育中的主渠道作用,深入挖掘各学科蕴含的美育价值与功能,打造厚植中国传统、深具文化特色的艺术教育和美育精品课程体系,充分发挥艺术院校的特色优势。① 如河南师范大学在中华文明探源研究方面,发挥学科交叉融合优势,集合考古学、文物学、古文字学等学科,为现代化河南建设提供了强大价值引导力、文化凝聚力和精神推动力。

二是发挥高校在艺术人才培养的资源优势,推进学科专业一体化建设。依托联盟资源,锚定文化建设需求,全面实施"校地融合、校企链合"等行动,如开展"沉浸式"就业创业体验实践。依托牵头成立的全国艺术院校就业创业工作联盟,在学生社区举办高质量就业论坛,开展校企交流、校园宣讲等活动,实现"沉浸式"选聘人才,彰显我省文化品牌特色,提高高校育人质效。同时,充分发挥高校思想库、科技库、人才库的作用,加强与各级政府的全方位联系,主动对接、全面融入区域艺术文化发展,形成高校各自所在区域的竞争优势,成为所在区域艺术创新驱动发展的重要力量和引智借智的基础平台。

三是发挥高校的本土资源优势,形成学院特色文化建设合力。要充分利用、挖掘丰富多彩的校外课程资源,强化学院教育活动的体验性、研究性、探索性和社会性。首先,充分利用高校自然资源、独特地

---

① 谢兰凤.刘晓静:立足社会发展需求构建新时代艺术人才培养体系.艺术教育,2024(4):21-22.

理资源,助推打造多季节、多元素的美术写生基地,就地取材。立足于地域本土文化,汲取时代最前沿、最优质的文化艺术资源,探索实践,锻造艺术精品;其次,邀请本地艺术专家、艺术文化传承人走进校园,与学生进行全方位多角度交流,开展学术讲座、非遗系列科普等艺术活动;最后,与当地艺术类院校或者企业建立合作联系,充分发挥双方党组织的政治优势、专业优势,充分利用双方的文化艺术资源和党建阵地,实现资源共享。

(二)创新高校文化服务的模式和路径

一是拓展文化服务的广度与深度。首先,高校应致力于扩大文化服务的覆盖范围,提升其影响力,推动艺、科、商跨界融合,在融会贯通中打开高校文化服务的新可能。其次,培养大学生的文化创新意识和服务地方能力,传承地方文化、打造地方品牌。集合社会各界力量,培养高水平的文化艺术专业人才,为公共文化服务体系建设输送人才,从社会服务到社会创新,努力为美术和设计打开新的实践领域和战略空间。

二是探索文化服务的新平台与形式。首先,充足公共文化供给,丰富公共文化服务的内容,综合性高校具有丰富的文化艺术资源,聚集音乐舞蹈、戏剧影视、美术绘画、艺术设计等专业学科,可对城市社区输出策划设计、文艺表演、艺术教育等,实现公共文化服务的多样化,拓宽公共文化服务的供给渠道。其次,在艺术落地中激发生产新方式,从文创、文旅、文教、文娱四个方面,形成艺术赋能文化建设的新实践。如在乡村振兴方面,四川美术学院扎根西南大地,以多种方式推动艺术乡建,为艺术助力乡村振兴打造了重要样本。

三是建立长效机制,促进文化服务的可持续发展。首先,综合性高校艺术学院应积极开展校企合作、校地合作,积极与地方基层公共文化服务场所和设施如基层文化宫、美术馆等开展合作,为学生开展艺术实践和文艺展演提供场地以及各类硬件设施,提高基层公共文化服务场所和设施的利用率。其次,艺术学院可以走进乡村,为乡村提供在地性公共艺术服务,设置乡村文化艺术工作站,组织师生实地调研,参与到乡镇土地规划、景观设计、艺术普及等实践课题中,从而提升美术创研单位在公共文化服务体系建设中的实效性。

(三)培养适应文化建设需求的复合型人才

地方高校的艺术教育由于沿袭专业艺术院校的教育模式,大多会陷入机械模仿高端艺术人才培养模式的旋涡,专业分类、课程设置照搬西方模式,培养的人才特性单一,学非所用,不能适应文化建设的需求。因此,地方高校艺术教育要转变观念,打破长期以来形成的以西方学院派教学模式为唯一标准的观念,以传承中华优秀传统文化为使命,以培养适应文化大省发展需求的复合型人才为办学目的。

一是优化艺术类专业人才的培养方案。地方高校艺术教育专业要根据地方发展的实际需求和师资、生源、办学条件的实际情况,以协同育人为目标构建育人体系,利用地方艺术优势资源,整合教学资源,拓宽教学渠道,开设具有地方特色的复合型艺术课程,将人才培养目标设定为服务地区经济发展的综合性人才,使地方文化教育纳入人才培养计划,提高学生对地方文化的强烈认同感和接受自觉,积极投身于文化建设发展中。[1] 在艺术人才培养中,加强美育教育、人文教育和科技教育,培养学生的人文情怀和创新意识,提高大学生的综合文化修养和艺术素质,构建具有地方特色的复合型人才培养体系。

二是加强艺术与其他学科的交叉融合。在制定培养计划时,地方高校要充分体现与时代同步、与地方对接的办学理念,实施"艺术＋人文＋科技""专业＋通识""理论＋实践""项目＋应用""传统＋创新""管理＋服务"等多元融合教学模式,使地方高校培养的艺术人才在地方经济建设和乡村振兴、乡村治理、乡村教育中发挥积极作用。同时,

---

[1]　刘向东,陈素红,赖勖忠.地方高校学生社团对地域文化传承发展的路径探索——以韩山师范学院潮风学社为例.张家口职业技术学院学报,2022(2):47-49,53.

在课程设置上引入地方文化相关内容,通过开设传统文化课程,引导在校学生深入了解当地文化。此外,在人文学科、经济管理学科、马克思主义理论学科等专业教育中开设地方文化相关课程,强化艺术学科的建设。[①]

三是注重培养学生的创新精神和实践能力。鼓励学生在学习艺术必修课程的同时,将文化产业发展、公共文化服务、文创产品设计、多媒体应用技术、非物质文化遗产保护等内容作为选修方向或创新创业训练项目。此外,进一步发挥高校第二课堂的作用,将专业课程中所学知识与课外实践相结合,引领大学生回顾城市建设的历史发展进程,多方位体验地域传统文化。

(四)发挥高校在文化创新创业中的引领作用

一是建设高校文化创新创业平台。依托高校创新创业教育课程体系,充分发挥共青团组织优势,整合政府、学校、校友和社会的优势资源,组建以行业专家和企业家为主、创业典型为辅的创新创业导师团队。同时,依托众创空间、创新创业基地,开展大学生创新创业训练计划、"挑战杯"培育计划、科创训练营等实践教育活动,培养学生的创新精神、创业意识,提高创新创业能力,推动高校文化创新成果的转化应用。

二是完善科研制度机制,为高校创新创业提供强力保障。改革优化科研评价体系,科学设置多元评价指标,注重过程性评价和综合性评价,突出实际贡献和创新质量。构建校内协同联动机制,鼓励教师打造优秀科研团队,发挥集体智慧,逐步营造浓郁健康的高校创新创业环境氛围。同时,高度重视大学生双创教育,建立完善创新体系,提供资源创造实践机会,设立科技节、组建多种科技社团和各类科技活动兴趣小组,引领学生积极参加学术论坛会议,撰写科技论文项目报

[①]　朱思苑.高校弘扬地方城市文化的可行性路径探讨.文化创新比较研究.2024(3):156-162.

告,申请发明专利推进科技产业化落地,充分调动青年学子参与科研积极性。①

三是文化引领创新创业的正确方向。坚持将立德树人与思政教育融入创新创业教育中,构建"课内与课外相结合、第一课堂与第二课堂相结合、校内与校外联合培养相结合"的创新创业教育人才培养体系。通过第一课堂全面培养学生创新创业意识和基本能力,通过第二课堂实施个性化培养,提供多种创新创业实践资源,为学生自我提升、个性发展提供多样化的选择,同时,依托校园文化阵地和社团活动中心广泛开展科技文化艺术节、学术论坛、前沿讲座、创业报告会等创新创业实践活动,营造底蕴深厚、内涵独特的创新创业教育文化氛围,培养学生严谨求实的科学精神和科技报国的家国情怀。

(五)持续推动高校文化建设的改革创新

一是坚持守正创新,深化高校内部文化建设。首先,数字化赋能高校文化建设,在信息化时代,特别是新文科建设背景下,艺术专业教师要适应时代发展的需要,摆脱传统教学模式的束缚,掌握现代化教学技术,运用数字化教学手段进行辅助教学。如虚拟舞台在音乐、舞蹈表演艺术实践中的运用,三维空间虚拟技术在美术、设计教学中的运用等。其次,高校要综合运用参与教学、体验教学、实践教学等多种教学模式,紧跟时代步伐,了解青年诉求,实现特色化办学,营造出具有鲜明特色的浓厚高校文化氛围,提升大学文化感染力。②

二是拓展高校文化建设的外部合作,推进高校文化建设的系统联动。首先,积极拓展高校文化建设交流机制,例如,相关艺术类高校通过地方名家进校园、企业名师进课堂、非遗传承人进课堂三大平台,形成了以需促教、以教促研、以研带创的文化"两创"活态传承新模式。其次,增进高校文化与社会文化的交流,扩大文化辐射范围,因地制

① 高云.以文化人加强高校文化建设.群众,2024(7):59-60.
② 孙雷,刘盼盼.高校文化建设的功能定位及创新路径.理论视野,2023(12):63-68.

宜,群策群力发掘资源,利用周边社会资源开展社会活动,构建课内课外相结合、校内校外相结合的开放性教育系统。

三是加强学校文化建设理论研究和经验总结,善于倾听意见和建议,妥善处理建设过程中出现的问题,确保学校文化建设稳步前进,提升高校文化建设的社会影响力。同时,深入调研和掌握社会各界对学校文化建设的期盼和诉求,积极调动广大师生建设学校文化的主动性、创造性,凝聚共同建设学校文化的强大合力,推动学校文化建设与时俱进、开拓创新,推动我省文艺文化创作,为打造文化精品、提供公共文化产品贡献智慧,为高校构建文化创新工作机制做出有益探索。

二、以"艺"为翼,展望文化建设新方向

随着浙江文化建设步伐的稳步推进,高校作为文化守正创新的重要阵地,其在推动艺术教育发展、助力文化建设方面扮演着举足轻重的角色。通过艺术之力、艺术之美的精彩呈现,高校不仅能够为浙江实现文化繁荣注入崭新动能,也能为省内地方文化的传承与发展开辟全新路径。然而,在这一过程中,高校也面临着诸多困境与挑战。比如,如何将艺术教育更好融入文化产业,实现艺术教育与市场经济的有效对接;如何有效推动艺术教育与地方单位合作交流;如何紧跟社会快速发展,建立健全艺术领域跨学科人才培养方案,培育符合时代需求的跨学科艺术人才;以及在全球化的背景下,如何投身国际社会热点开展艺术专项研究等难题,这些都等待着我们从多个角度进行深入思考与回答,以期在浙江文化建设中发挥艺术的更大作用。

(一)深化艺术教育与文化产业融合

艺术教育与文化产业两者相辅相成、密不可分,实现艺术教育与文化产业的有机结合既是高等艺术教育的使命,也是文化建设的目标。2014 年,中华人民共和国教育部印发的《教育部关于推进学校艺

术教育发展的若干意见》指出:"地方各级教育行政部门要充分调动社会力量关心和支持学校艺术教育,开发利用校外艺术教育资源,将更多的文化建设项目布点在学校,并尽可能向当地群众开放,实现艺术教育资源共享。"①因此,推动艺术教育与文化产业深度融合是实现以"艺"助力文化大省建设的必然之举。

作为格式塔心理学美学流派代表人物的美国艺术教育学家阿恩海姆认为,艺术的基础是感知,艺术教育可以提高人的感知能力,感知能力则是创造性思维的基础,而文化产业本身就是发挥知觉思维和实践感知能力的价值性物质。然而,当前浙江文化产业的整体发展也面临着诸多挑战。例如,尽管各类文化项目遍地开花,但部分地区由于资源配置不合理,文化产业发展仍存在滞后现象,文化差异也成为制约文化产业进一步发展的因素之一。浙江作为一个文化底蕴深厚的地区,各地文化特色差异显著,如何在尊重和保护地方文化的基础上,实现文化资源的整合和协同发展,亟待深入思考与解决。《2024年浙江省政府工作报告》指出,2024年将持续推动四条诗路文化带、之江文化产业带、良渚文化大走廊和横店影视文化产业集聚区建设,支持发展大视听产业,积极培育文旅新业态新场景。② 随着我国文化产业发展宏观环境的显著改善,文化经济政策、管理机制和市场格局等保障支持的不断加强,浙江的文化产业也得以快速发展。2023年,全省6219家规模以上文化及相关产业企业实现营业收入15655亿元,比上年增长10.8%,增速高于全国平均2.6个百分点。③ 其中,出版发行、广播电视、文化旅游、健身服务以及演艺娱乐等行业已发展成为优势文化服务产业;而印刷包装、工艺美术制造和文体用品制造等领域则

---

① 教育部关于推进学校艺术教育发展的若干意见.(2014-01-14)[2024-06-16].http://www.moe.gov.cn/srcsite/A17/moe_794/moe_795/201401/t20140114_163173.html.

② 政府工作报告摘要.浙江日报,2024-01-24(5).

③ 浙江省统计局.2023年全省规模以上文化及相关产业企业营业收入增长10.8%.(2022-02-01)[2024-06-16].https://tjj.zj.gov.cn/art/2024/2/1/art_1229129213_5260025.html.

构成了优势文化产品制造业。浙江还构建了包括文体用品批发、出版物批发、新华书店和邮政报刊发行等在内的多元化、多形式、多所有制并存的文化产品流通体系。这些变化不仅吸引了社会各界的积极参与,还促使民间资本不断增加,企业规模持续扩大,从而有效提升了文化产业在浙江 GDP 总量的占比,增强了文化产业的整体竞争力。

近年来,我省高校在艺术教育中愈发注重将理论课程与实践操作相结合,旨在使学生掌握专业艺术知识的同时,也能通过实践活动锻炼自身实际操作能力,为文化产业提供时代所需的艺术人才。通过建立并完善产学研一体化的综合教学模式,高校艺术教育与文化产业、企业紧密合作,共同参与项目研发和教学实践,促进科研成果的现实转化和实际应用,实现艺术与产业的良性互动。部分高校充分利用社会资源,邀请文化产业领域的著名企业家、经理人担任客座教授或开设课程与讲座。此外,高校还与文化产业企业建立实习基地,为学生提供实习机会,使学生在实践中了解产业需求,提高就业竞争力。同时,企业也能通过实习选拔优秀人才,实现互利共赢。例如,浙江艺术职业学院舞蹈系分别与浙江歌舞剧院、杭州歌舞剧院、宋城演艺集团、杭州青少年活动中心等就业与实习单位建立长期、稳定、全面的合作,并签订了实习就业协议,达成集教学、科研、就业等多方面于一体的项目合作伙伴,以共同推进艺术教育与文化产业的持续健康发展为目标,为浙江文化事业建设培养更多优秀人才。

(二)加强艺术教育与地方单位的合作

加强艺术教育与地方单位的深度合作不仅有助于提升艺术教育自身的质量和效果,同时也对地方文化的守正创新以及社会经济的整体发展产生积极影响。在浙江,历史悠久、遍布各地的地方公共图书馆、文化馆、美术馆,都已纷纷敞开大门,免费向公众开放。而早已誉满天下的中国丝绸博物馆、浙江音乐厅等老牌文化场馆,也焕发出新时代独有的魅力。与此同时,之江文化中心、浙江小百花越剧院等一众新兴文化地标如雨后春笋般拔地而起,为人民群众提供高品质、多样化的公共体育文化艺术服务。各地方单位的支持不仅能够充分发挥高校艺术教育的价值意义,也进一步打通了公共综合文化信息服务的"最后一公里"。

艺术教育与地方单位合作为艺术教育提供了更多的实践平台和资源。地方单位往往拥有丰富的文化资源和实际工作经验,能够有效转化为艺术教育的宝贵素材和案例。文化和旅游部、教育部印发的《关于促进新时代文化艺术职业教育高质量发展的指导意见》指出,"支持文化艺术职业院校与文化及旅游企事业单位开展深度合作,总结艺术师承培养经验,结合现代文化产业特点,探索中国特色学徒制,优化"订单式"培养模式,加强实习实训基地建设"①等等。艺术教育作为文化传承的重要载体,通过与地方单位的合作,高校学生可以获得更多的实践机会,增强实践能力和创新思维,并深刻认识到作为时代新人的自己在文化传承和社会发展中的重要作用,为地方文化的传承和发展注入新的活力。然而,机遇与风险并存,艺术教育与地方合作进程中同样存在瓶颈与困局。一方面是资源整合难度大,教育机构与地方单位之间的协调和资源共享机制尚不完善,文化差异和地方文化保护问题使得合作项目难以兼顾多方需求;另一方面,教育体系与产业需求的脱节问题仍存在,艺术教育培养的人才未必完全契合于市场实际需求。

艺术教育与地方单位的合作可以为地方社会经济发展提供有力支持。艺术教育可以为地方培养高质量的艺术人才、艺术资源,这些人才与资源可以为地方单位活动提供有保障的艺术服务;同时,在与地方单位的合作进程中,校地双方共同开发具有地方特色的文化产品,促进地方文化产业的蓬勃发展,推动地方经济的转型升级。因此,

---

① 文化和旅游部　教育部关于印发《关于促进新时代文化艺术职业教育高质量发展的指导意见》的通知.(2022-04-15)[2024-05-21]. https://www.gov.cn/zhengce/zhengceku/2022-04/25/content_5687005.htm.

艺术教育与地方单位的合作必然是一种互利共赢的合作模式。例如，2022年7月，浙江音乐学院与湖州市德清县签署了校地合作协议。根据协议内容，双方在节庆品牌打造、产学研领域、文化人才培养、实践基地建设、特色村镇建设等方面将开展切实合作，并隆重举办了"湖州·德清第十二届游子文化节暨浙音·德清国际钢琴音乐节"，充分展示出德清打造精神富有县域样板的成功实践，推动德清这一全国县级文明城市全方位融入长三角一体化进程，以文化力量为"两个先行"铸魂塑形赋能，助力德清加快打造"改革创新高地 品质生活新城"的远景目标。对于高校来说，通过与地方单位的合作可以获得更多的实践机会和资源支持，提升艺术教育的质量和效果；对于地方单位来说，通过与高校的合作可以获得更多的智力支持和人才资源，推动地方文化的传承和发展。因此，高校应积极探索与地方单位的崭新合作模式，为艺术教育的创新和发展注入新的动力。

（三）制定艺术领域跨学科人才培养方案

党的二十大报告中也强调，"加强基础学科、新兴学科、交叉学科建设，加快建设中国特色、世界一流的大学和优势学科""坚持为党育人、为国育才，全面提高人才自主培养质量，着力造就拔尖创新人才，聚天下英才而用之"。[①] 没有一门学科是孤岛，艺术教育也不例外，交叉学科的科学有序发展既是时代的需要，也是历史的必然。以浙江大学"文科＋X"多学科交叉人才培养卓越中心为例，该中心由浙江大学社会科学研究院牵头设立，以人文社科学科为主，会同其他学部学科，聚焦国家社会发展战略，设置交叉培养方向。为营造良好的学科创新氛围、鼓励促进学科交叉融合，中心举行了"匠心探源：艺术设计中的

---

① 习近平.高举中国特色社会主义伟大旗帜　为全面建设社会主义现代化国家而团结奋斗.人民日报，2022-10-26(1).

学科交叉"等丰富主题活动。① 这一艺术领域跨学科的成功实践,体现出学科交叉融合是培养创新型艺术人才的有效路径,是我国经济社会繁荣发展的内在需求。但是交叉学科建设之路并非一帆风顺,首先是师资问题,具有跨学科背景的教师数量有限,难以满足不断增长的交叉学科需求;其次是生源问题,学生与家长对交叉学科认识不足,在选择时往往存在顾虑,担心未来就业方向不明确。此外,学科壁垒等问题仍然存在,不同学科之间在课程设置、评价标准和资源共享上存在较大差异,进而影响了多学科之间的有机融合。

国务院学位委员会、教育部印发的《研究生教育学科专业目录(2022年)》②(下称《目录》)对艺术学门类进行调整和优化,原本分散的五个一级学科现合并为艺术学一级学科,而专业学位类别则由一个增加至六个,并进一步提升至博士层次。这一变革不仅凸显了国家对艺术类专业教育的深刻重视与高度认可,也为艺术教育领域的发展提供了更为广阔的平台和机遇。此外,《目录》还显著体现出学科交叉与融合的发展趋势,这要求艺术教育工作者提高跨学科培养的重视程度。在深化本专业知识学习的同时,鼓励后备艺术人才拓宽视野、触类旁通,构建多元化的知识结构和技能体系。

跨学科人才培养方案不仅能够提升艺术类学生的综合素质,还能使他们更好地适应未来跨学科领域的发展需求,迎接交叉学科发展的广阔前景。早在2010年,中国美术学院就已成立跨媒体艺术学院,学院包括三个系科、五个研究所、两个实验教学中心,以培养兼具跨界整合能力和媒体创意能力的复合型创新人才为目标。而嘉兴大学为解决浙江传统优势产业——服装业所面临的严重人才瓶颈制约,尤其是

---

① "文科+X"多学科交叉人才培养卓越中心开展"匠心探源:艺术设计中的学科交叉"主题活动.(2018-05-07)[2024-05-22].https://rwsk.zju.edu.cn/wkx/2018/0507/c53939a2192274/page.htm.

② 国务院学位委员会 教育部关于印发《研究生教育学科专业目录(2022年)》《研究生教育学科专业目录管理办法》的通知.中华人民共和国教育部公报,2022(11):37-59.

对应用型跨界人才的迫切需求,通过实施全产业链跨学科项目化教学、创新性设计推出产教深度融合的艺术设计类应用型跨界人才培养改革与实践。种种实践案例充分彰显出浙江艺术教育的成果和特色,有力提高了浙江文化的影响力和知名度。

(四)融合国际社会热点开展艺术专项研究

由联合国教科文组织召开的 2022 年世界文化政策与可持续发展会议在墨西哥举行,此会议是近 40 年来专门讨论文化的最大型的世界会议。会议上,150 个国家一致通过一份具有历史性意义的文化宣言。《宣言》强调了加强文化与教育之间协同作用的重要性,并呼吁将文化确立为一种全球公共物品。此外,第 36 届联合国教科文组织大会(第 36/C55 号决议)宣布 5 月第 4 周为国际艺术教育周。国际社会热点不仅代表了全球文化的发展趋势,也为艺术专项研究提供了全新视角和思路。高校需要通过密切关注国际文化动态和艺术发展趋势,及时捕捉与合理解读国际社会热点,将其与浙江文化特色相结合,开展具有前瞻性和创新性的艺术专项研究。例如,《2024 年度国家社科基金艺术学项目课题指南》中"戏曲海外传播研究""人工智能时代戏剧影视理论创新与发展研究""'一带一路'舞蹈文化交流研究""中外设计比较研究"等选题,聚焦国际视野,紧密联系全球实际,充分融入国际社会热点展开艺术研究,着力推动文化自信自强,促进新时代文化艺术高质量发展。当前艺术专项研究的开展与推进仍面临着资金支持不足、人才资源欠缺、国际合作渠道有限、评价体系不完善、学术资源共享不充分等问题,导致许多艺术研究项目难以持续深入开展,限制了研究的广度、深度与影响力,艺术研究全局的整体水平有待提升。

浙江这片土地承载着丰富的文化底蕴和艺术资源,如独特的越剧、精美的青瓷和细腻的丝绸等。当高校在进行艺术专项研究,特别是融合国际社会热点时,应紧密扎根于浙江本土的文化特色,关注那些既具有现实代表性又拥有国际影响力的文化元素和艺术形式。通过深入探索浙江文化的精髓和价值,我们可以形成独具一格、具有地方特色的艺术研究成果。在此过程中,高校应积极寻求国际合作与交流的机会。这不仅意味着引进国外先进的艺术研究理念和方法,更重要的是与国内外知名的艺术组织和专家学者建立紧密的合作关系。这种合作与交流不仅能够提升我们的研究水平,还能有效地推动浙江文化在国际舞台上的传播与交流,让更多的人了解和欣赏到浙江独特的艺术魅力。

以浙江外国语学院为例,其积极响应共建"一带一路"倡议,不断加强与阿拉伯国家的合作,成功入选"中阿高校 10＋10 合作计划"成员高校。2024 年 4 月,浙江外国语学院举办中阿交流周启动仪式,以"跨文化交流"为核心,以"学者引领进讲坛、学生助教进项目、学员助学进课堂"为特色,两国积极合作培养未来语言推广人、文旅创新者、未来教育家和数字贸易师的初步尝试,活动现场展示了民族传统体育展示、舞蹈《哈吉娜》表演和《迪拜阿亚拉舞》表演等精彩节目。① 总而言之,各主体单位在融合国际社会热点开展艺术专项研究时,应有机结合浙江本土的文化特色,关注国际社会热点,加强国际合作与交流,推动产学研一体化发展,加强人才培养工作,进一步提升浙江文化的国际影响力,为浙江文化建设做出更大的贡献。

---

① 浙外举行中阿交流周启动仪式. (2024-04-25)[2024-05-23]. https://www. zisu. edu. cn/info/1010/20358. htm.

后　记

在撰写《"千万工程"背景下艺术教育赋能思政育人与文化建设的实践探索》一书的过程中,我深感责任重大,同时也无比感慨和喜悦。本书不仅是对当前高校艺术教育、思政育人及文化建设的一次深入探索,更是对"千万工程"这一重大战略决策在高校领域落地生根的生动记录。

在撰写本书的过程中,通过深入挖掘"千万工程"这一重大战略决策与高校思政育人、文化建设之间的内在联系,我们见证了艺术教育如一座桥梁,连接起理论与实践、传统与现代、校园与社会,促进了高校思政育人的创新与文化建设的繁荣。同时,我们也看到了浙江省在"千万工程"实施过程中所取得的显著成就,以及这些成就如何为高校思政教育与文化建设提供丰富的实践案例和宝贵经验。

本书的编写得到了众多专家、学者提供的宝贵意见和建议,因而本书能够在理论上更加严谨,在实践上更加深入。我们深入调研了全国多所高校的艺术教育现状,并与众多教育专家、学者进行了广泛的交流与讨论。随着"千万工程"的深入实施,高校艺术教育在推动思政育人、促进文化大省建设方面发挥了越来越重要的作用。艺术教育不仅培养了学生的审美能力和创新思维,更在潜移默化中传递了社会主义核心价值观,增强了学生的文化自信和民族自豪感。

回顾编写历程,我深刻体会到教育事业的崇高与伟大。艺术教育作为高校教育的重要组成部分,不仅能提升学生的审美情趣和创新能力,还能为思政育人和文化建设提供强大的动力和支持。而"千万工程"的实践探索则为我们提供了宝贵的经验和启示,让我们更加坚定了以艺术教育为纽带,推动高校思政育人与文化建设深度融合的信心和决心。当然,由于个人能力和时间有限,本书在内容和表述上难免存在不足之处。我衷心希望广大读者能够提出宝贵的批评和建议,以便我在未来的研究中不断改进和完善。

最后,我要感谢为本书撰写完成提供过大力支持的老师和同学,是你们的辛勤付出和努力,才使得这本书稿能够顺利问世。陈超怡、李谭婉、曹佳妮、郑朝烨、周洪玉、沈洲、沈颖凯参与了前期组织统筹工作。参与本书稿调研与相关研究报告撰写工作的还有张芯茹、乔若男、程钰涵、焦钰瑶、陈博文、陈凡怡、朱孔漫、张荣哲、常强强、张碧瑶、吕悦萌、王淑琪、楼柳婧等。我相信,通过我们的共同努力和不断探索,"千万工程"背景下艺术教育赋能思政育人与文化建设的实践探索将会取得更加丰硕的成果,为新时代教育与文化建设贡献更多的智慧和力量。

徐　达

2024 年 8 月 1 日